गणित से झलकती संस्कृति

[विज्ञान]

गणित से झलकती संस्कृति

गुणाकर मुळे

संपादन

शांति गुणाकर मुळे

राजकमल प्रकाशन

ISBN : 978-81-267-2676-9

मूल्य : ₹795

पहला संस्करण : 2015
दूसरा संस्करण : 2025

प्रकाशक : राजकमल प्रकाशन प्रा. लि.
1-बी, नेताजी सुभाष मार्ग, दरियागंज
नई दिल्ली-110 002

शाखाएँ : अशोक राजपथ, साइंस कॉलेज के सामने, पटना-800 006
पहली मंजिल, दरबारी बिल्डिंग, महात्मा गांधी मार्ग, प्रयागराज-211 001
1, अनमोल सोराबजी संतुक लेन, धोबी तलाव, मरीन लाइंस, मुम्बई-400 002
वेबसाइट : www.rajkamalprakashan.com
ई-मेल : info@rajkamalprakashan.com

मुद्रक : बी.के. ऑफ़सेट
नवीन शाहदरा, दिल्ली-110 032

GANIT SE JHALAKTI SANSKRITI
by Gunakar Muley
Edited by Shanti Gunakar Muley

प्राक्कथन

गणित एक शुष्क विषय है, फिर भी बहुत महत्त्वपूर्ण है। संसारिक, वैदिक, धार्मिक आदि सब कार्यों में गणित उपयोगी है। इस समूचे विश्व में जो कुछ भी चल-अचल है, उन सबका अस्तित्व गणित से है।

जिस प्रकार मयूरों की शिखाएं और नागों की मणियां सर्वोच्च स्थान पर रहती हैं उसी प्रकार वेदांग शास्त्रों में गणित का स्थान सर्वोपरि है।

गणित को सभी विज्ञानों का मूलाधार माना जाता है, लेकिन गणित का अपना स्वतंत्र अस्तित्व है। सभ्यता के विकास के साथ ही गणित का विकास हुआ। पिरामिडों और मंदिरों का निर्माण कार्य वहां विकसित हुआ क्षेत्रमिति से जाना जाता है। क्षेत्रमिति के बिना भवन-निर्माण करना संभव नहीं।

बेबीलोन वालों ने गुणन, वर्ग तथा वर्गमूल के पहाड़े की गणना के कारण ही खगोल-ज्ञान और पंचांग बनाने में काफी उन्नति की थी।

भौतिकी, रसायन और आनुवंशिकी आदि अनेक वैज्ञानिक विषयों के लिए गणित का बुनियादी महत्त्व है। इतना ही नहीं, समाजशास्त्र, अर्थशास्त्र और इतिहास के लिए भी गणित का ज्ञान होना आवश्यक है। इतिहासकार कुछ अज्ञात पहलुओं को उजागर कर पाए तो इसका कारण है उनका गणित का ज्ञाता होना। प्राचीन पंचमार्क सिक्कों का अध्ययन सांख्यिकीय विश्लेषण पर आधारित है। मानवसमाज के वैज्ञानिक अध्ययन के लिए ही देश में सांख्यिकीय संस्थान की स्थापना हुई है।

आज की संस्कृति सृजनात्मक भाषा विज्ञान है और गणित विज्ञान की वर्णमाला। कहानी, कविता और आलोचना का काम भले ही गणित के बिना चल जाता है परंतु भाषा विज्ञान के लिए अब

गणित का अध्ययन आवश्यक हो गया है।

गणित के लिए कीमती यंत्रोपकरणों से सज्ज प्रयोगशालाओं की आवश्यकता नहीं है। जरूरत है सिर्फ कागज, पेन और पेंसिल की।

अधिकांश बच्चे नए गणित के ठोस अध्ययन से वंचित रह जाते हैं। विद्यार्थी का गणित यदि कच्चा हो तो फिर उसके लिए विज्ञान की पढ़ाई के दरवाजे बंद हो जाते हैं। विज्ञान और टेक्नॉलोजी को उन्नत बनाने के लिए गणित की आधारशिला को सुदृढ़ बनाना अत्यावश्यक है।

श्री गुणाकर जी ने स्नातकोत्तर (गणित) अध्ययन इलाहाबाद विश्वविद्यालय से किया था। उनका गणित विषय से सदा लगाव रहा। इसीलिए उन्होंने समय-समय पर परिस्थितियों और वाद-विवादों के समय गणित की समस्याओं का समाधान किया। 'संसार के महान गणितज्ञ' पुस्तक भी प्रकाशित हुई, जिसका अब आठवां संस्करण निकल चुका है।

यह पुस्तक 'गणित से झलकती संस्कृति' समयानुसार लिखे गए लेखों का संकलन है, जो पाठकों और विद्यार्थियों के लिए बहुत उपयोगी सिद्ध होगी।

—शांति गुणाकर मुळे

सी 210, पांडव नगर
दिल्ली-110092
10 दिसंबर, 2013
मो. : 22485168

अनुक्रम

गणित से झलकती संस्कृति	9
प्राचीन भारत में गणितशास्त्र	12
यज्ञतंत्र और शुल्वसूत्रों की ज्यामिति	23
प्राचीन भारत में गणित-विज्ञान का विकास	38
अथर्ववेद के परिशिष्ट का ज्ञान आर्यभट को भी नहीं	53
कहां है वेदों में गणित?	59
ऐसे थे शंकराचार्य स्वामी भारती कृष्ण तीर्थ	68
नए गणित की आवश्यकता	73
नया गणित कठिन नहीं	79
आधुनिक गणित 'टापोलाजी'	85
फर्मा का गणित	90
भारतीय गणित की यूरोप-यात्रा (1)	94
भारतीय गणित की यूरोप-यात्रा (2)	109
नए गणित का आतंक	117
नए गणित का आतंक : कितना वास्तविक, कितना काल्पनिक (1)	121
नए गणित का आतंक : कितना वास्तविक, कितना काल्पनिक (2)	130
भारतीय अंतरराष्ट्रीय अंक	138
अलगोरिथम क्या है?	161
भारत की गणितीय प्रतिभा का नया चमत्कार	165
करमरकर और एक नया अलगोरिथम	168
दुनिया को गिनती लिखना हमने सिखाया	170
क्या श्रीयंत्र रहस्यमय ज्यामितीय संरचना है?	178
वैदिक गणित बनाम राजनैतिक गुणन-फल	181
परिशिष्ट-1 : *गणित के विकास की कालानुक्रमिक तालिका*	*191*
परिशिष्ट-2 : *हिंदी-अंग्रेजी पारिभाषिक शब्द*	*203*

गणित से झलकती संस्कृति

सरकार आठवीं कक्षा के बाद गणित को ऐच्छिक विषय बनाने की सोच रही है। इसके लिए खेल एवं युवा मामलों के मंत्रालय ने केंद्रीय माध्यमिक शिक्षा बोर्ड तथा शिक्षा विभाग को प्रस्ताव भेजा है। दलीलें दी गई हैं : गणित बोझिल विषय है, इससे छात्र खौफ खाते हैं, छात्रों का 80 फीसदी समय यही विषय ले लेता है, इत्यादि। मगर ये सब खोखली दलीलें हैं। यदि विभिन्न सभ्यताओं के इतिहास पर एक नजर डालें, तो सहज स्पष्ट हो जाता है कि देश को ज्ञान-विज्ञान में पिछड़ा रखने के लिए पेश की जा रही यह नई खुराफात है। सभ्यता के विकास के साथ-साथ ही गणित का विकास हुआ है। गणित और संस्कृति का अन्योन्याश्रित संबंध रहा है। अतीत की कौन सी संस्कृति कितनी उन्नत रही है, यह उसकी गणितीय उपलब्धियों से पहचाना जा सकता है। किसी आदिम जनजाति की भौतिक अवस्था इस बात से भी जानी जा सकती है कि वह कहां तक गिनती कर सकती है। प्राचीन मिस्र में भव्य पिरामिडों और मंदिरों का निर्माण-कार्य वहां विकसित की गई क्षेत्रमिति (ज्यामिति) से जुड़ा हुआ था। सुमेर के व्यापारी माप-तौल और ब्याज के सवालों को हल करने में पटु थे। बेबीलोन वालों ने गुणन तथा वर्ग व वर्गमूल के पहाड़े भी तैयार कर लिए थे। गणना में निष्णात होने के कारण ही उनका खगोल-ज्ञान और पंचांग काफी उन्नत था।

यूनानियों ने मिस्र से ज्यामितीय जानकारी हासिल करके उसका आगे विकास किया और उसे निगमनात्मक तर्कशास्त्र का इतना सुदृढ़ जामा पहनाया कि यूक्लिड (300 ई.पू.) की ज्यामिति आज भी सारी दुनिया के स्कूलों में पढ़ाई जाती है। अफलातून (427-347 ई.पू.) ने अपने विद्यालय के प्रवेश-द्वार पर लिख रखा था : ज्यामिति से अनभिज्ञ विद्यार्थी के लिए यहां प्रवेश मना है। यूनानी गणितज्ञ एक बेहतर अंक-पद्धति को भले ही जन्म न दे पाए हों परंतु पाइथेगोर (540 ई.) का कथन कि 'विश्व की सभी वस्तुओं को संख्याओं में व्यक्त किया जा सकता है,' गणित के प्रति यूनानियों के गहरे लगाव को बखूबी व्यक्त करता है। यूनानी प्रमुखतः विशुद्ध तार्किक गणित के आराधक थे। रोमनों ने राजनीति

और सैनिक शक्ति के बल पर दूर-दूर तक अपने साम्राज्य का विस्तार किया। पर उन्होंने चोटी का एक भी गणितज्ञ पैदा नहीं किया। और इसीलिए सैद्धांतिक विज्ञान के विकास में उनका योगदान नहीं के बराबर है। इसके विपरीत, एक सामान्य रोमन सैनिक ने महान यूनानी गणितज्ञ आर्किमिडीज (250 ई.पू.) की सिर्फ इसलिए हत्या कर डाली, क्योंकि वह गणितीय गणनाओं में खोया हुआ था। गणितज्ञ दार्शनिक व्हाइटहेड ने लिखा है : 'एक रोमन सैनिक के हाथ से आर्किमिडीज की मृत्यु एक बहुत बड़े सामाजिक परिवर्तन की सूचक है। रोमनों ने व्यावहारिकता को जीवन में प्रमुख स्थान दिया था।...इसलिए वे लोग वैचारिक अनुर्वरता से अभिशापित रहे, प्राकृतिक शक्तियों पर नियंत्रण प्राप्त करने के लिए नई दृष्टि न प्राप्त कर सके। रोम के किसी नागरिक को अपने जीवन से इसलिए हाथ नहीं धोना पड़ा, क्योंकि वह किसी गणितीय सवाल को सुलझाने में खोया हुआ था।'

ज्ञान-विज्ञान के क्षेत्र में संसार को भारत की सबसे बड़ी देन है—शून्य सहित सिर्फ दस संकेतों से सारी संख्याएं लिखने की अंक-पद्धति, जिसका आज सारी दुनिया में व्यवहार होता है। गणित के इतिहासकार अल्फ्रेड हूफर ने लिखा है : 'यह एक नई और क्रांतिकारी अंक-पद्धति थी। इसी अंक-पद्धति ने आधुनिक विज्ञान और इंजीनियरी का पथ प्रशस्त किया है।' आर्यभट (जन्म 476 ई.), ब्रह्मगुप्त (जन्म 598 ई.) और भास्कराचार्य (जन्म 1114 ई.) अपने समय के भारत के ही नहीं, संसार के चोटी के गणितज्ञ थे। गणित के प्रख्यात इतिहासकार फ्लोरियन काजोरी लिखते हैं : 'आधुनिक अंकगणित और बीजगणित के भाव एवं तरीके भारतीय हैं, यूनानी नहीं। दुर्भाग्य से भारत में कई अमूल्य आविष्कार यूरोप में काफी बाद में पहुंचे। यदि वे दो-तीन सदियों पहले पहुंचते, तो उनका प्रभाव निश्चय ही अधिक पड़ता।' प्राचीन भारत गणितशास्त्र में इतनी अधिक उन्नति कैसे कर पाया था? स्पष्ट कारण था—सभी वेदांगशास्त्रों (शिक्षा, निरुक्त, छंद, कल्प, व्याकरण व ज्योतिष) में गणित अथवा गणित-ज्योतिष के अध्ययन को सर्वोपरि समझा जाना (वेदांगशास्त्राणां गणितं मूर्धनि स्थितम्—'वेदांग-ज्योतिष') और वह गणित आज का तथाकथित 'वैदिक गणित' नहीं था। शंकराचार्य भारती कृष्ण तीर्थ ने जिसे 'वैदिक गणित' का असंगत नाम दिया है वह प्रारंभिक गणित को हल करने के लिए इधर-उधर से बटोरी गई युक्तियों (ट्रिक्स) के अलावा और कुछ नहीं है। वैदिक गणित के लिए जो सूत्र पेश किए गए हैं उनकी भाषा भी वैदिक संस्कृत नहीं है। गणित मूलत: तर्कशास्त्र है। 'वैदिक गणित' का सहारा लेकर कोई भी विद्यार्थी गणितज्ञ नहीं बन सकता, आधुनिक गणित के क्षेत्र में कोई नई चीज नहीं खोज सकता।

आधुनिक गणित अब एक बहुत व्यापक विषय बन गया है। आज गणित के बिना किसी भी विषय का गहन अध्ययन संभव नहीं है। भौतिकी, रसायन, आनुवंशिकी आदि अनेक वैज्ञानिक विषयों के लिए गणित का बुनियादी महत्त्व है। सभी प्रकार की इंजीनियरी के लिए गणित अत्यावश्यक है। आज के उन्नत सूचना-साधनों का मूलाधार भी गणित ही है। इतना ही नहीं, अर्थशास्त्र, समाजशास्त्र, इतिहास आदि के अध्ययन के लिए भी गणित का अध्ययन आवश्यक हो गया है। प्रो. दामोदर कोसंबी कुछ अधिक गहराई में जाकर भारतीय इतिहास के कुछ अज्ञात पहलुओं को उजागर कर पाए, तो इसका कारण था उनका एक श्रेष्ठ गणितज्ञ होना। प्राचीन पंचमार्क सिक्कों का उनका अध्ययन सांख्यिकीय विश्लेषण पर आधारित है। मानव-समाजों के वैज्ञानिक अध्ययन के लिए ही देश में सांख्यिकीय संस्थान की स्थापना हुई है। कविता, कहानी और आलोचना का काम भले ही गणित के बिना चल जाता हो परंतु भाषा-विज्ञान के लिए अब गणित का अध्ययन आवश्यक हो गया है।

गणित को सभी विज्ञानों का मूलाधार माना जाता है, सेवक समझा जाता है लेकिन गणित का अपना स्वतंत्र अस्तित्व भी है। गणित के बहुत से आविष्कार 'स्वांत: सुखाय' भी हुए हैं—विशुद्ध तार्किक चिंतन के आधार पर। जब जर्मन गणितज्ञ बेर्नहार्ड रीमान (1826-66 ई.) ने अपनी नई अयूक्लिडीय ज्यामिति का सृजन किया था, तब उसका कहीं कोई उपयोग नहीं था लेकिन आइंस्टाइन ने अपने आपेक्षिकता-सिद्धांत में रीमान की उसी ज्यामिति का उपयोग करके उसे विशाल विश्व की वास्तविक ज्यामिति में तब्दील कर दिया। गणित की महान प्रतिभा रामानुजन् (1887-1920 ई.) के अनेक प्रमेय आज भी अनुपयोगी हैं, मगर कल निश्चय ही उपयोगी बन सकते हैं। गणित के अध्ययन के लिए कीमती यंत्रोपकरणों से सज्ज प्रयोगशालाओं की जरूरत नहीं है। ज़रूरत है, सिर्फ कागज व पेंसिल की। गांवों के विद्यार्थियों को गणित के अध्ययन के लिए अधिक आसानी से प्रेरित किया जा सकता है। आज भारत गणितीय अनुसंधान में काफी पिछड़ा हुआ है। आवश्यकता है गणित की शिक्षा-प्रणाली में सुधार करने की, न कि गणित की शिक्षा में कटौती करने की। हमें स्मरण रखना होगा कि आज संस्कृति की सृजनात्मक भाषा विज्ञान है और गणित विज्ञान की वर्णमाला है।

प्राचीन भारत में गणितशास्त्र

प्राचीन हिंदू ग्रंथों को दो भागों में विभाजित करने की परंपरा है–अपौरुषेय और पौरुषेय। अपौरुषेय ग्रंथों में ज्योतिष के सिद्धांत ग्रंथों (सूर्य सिद्धांत, पितामह सिद्धांत, वसिष्ठ सिद्धांत आदि) का और गणित के सूत्र ग्रंथों का समावेश होता है। इन ग्रंथों का कोई एक कर्ता नहीं है। पौरुषेय ग्रंथों में आर्यभट प्रथम, लाटदेव, वराहमिहिर, ब्रह्मगुप्त, श्रीपति, भास्कर द्वितीय आदि के प्रसिद्ध ग्रंथों का समावेश होता है।

गणितशास्त्र को प्राचीन भारत में जो ऊंचा सम्मान प्राप्त था, वह नीचे के श्लोक से स्पष्ट होता है–

यथा शिखा मयूराणां नागानां मणयो यथा।
तद्वद्वेदांगशास्त्राणां गणितं मूर्धनि स्थितम्॥[1]

छान्दोग्य-उपनिषद् में एक कथा आती है कि सनतकुमार ऋषि के पास नारद जी ब्रह्मविद्या पढ़ने गए। सनतकुमार ने नारद से पूछा कि वे पहले से कौन-कौन सी विद्याएं जानते हैं। उत्तर में नारद जी ने जिन-जिन विद्याओं को गिना था उनमें नक्षत्र-विद्या और राशि-विद्या भी सम्मिलित थी। इससे स्पष्ट हो जाता है कि उस काल में लौकिक विद्या को अध्यात्म ज्ञान के लिए आवश्यक समझा जाता था।

जैन और बौद्ध साहित्य में भी गणितशास्त्र संबंधी महत्त्व के उल्लेख मिलते हैं। जैन-साहित्य, जो कि चार अनुयोगों (भागों) में विभक्त है, उनमें से एक गणितानुयोग है। अंकगणित और ज्योतिष का ज्ञान जैन मुनियों की मुख्य साधना बतलाई गई है। बौद्ध-साहित्य में भी अंकगणित को सर्वोत्तम कला माना गया है। गणितज्ञ महावीराचार्य तो यहां तक कह गए हैं कि : "लौकिक, वैदिक तथा सामाजिक जो भी व्यापार है, उन सबमें गणित का उपयोग होता है। कामशास्त्र, अर्थशास्त्र, गायनशास्त्र, नाट्यशास्त्र, पाकशास्त्र, आयुर्वेद, वास्तुविद्या आदि वस्तुओं में, काव्य, तर्क, व्याकरण आदि में गणित उपयोगी है। सूर्य आदि ग्रहों की गति ज्ञात करने में, ग्रहण में, ग्रहों की युति में प्रश्न ('दिक्, देश और काल' को ज्ञात करने) में, चंद्रमा के परिलेख में, सर्वत्र गणित की आवश्यकता है...अधिक कहने से क्या

प्रयोजन ? सरासर त्रैलोक्य में जो कुछ भी वस्तु है उसका अस्तित्व गणित के बिना संभव नहीं हो सकता।''[2]

प्राचीन काल में गणितशास्त्र ज्योतिष से संबंधित था, परंतु कालांतर में ये विषय अलग-अलग हो गए। 'गणित' शब्द का प्रयोग वैदिक-साहित्य में काफी मात्रा में मिलता है। बौद्ध-साहित्य में तीन प्रकार के गणित का उल्लेख है–मुद्रा, गणना, और संख्यान (अंकविद्या अर्थात् अंकगणित और ज्योतिष)। स्थानांगसूत्र के अनुसार गणित में इन विषयों का समावेश था–''परिकर्म, व्यवहार, क्षेत्रगणित, त्रैराशिक, भिन्न संबंधी परिकर्म, अज्ञातराशि का प्रयोग, वर्ग, घन, वर्गावर्ग तथा विकल्प।''

अंकगणित

वैदिक-साहित्य में गणना संबंधी अनेकानेक उल्लेख मिलते हैं। यजुर्वेद-संहिता में 'परार्ध' (1,000,000,000,000) पर्यंत संख्याओं के नाम गिनाए गए हैं। सांख्यायन श्रौतसूत्र में 'अनंत' (10,000,000,000,000) तक गिनती की गई है। बौद्ध ग्रंथ ललितविस्तार (प्रथम शताब्दी) में गणितज्ञ अर्जुन और राजकुमार गौतम के बीच हुए संवाद से ज्ञात होता है कि गौतम 'तल्लक्षणा' (=1053) तक गिनती करना जानते थे। यह ध्यान देने योग्य बात है कि इस समय तक रोमन वालों 'मिले' (=10 3) और यूनान वालों के पास 'मिरियड' (=10 4) से बड़ी संख्याएं नहीं थीं। भारतीय लोग अंक-गणना में इतने कुशल थे कि वे अपनी संख्याओं द्वारा ''न केवल यही व्यक्त कर सकते थे कि पृथ्वी-पिंड के तुल्य बालू के ढेर में कितने बालू-कण होंगे, बल्कि यह भी कि संपूर्ण ब्रह्मांड के बराबर बालू के ढेर में कितने कण होंगे।''

आगे चलकर स्थान-मान की भावना का विकास हुआ। आर्यभट प्रथम (499 ई.) लिखते हैं–''एक, दश, शत, सहस्र, अयुत (दस हजार), नियुत (लाख), प्रयुत (दस लाख), कोटि, अर्बुद (दस करोड़) और वृंद (अरब) स्थानों में से प्रत्येक अपने पीछे वालों से दस गुना है।''[3] इनको 'दशगुणोत्तर-संज्ञा' कहा गया है। दशमलव स्थान-मान सिद्धांत का इससे पहले भी एक उल्लेख मिलता है। आचार्य शांतरक्षित ने दर्शनशास्त्र पर 'तत्व-संग्रह' नामक एक ग्रंथ लिखा है। कमलशील की इस ग्रंथ पर एक टीका है। वसुमित्र (पहली शताब्दी) ने एक दार्शनिक प्रश्न को समझाने के लिए इस टीका में से एक उद्धरण दिया है, जिससे स्पष्ट हो जाता है कि प्रथम शताब्दी के अंत तक दशमलव स्थान-मान का भारतवर्ष में इतना प्रचार हो चुका था कि दार्शनिक लोग अपने विषय को समझाने के लिए इसका प्रयोग करने लगे थे।

परंतु हिंदुओं की संसार को सबसे बड़ी देन है, शून्य का आविष्कार। अमेरिका के प्रो. हालस्टेड लिखते हैं 'शून्य के आविष्कार की हम जितनी भी प्रशंसा करें, कम है। गणित के इतिहास में शून्य की तुलना में और कोई आविष्कार नहीं।' शून्य की योजना कर नौ अंकों से गणितशास्त्र को सरल करने वाले नवीन शैली के अंकों का प्रसार किस विद्वान ने किया इसका कुछ भी पता नहीं चलता लेकिन यह निश्चित है कि शून्य का आविष्कार भारत में ही हुआ। यहां से अरब वालों ने यह क्रम सीखा और अरबों से इनका प्रवेश यूरोप में हुआ। इससे पहले एशिया और यूरोप की चाल्डियन, हिब्रू, ग्रीक, अरब आदि जातियां वर्णमाला के अक्षरों से अंकों का काम लेती थीं। अरबों में खलीफा वलीद के समय (705-715 ई.स.) तक इन अंकों का प्रचार नहीं था।

इस विषय पर प्रकाश डालते हुए अंग्रेजी विश्वकोष 'एंसाइक्लोपीडिया-ब्रिटैनिका' में लिखा है-''इसमें कोई संदेह नहीं कि हमारे (अंग्रेजी) वर्तमान अंकक्रम (दशगुणोत्तर) की उत्पत्ति भारतीय है। संभवत: खगोल संबंधी उन सारणियों के साथ, जिनको एक भारतीय राजदूत ई.स. 773 में बगदाद में लाया, इन अंकों का प्रवेश अरब में हुआ फिर ई.स. की नवीं शताब्दी के प्रारंभ में अबुजफर मुहम्मद अल्-ख्वारिज्मी ने अरबी में उक्त क्रम का विवेचन किया और उसी समय से अरबों में उसका प्रचार बढ़ने लगा।''

''यूरोप में शून्य सहित यह संपूर्ण अंकक्रम ई.स. की बारहवीं शताब्दी में अरबों से लिया गया और इस क्रम से बना हुआ अंकगणित 'अल्गोरिट्मस' (अल्गोरिथम) नाम से प्रसिद्ध हुआ। यह (अल्गोरिट्मस) विदेशी शब्द 'अल्-ख्वारिज्मी' का अक्षरांतर मात्र है, जैसा कि रेनाड ने अनुमान किया था और उक्त अरब गणित-शास्त्रज्ञ की अनुपलब्ध अंकगणित की पुस्तक के कैंब्रिज से मिले हुए अद्वितीय हस्तलिखित अनुवाद के, जो संभवत: एलेडबर्ड का किया हुआ है। प्रसिद्ध होने के बाद वह (अनुमान) प्रमाणित हो गया है। ख्वारिज्मी के अंकगणित प्रकारों को पिछले पूर्वीय विद्वानों ने सरल किया और उस अधिक सरल किए हुए प्रकारों का पश्चिमी यूरोप में पीसा के लियोनार्डो ने पूर्वी में प्लैनुडेस ने प्रचार किया। 'जीरो' शब्द की उत्पत्ति अरबी के 'सिफर' से, लियोनार्डो के प्रयुक्त किए हुए 'जिफीरों' शब्द द्वारा प्रतीत होती है।''[4]

प्रसिद्ध यात्री अल्बेरूनी (ई.स. 973-1048) ने लिखा है-''हिंदू लोग अपनी वर्णमाला के अक्षरों को अंकों के स्थान में काम में नहीं लाते, जैसे कि हम हिब्रू वर्णमाला के क्रम में अरबी अक्षरों को काम में लाते हैं। भारतवर्ष के अलग-अलग विभागों में जैसे अक्षरों की आकृतियां भिन्न हैं, वैसे ही संख्या-सूचक चिह्नों की भी आकृतियां, जिनको अंक कहते हैं, भिन्न हैं। जिन अंकों को हम काम में लाते हैं,

वे हिंदुओं के सबसे सुंदर अंकों से लिए गए हैं।...जिन भिन्न-भिन्न जातियों से मेरा संपर्क रहा, उन सबकी भाषाओं के संख्या-सूचक क्रम के नामों (इकाई, दहाई, सैकड़ा आदि) का मैंने अध्ययन किया है, जिससे मालूम हुआ कि कोई जाति एक हजार से आगे नहीं जानती, अरब लोग भी एक हजार तक (नाम) जानते हैं।...अपने अंक-क्रम में, जो एक हजार से अधिक जानते हैं, वे हिंदू हैं।...वे संख्या-सूचक क्रम को 18वें स्थान तक ले जाते हैं, जिसको परार्ध कहते हैं। अंकगणित में हिंदू लोग अंकों का उसी तरह प्रयोग करते हैं जैसे कि हम करते हैं। मैंने एक पुस्तक लिखकर यह बतलाया है कि इस विषय में हिंदू हमसे कितने आगे बढ़े हुए हैं।''[5]

अंकगणित

अंकगणित वास्तव में पूर्णतः भारतीय शास्त्र है। इस संबंध में डी. मोर्गेन महाशय लिखते हैं—''हिंदू अंकगणित यूनानी अंकगणित से बहुत उच्चकोटि का है। भारतीय अंकगणित वह है, जिसे हम आज प्रयुक्त करते हैं।'''अंकगणित' को 'पाटीगणित' या कभी-कभी 'धूलिकर्म' भी कहते थे। ब्रह्मगुप्त के अनुसार, पाटीगणित में बीस परिकर्म और आठ व्यवहार हैं। उनका कहना है—''गणक वही है जो संकलित से आरंभ होने वाले बीस परिकर्मों को तथा छाया में अंत होने वाले आठ व्यवहारों को पृथक्-पृथक् जानता है।''[6]

अंकगणित के उपलब्ध ग्रंथों में निम्नलिखित मुख्य हैं—भक्षाली-हस्तलिपि (ल. 300 ई.), श्रीधर कृत पाटीगणित और त्रिशतिका (ल. 750 ई.), गणित सार संग्रह (ल. 850 ई.), गणित-तिलक (1039 ई.), लीलावती (1150 ई.), गणित कौमुदी (1356 ई.) और मुनीश्वर कृत पाटीसार (1658 ई.)। भारतीय लोग मौलिक परिकर्म आठ मानते थे—योग, ऋण, गुणा, भाग, वर्गीकरण, घनीकरण वर्गमूल और घनमूल। इसके अलावा भिन्न संबंधी, शून्य संबंधी, क्षेत्रफल, कार्य-संबंधी, त्रैराशिक, श्रेढी, कुट्टक तथा अनंत राशियों के मान-संबंधी अर्थात् शून्य गणित और ब्याज संबंधी नियमों का भी प्राचीन ग्रंथों में वर्णन मिलता है, परंतु प्राचीन काल से हिंदू गणितज्ञ मानते रहे हैं कि गणित के सभी परिकर्म मूलतः दो परिकर्म-योग और ऋण-पर आश्रित हैं।

इन परिकर्मों संबंधी कुछ उदाहरण नीचे दिए जाते हैं—''बहुत-सी संख्याओं के एकीकरण को योग कहते हैं।''[7]

''अंकों को अपने-अपने स्थानों के अनुसार क्रम से अथवा उत्क्रम से जोड़ना चाहिए।''[8]

ब्रह्मगुप्त ने गुणन की चार विधियों की चर्चा की है : (1) गोमूत्रिका, (2) खंड, (3) भेद, (4) इष्ट। श्रीधर ने (1) कपाट-संधि, (2) तत्स्थ, (3) रूपविभाग,

(4) स्थानविभाग, विभाग किए हैं। भास्कर द्वितीय ने पांच विधियों का वर्णन किया है। वास्तव में भारतवर्ष में गुणन की कई विधियां प्रचलित थीं। इनमें से कई तो 200 ई. तक की पुरानी हैं। ये विधियां 9वीं शताब्दी में यूरोप ले जाई गईं और वहां से उनका प्रचार यूरोप भर में हुआ।

वर्गमूल और घनमूल की वर्तमान पद्धति पूर्णतः भारतीय आविष्कार है। आर्यभट (499 ई.स.) इस विषय में लिखते हैं–"(अंतिम वर्गस्थान में से बड़ी-से-बड़ी जो वर्ग संख्या घट जाए, उसे घटा दो। इसके बाद) सर्वदा वर्गमूल के दुगुने से अवर्गस्थान को भाग दो। भाग करने से प्राप्त लब्धि के वर्ग को (आगे के) वर्गस्थान में से घटाओ। पृथक् पंक्ति में रखी हुई संख्या वर्गमूल सूचित करती है।"[9] परंतु इस परिकर्म का प्रयोग आर्यभट से भी प्राचीन है। 'मूल' शब्द, जो कि आरंभ में वर्गमूल के लिए प्रयुक्त होता था, अनुयोग-द्वारसूत्र (ल. 100 ई. पू.) तथा बाद के गणितीय ग्रंथों में मिलता है। इस समय तक यूनान वालों के पास घनमूल निकालने की कोई विधि नहीं थी। अपूर्ण वर्ग का मूल निकालने का तरीका भी भारतीय है।

9 अंक से भाग देकर अंकगणित-शुद्धि की परीक्षा का नियम भारतीय है। इस नियम का सर्वप्रथम उल्लेख 'महासिद्धांत' में मिलता है। भारतवर्ष से यह नियम अरब में गया, जहां पर इसकी और वृद्धि हुई। अरब दार्शनिक अविसेन्न (ल. 1020 ई.) ने इसे 'हिंदूनियम' कहा है। मैक्सीमस प्लानुडेस (ल. 1300 ई.) ने भी नौ से भाग देने वाले इस नियम को हिंदू आविष्कार बताया है।

भारतवर्ष में 'भिन्न' का प्रयोग बहुत प्राचीनकाल से होता रहा है। ऋग्वेद में 1/2 (अर्ध), 5/4 (त्रिपाद) का प्रयोग मिलता है। मैत्रायणी-संहिता में 1/16 (कला), 1/12 (काष्ठा), 1/8 (शफ) और 1/4 (पाद) भिन्नों का प्रयोग मिलता है। शुल्व-सूत्र में भिन्नों का प्रयोग ही नहीं, प्रश्नों के न्यास और करण में प्रयोग भी किया गया है। भक्षाली-हस्तलिपि में 3/8 को 'त्र्यष्ट' से और 3-3/8 को 'त्रयस्त्र्यष्ट' से सूचित किया गया है। परवर्ती ग्रंथों में भी भिन्नों का प्रचुर मात्रा में प्रयोग मिलता है। अतएव यह निश्चित है कि भिन्नों की आधुनिक रीति पूर्णतः भारतीय उत्पत्ति है और इसके उदाहरण 3000 ई. पूर्व तक मिलते हैं।

यूनान और मिस्र वाले भिन्न का ठीक-ठीक प्रयोग करना नहीं जानते थे। भिन्नों को लिखने की वर्तमान विधि भारतीय है परंतु उस समय अंश और हर को विभाजित करने वाली रेखा का व्यवहार नहीं होता था। अरबों के आरंभिक ग्रंथों में भी यह बीच की रेखा नहीं मिलती। भिन्नों का योग या व्यवकलन करने के पूर्व यह आवश्यक है कि प्रथम उनका समच्छेदीकरण (समहर करना) किया जाए। इस कार्य में थोड़ी कठिनाई पड़ती थी, अतः आरंभ में केवल दो ही भिन्न लिए जाते थे।

इस दिशा में दूसरी प्रगति थी–निरुद्ध (लघुत्तम–समापवर्त्य)। 15वीं शताब्दी तक यूरोप में इस विधि का ज्ञान नहीं था। महावीराचार्य प्रथम हिंदू गणितज्ञ थे जिन्होंने निरुद्ध की कल्पना की। उन्होंने निरुद्ध की परिभाषा दी है–"छेदों के महत्तम समापर्वतक और (उससे भाग देने पर प्राप्त) लब्धियों का गुणनफल निरुद्ध कहलाया है।"[10] उनका भिन्नों को समच्छेद करने का नियम है–"निरुद्ध को हर से भाग देकर जो लब्धि प्राप्त हो उससे हर और अंश दोनों को गुणा करो। ऐसा करने से सब भिन्नों का एक हर हो जाएगा।" [11]

त्रैराशिक पूर्णतः भारतीय खोज है। गणित में इस विधि का इतना महत्त्व है कि भास्कर को कहना पड़ा–"जिस प्रकार यह जगत्, जन्म–मरण के क्लेशों को हरने वाले तथा निखिल जगत् की सृष्टि के एकमात्र कारण, भगवान् श्रीनारायण के समस्त भुवन, भावन, पर्वत, नदी, सुर, नर और असुर इत्यादिक भेदों से व्याप्त है, उसी प्रकार यह संपूर्ण गणित त्रैराशिक से व्याप्त है।" [12] अन्यत्र भास्कर लिखते हैं–"वर्ग, वर्गमूल, घन, घनमूल के अतिरिक्त जो कुछ गणना की जाती है वह सब त्रैराशिक का भिन्न–भिन्न रूप है, कोई दूसरी वस्तु नहीं।" [13] यूरोप में भी इस विधि को यही महत्त्व दिया गया था। इसे 'स्वर्ण–विधि' के नाम से संबोधित किया जाता था। 17वीं शताब्दी के अंग्रेज गणितज्ञ होडेर महाशय लिखते हैं : "त्रैराशिक के नियम को सामान्यतया स्वर्ण–नियम कहा जाता है और यह उचित भी है, क्योंकि जिस प्रकार स्वर्ण सब धातुओं में श्रेष्ठ है, उसी प्रकार त्रैराशिक–विधि अंकगणित में श्रेष्ठतम है।"

त्रैराशिक–विधि का ठीक–ठीक किस समय आविष्कार हुआ, यह कहना कठिन है। इस विधि का प्रयोग भक्षाली–हस्तलिपि, आर्यभटीय तथा गणित के अन्य सभी ग्रंथों में मिलता है। त्रैराशिक शब्द की उत्पत्ति के संबंध में भास्कर प्रथम ने कहा है–"क्योंकि इसमें तीन राशियों की आवश्यकता पड़ती है, अतएव यह नियम त्रैराशिक (तीन राशियों का नियम) कहलाता है।" आर्यभट प्रथम (499 ई.) ने त्रैराशिक के प्रश्नों को हल करने का नियम दिया है–"त्रैराशिक (के प्रश्नों) में फलराशि की इच्छाराशि से गुणा करना चाहिए और प्राप्त गुणनफल को प्रमाणराशि से भाग देना चाहिए। इस प्रकार भाग करने से जो लब्धि प्राप्त होती है, वही इच्छाफल है।" [14] इसी प्रकार थोड़े भिन्न रूप में ब्रह्मगुप्त, श्रीधर, महावीर, आर्यभट आदि ने त्रैराशिक के नियम दिए हैं। इसके अतिरिक्त भारतीय गणित में पंचराशिक, सप्तराशिक, नवराशिक और कभी–कभी बहुराशिक का भी उल्लेख मिलता है।

त्रैराशिक का नियम अरब लेखकों के ग्रंथों में मिलता है। अरब में यह नियम संभवतः भारत से आठवीं शताब्दी में गया। प्रसिद्ध यात्री अल्बेरूनी ने इस नियम की

काफी प्रशंसा की है और उन्होंने इस विषय पर 'फी राशिकात अल्-हिंद' (हिंदुओं के राशिक) नामक एक स्वतंत्र ग्रंथ भी लिखा है। बाद में इस नियम का प्रसार यूरोप में हुआ। इससे ज्ञात होता है कि यूरोप के लोग गणित के क्षेत्र में भारतवर्ष के कितने ऋणी हैं।

भारत में ब्याज की प्रथा बहुत प्रचलित है। पाणिनि (ल. 700 ई. पू.) ने 'ब्याज भाड़ा, लाभ दिए गए कर तथा उत्कोच' के संबंध में प्रयुक्त अंक संज्ञाओं में 'क' उपसर्ग के प्रयोग को प्रमाणित सिद्ध करते हुए नियम दिए हैं। विभूतिभूषणदत्त ने दिखलाया है कि प्रतिशत की भावना का अभ्युदय भारतवर्ष में हुआ था। [15]

बीजगणित

अंकगणित की ही तरह बीजगणित भी पूर्णतः भारतीय शास्त्र है। ज्योतिष के लिए केवल अंकगणित का नहीं, बीजगणित का भी उपयोग किया जाता था। यूनानी गणित में बीजगणित का बहुत कम उपयोग मिलता है। श्रीयुत काजोरी महाशय ने लिखा है कि ''बीजगणित के प्रथम यूनानी विद्वान डायोफेंट (ल. 275 ई. स॰) ने भी भारत से ही इस संबंध में पहले पहल ज्ञान प्राप्त किया था।'' अतः यह कहना कि भारत ने बीजगणित यूनान से सीखा, ठीक नहीं है। भारतीय और यूनानी बीजगणित में बहुत से भेद हैं। भारत ने 12वीं शताब्दी तक बीजगणित संबंधी जो नियम आविष्कृत किए थे, वे यूरोप में 17वीं और 18वीं शताब्दी में प्रचलित हुए। ई. सन् 825 के आसपास अरब विद्वान मुहम्मद बिन मूसा अल्-ख्वारिज्मी ने 'आल-जेबर वाल, मुकाबला' नामक एक ग्रंथ लिखा है। इसी ग्रंथ के नाम पर बीजगणित के लिए अंग्रेजी शब्द 'अल्जेबरा' बना है परंतु इस अरबी ग्रंथ का मूल रूप भारतीय बीजगणित में था।

भारतीयों ने बीजगणित में बहुत से नियम आविष्कृत कर लिए थे, जिनमें से कुछ इस प्रकार हैं–

1. ऋण राशियों के समीकरण की कल्पना।
2. वर्ग-समीकरण को सरल करना।
3. अंक-पाश के नियम (यूनान वाले इसे नहीं जानते थे)।
4. एक वर्ण और अनेक वर्ण समीकरण।
5. केंद्र-फल का निर्णय करना, जिसमें व्यक्त और अव्यक्त गणित का विकास हो।

बीजगणित में शून्य की चर्चा सबसे पहले 'ब्राह्म-स्फुट-सिद्धांत' (628 ई.) में मिलती है। भास्कर द्वितीय ने सिद्ध किया है–

क्ष $\times \circ =, \circ^2 = \circ$

वे लिखते हैं–"शून्य में किसी संख्या को जोड़ने पर योगफल जोड़ी हुई संख्या के तुल्य आता है। शून्य का वर्ग इत्यादि करने पर भी फल शून्य मिलता है। किसी संख्या को शून्य से गुणा करने पर गुणनफल शून्य होता है–।"[16] किसी संख्या को शून्य से भाग देने पर जो लब्धि मिलती है, भास्कर ने उसे 'ख-हर' कहा है। इस विषय में वे लिखते हैं–"जिस प्रकार अनंत और अच्युत ईश्वर में, प्रलय के समय बहुत से भूतगणों का प्रवेश होने से अथवा सृष्टि के समय उनके निकल जाने से, कोई विकार नहीं होता, उसी प्रकार इस शून्य हर वाली (ख-हर) राशि में बहुत बड़ी संख्या को भी जोड़ने अथवा घटाने पर कोई परिवर्तन नहीं होता।"[17]

इस कथन से स्पष्ट होता है कि भास्कराचार्य को ज्ञात था कि–

$\frac{\text{अ}}{\text{०}} = \infty$ और $\infty \times \text{क} = \infty$

भारतवर्ष से ही बीजगणित भी अरबों द्वारा यूरोप में गया। प्रो. मोनियर विलियम्स लिखते हैं कि बीजगणित और ज्यामिति तथा ज्योतिष में उनका प्रयोग भारतीयों ने ही आविष्कृत किया है।[18] मूसा और याकूब ने भारतीय बीजगणित का प्रसार अरब में किया था। अरब से इसका प्रचार यूरोप में हुआ।[19]

रेखागणित

यह कहा जाता है कि रेखागणित का आरंभ ईसा के लगभग 2000 वर्ष पूर्व पहले मिश्र देश में हुआ था। परंतु हमारे पास पर्याप्त प्रमाण मौजूद हैं, जिनके आधार पर हम कह सकते हैं कि भारतवर्ष में रेखागणित का प्रयोग मिश्र देश के पूर्व से प्रचलित था। भारत का प्राचीनतम रेखागणित बौधायन और आपस्तंब के शूल्व सूत्रों में पाया जाता है। यज्ञ-वेदियों और कुंडों के बनाने में इसका बहुत उपयोग होता था। यज्ञ और संस्कार कराने वाले पुरोहित जानते थे कि आयत का क्षेत्रफल वर्ग में और वर्ग का क्षेत्रफल वृत्त में किस तरह लाया जाता है। वास्तव में भारतीय रेखागणित का अपना ही मूल उद्‌गम है, यूनानी प्रभाव से बिलकुल मुक्त।

रेखागणित के क्षेत्र में निम्नलिखित भारतीय आविष्कार मुख्य हैं–

1. पैथागोरस की सिद्धि अर्थात् समकोण त्रिभुज की दो भुजाओं के वर्गों का योग कर्ण के वर्ग के बराबर होता है। पैथागोरस (ल. 530 ई. पू.) को इस नियम का आविष्कर्ता माना जाता है, अतः यह नियम उसी के नाम से प्रसिद्ध है, परंतु पैथागोरस के भी पहले, भारतीय ग्रंथ तैत्तिरीय-संहिता (ल. 2500 ई. पू.) में $39^2 = 36^2 \times 25^2$ का उल्लेख मिलता है, साथ ही इसका ज्यामितीय स्पष्टीकरण भी दिया हुआ है। शतपथ ब्राह्मण में पुनः इस संबंध का उल्लेख आता है। जर्मनी के बुर्क और शोडेर महाशयों का तो कहना है कि इस सिद्धि का ज्ञान पैथागोरस को भारतीयों से ही हुआ है।

2. दो वर्गों के योग या अंतर के समान वर्ग बनाना।
3. किसी भी आयत को वर्ग में परिणत करना।
4. √ का वास्तविक मान और राशियों का मध्यमाहरण।
5. वर्गों का वृत्त में परिणत करना।
6. वृत्त का क्षेत्रफल।
7. त्रिभुज, वृत्त और विषम चतुर्भुज का क्षेत्रफल।
8. ब्रह्मगुप्त ने वृत्तखंड की ज्या तथा उस पर से खिंचे हुए को दंड तक के लंब के मालूम होने पर व्यास और वृत्तखंड का क्षेत्रफल निकालने के नियम भी दिए हैं।
9. शंकु और वर्तुलाकार पदार्थों का क्षेत्रफल।

भास्कर द्वितीय ने अपने पूर्व के बहुत से गणित के विद्वानों—आर्यभट, लल्ल, वराहमिहिर, ब्रह्मगुप्त, महावीर, श्रीधर—के स्थिर किए हुए नियमों का सार देकर उनकी कृति बतलाई है।

दीर्घवृत्त का आविष्कार यूनान के मेनाइकमस (ई.पू. 375–325) को माना जाता है। इसी काल में, बौद्धग्रंथ 'धम्म-संगिनी' में 'रूपों' का विवेचन करते हुए दीर्घवृत्त के लिए 'परिमंडल' शब्द आता है। बुद्धघोष ने अपनी टीका में इस शब्द का अर्थ 'अंडाकार-आकृति' किया है।

वृत्त की $\frac{\text{परिधि}}{\text{व्यास}}$ $(= \pi)$ के लिए शूल्व-सूत्रों में संख्याएं हैं—3.088, 3.0885-3.004-, परंतु अब उनका केवल ऐतिहासिक महत्त्व है, क्योंकि ये गलत हैं। आर्किमिडीज (ई.पू. 287–212) की संख्या है : $\pi = 22 = (3.1428\ldots)$ आर्यभट प्रथम ने ऐसी संख्या दी है जो सभी यूनानी संख्याओं को मात दे गई : $\pi = \frac{62,832}{20,000} = 3.1416$, $\pi = \sqrt{10}$ संबंध पूर्णतः भारतीय है और 'सूर्य-प्रज्ञप्ति' में इसका उल्लेख मिलता है।

भारतीय गणितज्ञों ने कई ऐसे सीरीज भी आविष्कृत किए थे, जिनसे की गणना और अधिक शुद्ध निकलती थी। वास्तव में प्रसिद्ध ग्रैगोरी (ई.स. 1671) के सीरीज का आविष्कार भारतवर्ष में ही हुआ था।

त्रिकोणमिति, चलन-कलन

प्राचीन भारतीय त्रिकोणमिति से भी पूर्णतया परिचित थे। उन्होंने ज्या (sine)और उत्क्रम-ज्या (vassed sine) की सरणियां बना ली थीं। इन सारणियों में वृत्तपाद के चौबीसवें भाग तक का प्रयोग है। यूनान में त्रिकोणमिति-शास्त्र हिप्पार्कस (ल. 140 ई.पू.) से आरंभ होता है।

चलन–कलन का आविष्कर्ता न्यूटन (1642–1727 ई.) और लाइबनीज (1646–1716 ई.) दोनों को माना जाता है। स्व. बापूदेव शास्त्री ने अनेक प्रमाणों द्वारा सिद्ध किया है कि चलन–कलन का आरंभिक रूप हमें भास्कराचार्य (1150 ई.) के ग्रंथों में भी मिलता है, जिसका उन्होंने गणित–ज्योतिष में प्रयोग किया था।[20] इस प्रकार हम देखते हैं कि न्यूटन से पांच शताब्दी पूर्व चलन–कलन का आविष्कार कर भास्कराचार्य ने उसे ज्योतिष में प्रयुक्त किया था। श्रीयुत ब्रजेंद्रनाथ सील के अनुसार भास्कराचार्य राशियों के तात्कालिक गणित साधन में आर्किमिदीज से अधिक शुद्ध है और प्रबल है। भास्कराचार्य ने ग्रह की क्षणिक गति की गणना करते हुए एक सेकिंड के 3375वें भाग–त्रुटि का भी उल्लेख किया है। भारतीय भूगोल और ग्रहमंडल संबंधी गतिशास्त्र से भी परिचित थे।

स्थितिशास्त्र (Statics) और गतिशास्त्र (Dynamics) से भी भारतीय कुछ न कुछ अवश्य परिचित थे।[21]

इस प्रकार हम देखते हैं कि गणितशास्त्र के सभी प्राचीन अंगों में भारतीय अग्रगण्य रहे हैं। प्रसिद्ध विद्वान काजोरी ने अपनी 'हिस्ट्री आफ मैथेमैटिक्स' में लिखा है–

"यह ध्यान देने की बात है कि भारतीय गणित ने हमारे वर्तमान विज्ञान में किस हद तक प्रवेश किया है। वर्तमान बीजगणित और अंकगणित दोनों की विधि और भाव भारतीय हैं, यूनानी नहीं। गणित के उन संपूर्ण और शुद्ध चिह्नों, भारतीय गणित की उन क्रियाओं, जो आज प्रचलित क्रियाओं की तरह संपूर्ण हैं और उनके बीजगणित की विधियों पर विचार करो तो और फिर सोचो कि गंगा के किनारे पर रहने वाले भारतीय विद्वान किस श्रेय के भागी नहीं हैं? दुर्भाग्य से भारत के कई अमूल्य आविष्कार यूरोप में बहुत पीछे पहुंचे, जिनका प्रभाव, यदि वे दो–तीन शताब्दी पहले पहुंचते तो बहुत पड़ता।"

संदर्भ ग्रंथ

1. वेदांग ज्योतिष, श्लोक 4।
2. गणित–सार–संग्रह, अध्याय 1, श्लोक 9।
3. आर्यभटीय, गणितपाद, श्लोक 2।
4. एन्साइक्लोपीडिया ब्रिटैनिका, जिल्द 17, पृ. 626।
5. अल्बेरूनीज इंडिया, जिल्द 1, पृ. 174–77।
6. ब्राह्म–स्फुट–सिद्धान्त, अध्याय 12, श्लोक 1।
7. महासिद्धांत, अध्याय 15, श्लोक 2।
8. लीलावती, पृ. 2।
9. आर्यभटीय, गणितपाद, श्लोक 4।

10. गणित सार-संग्रह, पृ. 33, श्लोक 56।
11. लीलावती, पृ. 4।
12. सिद्धांत-शिरोमणि, गोलाध्याय, प्रश्नाध्याय, श्लोक 4।
13. आर्यभटीय, गणितपाद, आर्या 27 (पूर्वार्ध)।
14. पाणिनि, अष्टाध्यायी, 5. 1. 22, 47-49।
15. 'अमेरिकन मैथेमेटिकल मंथली', जिल्द 34, पृ. 530-31।
16. लीलावती, पृ. 8।
17. भास्करीय बीजगणित, पृ. 5-6।
18. इंडियन विजडम, पृ. 185।
19. विनय कुमार सरकार, हिंदू अचीवमेंट्स इन एक्जैक्ट साइंसेज, पृ. 12-15।
20. बापूदेव शास्त्री, 'भास्कराज नॉलेज आफ द डिफरेंशियल कालकूलस', जर्नल एसियाटिक सोसायटी, बेंगाल, जिल्द 27, (1858 ई.), पृ. 213-16।
21. विनय कुमार सरकार, हिंदू अचीवमेंट्स इन एक्जैक्ट साइंसेज, पृ. 20-27।

यज्ञतंत्र और शुल्वसूत्रों की ज्यामिति

प्रस्तावना

हमारे देश के प्राचीन वाङ्मय में वेद आद्यस्थान में हैं। **वेद** चार हैं–ऋग्वेद, यजुर्वेद, सामवेद और अथर्ववेद। बाद में वेदों की शाखाएं (संहिताएं) निकलीं, फिर **ब्राह्मण ग्रंथ** लिखे गए। वेदों के मंत्रों का अर्थ, याज्ञिक क्रिया करते समय किसी मंत्र को क्यों कहना चाहिए, किस तरह कहना चाहिए, उस समय की जाने वाली विशिष्ट क्रियाओं की सूचना और यज्ञयाग की स्तुति आदि बातें ब्राह्मण ग्रंथों में वर्णित हैं। वेदों की प्रत्येक शाखा के ब्राह्मण हैं। ब्राह्मणों के अंत में या उनसे पृथक् **आरण्यक** हैं। इनमें भी यज्ञ विषयक जानकारी है।

कालांतर में यज्ञयाग तंत्र इतना विशाल और जटिल हो गया कि उसे याद रखने में कठिनाई होने लगी। यज्ञयाग संबंधी सारी जानकारी को व्यवस्थित रूप से प्रस्तुत करने और स्मरण रखने के प्रयोग से सूत्र साहित्य का सृजन हुआ। सूत्र का अर्थ–डोरी या धागा। बाद में इसका अर्थ हुआ–लघु नियम अथवा सूचना, जिसे कम-से-कम शब्दों में प्रस्तुत किया गया हो। यह सूत्र-पद्धति प्राचीन भारतीय वाङ्मय का एक वैशिष्ट्य है।

वेदों के अंगों के रूप में सूत्ररूप में जो महत्त्वपूर्ण साहित्य रचा गया उसे **वेदांग** कहते हैं। प्राचीन भारतीय विज्ञान के इतिहास की दृष्टि से इस वेदांग साहित्य का बड़ा महत्त्व है। वेदांग छह हैं : शिक्षा, कल्प, व्याकरण, निरुक्त, ज्योतिष और छंद।

कल्प का अर्थ है–नियम अथवा सूचना। कल्पसूत्रों का संबंध प्रमुखतः ब्राह्मण ग्रंथों के यज्ञतंत्र से है और इनके चार भाग हैं–श्रौतसूत्र, गृह्यसूत्र, धर्मसूत्र और शुल्वसूत्र। श्रौतसूत्रों में यज्ञयाग संबंधी जानकारी है। गृह्यसूत्रों में संस्कार वर्णित हैं और धर्मसूत्रों में नीति। शुल्वसूत्रों का समावेश प्रायः श्रौतसूत्रों के अंतर्गत ही होता है, इन्हें एक तरह से श्रौतसूत्रों का परिशिष्ट माना जाता है। वेदी, चिति, मंडप आदि तैयार करने के काम यजुर्वेदी ब्राह्मणों के जिम्मे रहे हैं, इसलिए शुल्वसूत्र केवल यजुर्वेदांतर्गत कल्पसूत्रों में ही उपलब्ध होते हैं।

यहां हमें प्रमुखतः शुल्वसूत्र और इनमें वर्णित विषय की ही चर्चा करनी है।

शुल्व या **शुल्ब** शब्द का अर्थ है–डोरी या रस्सी। **शुल्ब्** घातु का अर्थ है–मापना या नापना। डोरी की सहायता से वेदी, अग्निचिति, मंडप आदि को नापने की सूत्ररूप जानकारी जिन पुस्तकों में दी गई है वे शुल्वसूत्र कहलाते हैं। अब तक आठ शुल्वसूत्र उपलब्ध हुए हैं। इनमें कृष्ण यजुर्वेदांतर्गत 7 शुल्वसूत्र हैं–बौधायन, आपस्तंब, सत्याषाढ, वाधुल, मानव, मैत्रायणी और वराह। शुक्ल यजुर्वेदांतर्गत आठवां शुल्वसूत्र है : कात्यायन। इन आठ शुल्वसूत्रों में बौधायन, आपस्तंब, मानव और कात्यायन शुल्वसूत्र अधिक महत्त्व के हैं। इनमें भी बौधायन शुल्वसूत्र सबसे बड़ा, सबसे प्राचीन और ज्यादा व्यवस्थित रूप में लिखा गया है।

शुल्वसूत्रों में यज्ञकर्म के लिए आवश्यक विभिन्न आकार-प्रकार की वेदियों तथा अग्निचितियों के माप, उनका आयोजना, ईंटों के आकार एवं उनकी रचना आदि के बारे में जानकारी दी गई है। इस जानकारी का संबंध क्षेत्रमिति यानी ज्यामिति से है। शुल्वसूत्रों में ज्यामितीय कृत्यों और उन कृत्यों की पुष्टि करने वाले नियम दिए गए हैं।

वैदिक काल में देवताओं के मंदिर नहीं होते थे, यज्ञ होते थे। यज्ञ मुख्यतः दो प्रकार के थे–नित्य या अनिवार्य और काम्य या वैकल्पिक। यज्ञ निर्धारित आकार की वेदियों पर ही किए जाते थे। तरह-तरह की वेदियां बताई गई हैं। 'अग्नि' शब्द का मूल अर्थ आग था परंतु बाद में यह वेदी और चिति का द्योतक बन गया। नित्य यज्ञ के लिए तीन अग्नियां अभिप्रेत थीं–गार्हपत्य, आहवनीय और दक्षिण। ये प्रतिदिन के यज्ञ के लिए होती थीं। ये अग्नियां या वेदियां निश्चित आकार की होती थीं। गार्हपत्य अग्नि को वर्तुल बताया गया है, आहवनीय को वर्गाकार और दक्षिण को अर्धवर्तुल। परंतु इन तीनों ही अग्नियों का क्षेत्रफल समान यानी एक वर्ग व्याम (1 व्याम = 96 अंगुल) होना चाहिए। इसके लिए ज्यामिति की दृष्टि से जमीन पर वृत्त या अर्धवृत्त या वर्ग की शुद्ध आकृतियां बनाने की विधियां मालूम होनी चाहिए। साथ ही, वर्ग को वृत्त या अर्धवृत्त अथवा वृत्त को वर्ग में बदलने के लिए वर्ग की भुजा और वृत्त की त्रिज्या के परस्पर-संबंध की जानकारी होनी चाहिए और यह सब जानकारी शुल्वसूत्रों में दी गई है। सारांश यह कि, शुल्वसूत्रों के अध्ययन से पता चल जाता है कि श्रौतसूत्रों की रचना के समय भारतीय पंडितों को कितनी ज्यामिति ज्ञात थी।

शुल्वसूत्रों का समय

लेकिन श्रौतसूत्र या शुल्वसूत्र कब लिखे गए? इसके बारे में पाश्चात्य और पौर्वात्य विद्वानों ने अलग-अलग मत व्यक्त किए हैं। बौधायन शुल्वसूत्र को सबसे प्राचीन

माना जाता है। उसके बाद कालक्रम में मानव, आपस्तंब और कात्यायन शुल्वसूत्र आते हैं। काशीकर, काणे और रामगोपाल जैसे विद्वान बौधायन का रचनाकाल 800 से 400 ई.पू. के बीच रखते हैं। कात्यायन शुल्वसूत्र, पाश्चात्य विद्वान कीथ और एगेलिंग के अनुसार, लगभग 350 ई.पू. में लिखा गया। यह भी अनुमान लगाया गया है कि बौधायन, आपस्तंब, मानव शुल्वसूत्रकार और कात्यायन उत्तर भारतीय थे। सत्याषाढ़ श्रौतसूत्र का दक्षिण भारत में अधिक प्रचार रहा है।

जो भी हो, बौधायन और आपस्तंब के समय को हम 500 ई.पू. के आसपास रख सकते हैं। अन्य शब्दों में, शुल्वसूत्रों में जो भारतीय ज्यामिति उपलब्ध है वह कम-से-कम ढाई हजार साल पुरानी तो है ही, लेकिन बौधायन और आपस्तंब ने यह दावा कदापि नहीं किया है कि वेदी-निर्माण के लिए जिस ज्यामिति का उपयोग वे कर रहे हैं उसके सिद्धांतों या नियमों की खोज स्वयं उन्होंने की है। जब कभी वे किसी प्रस्थापना का वर्णन करते हैं, तो कहते हैं—इति अभ्युपदिशन्ति, इति विज्ञायते, इत्युक्तम् आदि। इसका अर्थ यह है कि वे वही कह रहे हैं, जो पहले के पंडितों ने कहा है। ऐसा कहते समय वे **तैत्तिरीय संहिता** या **तैत्तिरीय ब्राह्मण** या उसके आरण्यक का उद्धरण भी प्रस्तुत करते हैं। गार्हपत्य जैसी अग्निवेदी के नाम **ऋग्वेद** में भी आए हैं, मगर वहां उसका साकार-स्वरूप निश्चित नहीं किया गया है। इतना निश्चित है कि ब्राह्मणों के समय तक शुल्वसूत्रों में वर्णित काफी ज्यामिति अस्तित्व में आ गई थी।

ज्यामिति के लिए भारतीय नाम

आज हिंदी और कुछ अन्य भारतीय भाषाओं में प्रयुक्त होने वाला **ज्यामिति** शब्द यूनानी के ज्यॉमिट्री शब्द से, न केवल ध्वनिसाम्य, अपितु अर्थसाम्य भी रखता है (ज्या = पृथ्वी और मिति = मापना)। मराठी में 'भूमिति' शब्द का प्रयोग होता है। 'रेखागणित' शब्द भी ज्यादा पुरानी नहीं है। सवाई राजा जयसिंह द्वितीय के दरबारी ज्योतिषी जगन्नाथ पंडित ने 1718 ई. में यूक्लिड के मूलतत्वों का संस्कृत में अनुवाद किया तो उसे 'रेखागणित' का नाम दिया। पं. बापूदेव शास्त्री ने 'क्षेत्रमिति' शब्द चलाया। उसके पहले के भारतीय गणितज्ञों ने ज्यामिति के अर्थ में 'क्षेत्र', 'क्षेत्र-समास', 'क्षेत्र-व्यवहार' और 'क्षेत्र-गणित' जैसे शब्दों का प्रयोग किया है।

मगर ज्यामिति का सबसे प्राचीन भारतीय नाम 'शुल्व' ही है। **मानव** और **मैत्रायणी** शुल्वसूत्रों में इसे 'शुल्व-विज्ञान' कहा गया है। ज्यामितिज्ञ को 'शुल्वविद्' कहा जाता था लेकिन उस समय ज्यामिति को 'रज्जु' भी कहा जाता था। **कात्यायन शुल्वसूत्र** का पहला ही सूत्र है—रज्जुसमासं वक्ष्यामः (डोरी की सहायता से क्षेत्र के एकीकरण को बता रहा हूं)। 'रज्जु' और 'शुल्व' शब्द लगभग एक ही अर्थ के

द्योतक रहे हैं। 'रज्जु' शब्द 'रेखा' और 'फीता' के अर्थ में भी प्रयुक्त हुआ है। पालि साहित्य में राजा के भूमि-सर्वेक्षक के लिए 'रज्जुक' और 'रज्जु-ग्राहक' शब्दों का प्रयोग हुआ है। 'रज्जुक' शब्द सम्राट अशोक के अभिलेखों में भी आया है। प्राचीन भारतीय साहित्य में ज्यामितिज्ञ के लिए अन्य शब्द हैं—संख्याज्ञ, परिमाणज्ञ, सूत्रधार, सूत्रग्राही, शुल्व-परिपृच्छज्ञ (शुल्व की पड़ताल करने वाला) और समसूत्रनिरंचक (समान रस्सी फैलाने वाला)।

एक यूनानी उल्लेख के अनुसार प्राचीन मिस्र के ज्यामितिकार अथवा भूमि-सर्वेक्षक 'हार्पेडोनाप्टाई' कहलाते थे। इस शब्द का अर्थ है—'रस्सी फैलाने वाला'। स्पष्ट है कि 'हार्पेडोनाप्टाई' और 'समसूत्रनिरंचक' शब्द समानार्थक हैं, लेकिन इस शब्दसाम्य के आधार पर यह कहना ठीक नहीं होगा कि मिस्रवासियों ने ज्यामिति को भारतीयों से प्राप्त किया था। प्राचीन मिस्र में ज्यामिति की शुरुआत भूमि-मापन से हुई है। नील नदी में आने वाली बाढ़ के कारण नजदीक की भूमि का हर साल किसानों में नए सिरे से बटवारा करना पड़ता था और तदनुसार लगान निर्धारित करना होता था। भूमि-मापन के इसी प्रयास से प्राचीन मिस्र में क्षेत्रमिति का विकास हुआ। मंदिरों और पिरामिडों-जैसे भव्य स्मारकों के निर्माण ने भी वहां ज्यामिति के विकास में महत्त्वपूर्ण योग दिया।

मगर भारतीय ज्यामिति सर्वप्रथम हमें शुल्वसूत्रों में ही देखने को मिलती है। और, यह भी काफी विकसित ज्यामिति है। शुल्वसूत्रों में तथाकथित 'पाइथेगोर के प्रमेय' का व्यापक उपयोग देखने को मिलता है, 72 जैसी अपरिमेय संख्याओं के काफी शुद्ध मान दिए गए हैं लेकिन शुल्वसूत्रों की ज्यामिति का संबंध यज्ञतंत्र से है। क्या भारतीय ज्यामिति का कर्मकांडीय उद्गम संभव है?

भारतीय ज्यामिति की शुरुआत

कोई भी विज्ञान मानव-समूह की भौतिक और बौद्धिक आवश्यकताओं को पूरा करने के लिए अस्तित्व में आता है, आसमान से नहीं टपकता। शुल्वसूत्रों के अनुसार वेदियों के निर्माण में पकी हुई ईंटों का इस्तेमाल होता था और वे ईंटें विभिन्न आकार-प्रकार की होती थीं। राजगीर और बढ़ई को भी ज्यामिति की जरूरत पड़ती है। इन दोनों ही पेशों के शिल्पियों को सीधी रेखा और समकोण का सतत सामना करना पड़ता है। इसलिए भू-मापन से भी पहले भवन-निर्माण का ज्यामिति के उद्भव में प्रमुख योगदान रहा है। इस बात का समर्थन शुल्वसूत्रों के निर्देशों से भी होता है। **कात्यायन शुल्वसूत्र** में कहा गया है—

शास्त्रबुद्ध्या विभागज्ञः परशास्त्रकुतूहलः।
शिल्पिभ्यः स्थपतिभ्यश्च आददीत मतीः सदा॥

अर्थात्, शास्त्रीय बुद्धि से चलने वाले और ईंटों के पोटभेद को जानने वाले शुल्वविद् को हमेशा शिल्पियों और स्थपतियों की सलाह लेते रहना चाहिए। यज्ञ-मंडप बनाने के लिए बढ़इयों की और ईंटें बनवाकर उन्हें ठीक से रचने के लिए कुशल राजगीरों की जरूरत पड़ती थी।

इस प्रकार, हम कह सकते हैं कि शुल्वसूत्रों की ज्यामिति ईंटें बनाने वालों, राजगीरों, बढ़इयों और अन्य कारीगरों तथा पुरोहितों के बीच सहयोग से अस्तित्व में आई है। ईंटों की जरूरत पहले मकान बनाने के लिए हुई। यज्ञवेदियों के निर्माण में इनका इस्तेमाल बाद में हुआ।

वैदिक साहित्य में पकी हुई ईंटों (इष्टका) के उल्लेख तो मिलते हैं, मगर उस काल के मकानों में इनके इस्तेमाल के पुरातात्विक प्रमाण उपलब्ध नहीं होते। वैदिक जन अधिकतर गांवों में और साधारण-से घरों में रहते थे। उनके निर्माण में अधिकतर लकड़ी का प्रयोग होता था। इसीलिए उनके आवासों के पुरावशेष आज उपलब्ध नहीं हैं। दरअसल, मौर्यकाल तक पकी हुई ईंटों का बहुत कम उपयोग हुआ है।

परंतु सिंधु सभ्यता के नगरावशेषों की बात निराली है। सिंधु सभ्यता के नगर योजना के अनुसार बने हैं, उनकी सड़कें सीधी हैं और एक-दूसरे को समकोण में काटती हैं। हड़प्पा, मोहनजोदड़ो, लोथल और कालीबंगा जैसे सिंधु नगरों में पकाई हुई ईंटों का बड़े पैमाने पर इस्तेमाल हुआ है। वहां से आंवें और भट्ठे भी मिले हैं। वहां ईंटें भी विभिन्न आकार-प्रकार की बनती थीं। गोलाकार कुओं में जिन ईंटों का इस्तेमाल हुआ है वे फान के आकार की हैं। स्नानघर और नालियों के निर्माण में विशेष प्रकार की ईंटों का प्रयोग हुआ है। मकानों के कोने बनाने के लिए एल (L) के आकार की ईंटों का इस्तेमाल हुआ है।

इसलिए हम निष्कर्ष पर पहुंचते हैं कि भारत में ज्यामिति की शुरुआत आज से करीब साढ़े चार हजार साल पहले सिंधु सभ्यता के समय ही हो चुकी थी। इस विज्ञान की नई शुरुआत वैदिक काल में पुनः हुई, जब हम तरह-तरह की वेदियों के लिए निर्माण के लिए शुल्वविदों को बांस के शंकु और रस्सी (शुल्व या रज्जु) का उपयोग करते हुए देखते हैं।

शुल्वसूत्रों की विषयवस्तु

शुल्वसूत्रों में किस तरह की जानकारी है, यह जानना उपयोगी होगा। **बौधायन शुल्वसूत्र** सबसे प्राचीन और सबसे विस्तृत है। यह अत्यंत संक्षिप्त सूत्रशैली में रचा होने पर भी सबसे ज्यादा व्यवस्थित है। इसलिए हम प्रमुखतः इसी की विषयवस्तु पर एक नजर डालेंगे। वस्तुतः इसमें तीन ही अध्याय हैं परंतु इसके संपादक और अंग्रेजी अनुवादक डा. थीबो ने इसे दस अध्यायों में विभक्त किया है।

प्रथम अध्याय में लंबाई के विभिन्न परिमाणों की सारणी, नित्याग्नियों के माप, उनके बीच के अंतर और उनकी रचना की जानकारी है। साथ ही, विविध प्रकार के यज्ञों के लिए वेदियों तथा मंडपों के माप और उनके आकार-विन्यास का वर्णन है। दूसरे अध्याय में प्रथम अग्निचिति के क्षेत्रफल, उसके लिए आवश्यक ईंटों की विशेषताएं और उन्हें रचते समय पाले जाने वाले नियमों की जानकारी है। तीसरे अध्याय में श्येनचिति के माप, उसे बनाने के लिए आवश्यक ईंटों के माप, उनके आकार और परतों में की जाने वाली उनकी रचना की जानकारी है। चौथे अध्याय में श्येन (बाज) पक्षी के शरीर, सिर, पंख और पूंछ के अनुसार बनाई जाने वाली अग्निचिति की रचना के बारे में विस्तृत सूचनाएं हैं। साथ ही, कंक और अलज पक्षियों के आकार वाली वेदियों की रचना-पद्धति के बारे में जानकारी है। उसी अध्याय में त्रिकोणाकृति प्रउगचिति और समचतुर्भुजाकृति उभयतः प्रउगचिति की रचना के नियम दिए गए हैं। आगे पांचवें अध्याय में दो प्रकार की रथचक्र चितियों, छठे व सातवें अध्यायों में दो प्रकार की द्रोणचितियों और आठवें अध्याय में श्मशानचिति का वर्णन है। नौवें अध्याय और दसवें अध्याय के आरंभ में कूर्मचिति का वर्णन है। दसवें अध्याय के शेष भाग में बताया गया है कि उपर्युक्त काम्य चितियों के लिए ईंटों की रचना करते समय किस तरह की गीली मिट्टी का प्रयोग करना चाहिए।

मानव शुल्वसूत्र है तो प्राचीन परंतु इसकी रचना कुछ अटपटी-सी है। इसमें ज्यामितीय जानकारी अलग से न देकर प्रत्येक वेदी के साथ उसकी आवश्यकता के अनुसार प्रस्तुत की गई है। **आपस्तंब शुल्वसूत्र** काफी व्यवस्थित रूप से रचा गया है। इसके आरंभिक तीन खंडों में ज्यामितीय जानकारी है। आगे के दो खंडों में नित्याग्नियों की रचना का वर्णन है। सातवें अध्याय में ईंटों के आकार और उनकी रचना से संबंधित जानकारी है। आगे के खंडों में श्येनचिति, प्रउगचिति, द्रोणचिति और श्मशानचिति का वर्णन है। साथ ही, अश्वमेधीय अग्नि के बारे में भी कुछ सूचनाएं हैं। जैसे कि पहले बताया गया है **कात्यायन शुल्वसूत्र** कुछ बाद में, 350 ई.पू. के आसपास रचा गया है। इसकी एक विशेषता यह है कि इसमें सूत्रकार के नियमों को व्यापक स्वरूप प्रदान किया है। दूसरी विशेषता यह है कि इसमें क्षेत्रफल जानने की एक से अधिक रीतियां दी गई हैं।

शुल्वसूत्रों में प्रस्तुत अग्नि, वेदी, अग्निचिति और मंडप संबंधी जानकारी

अग्नि : आज 'अग्नि' शब्द का अर्थ है आग। शुल्वसूत्रों में यह शब्द वेदी और चिति के अर्थ में प्रयुक्त हुआ है। प्रत्येक यज्ञ में ये तीन अग्नियां अवश्य होती हैं—गार्हपत्य, आहवनीय और दक्षिण। ऋत्विजों के होमहवन के लिए वर्गाकार या वर्तुलाकार जो

छोटी वेदियां बनाई जाती हैं उन्हें 'धिष्ण्या' कहते हैं। हर यज्ञ की अपनी जो विशिष्ट अग्नि होती है उसे वेदी कहते हैं। (देखिए आकृति)

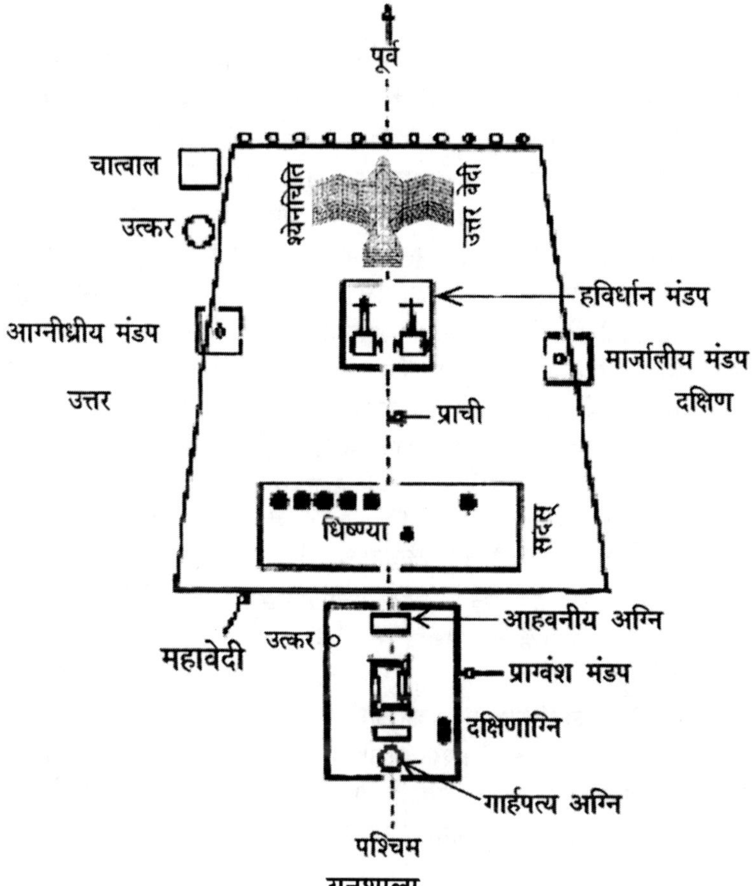

यज्ञशाला

गार्हपत्य अग्नि का स्थान प्राग्वंश मंडप के पश्चिमी द्वार के पास होता है। यह वर्गाकार या वर्तुलाकार होती है। अग्नि वर्तुलाकार हो तो उसका व्यास 96 अंगुल होगा और वर्गाकार हो तो उसकी भुजा की लंबाई 96 अंगुल होगी। **आहवनीय** अग्नि प्राग्वंश मंडप के पूर्वी द्वार के पास होती है। इस वर्गाकार अग्नि की भुजा 96 अंगुल लंबी होती है। **दक्षिणाग्नि** मंडप के दक्षिण में होती है। इस अर्धवृत्ताकार अग्नि का क्षेत्रफल गार्हपत्य अग्नि के बराबर ही होता है। मंडप के उत्तर में कूड़ा-कचरा डालने के लिए जो वर्तुलाकार गड्ढा होता है उसे **उत्करः** कहते हैं। मराठी

में प्रचलित 'उकरड़ा' शब्द इसी से बना है। प्राग्वंश मंडप में इन तीनों अग्नियों को विशिष्ट अंतर पर स्थापित किया जाता है। इसके बीच के अंतर को निर्धारित करने के तरीके शुल्वसूत्रों में दिए गए हैं।

वेदी के तीन प्रमुख प्रकार हैं : यजमान की वेदी प्राग्वंश मंडप में होती है। दूसरी उत्तरवेदी यज्ञगृह के पूर्व में होती है। और तीसरी है महावेदी। यजमान की वेदी यज्ञों के प्रकार के अनुसार भिन्न-भिन्न आकार की होती है, जैसे–पशुबंध यज्ञ की वेदी चारक्य यानी रथ के माप के अनुसार बनती है। पितृमेध यज्ञ की वेदी वर्गाकार होती है और उसके कोने मुख्य दिशाओं की ओर रहते हैं।

उत्तरवेदी के छह प्रकार हैं। अलग-अलग यज्ञों में अलग-अलग उत्तरवेदी का उपयोग होता है। सभी प्रकार की उत्तरवेदियां वर्गाकार होती हैं। अधिकतर यज्ञों में उत्तरवेदी 36 × 36 अंगुल की होती है। बड़ा घेरा महावेदी कहलाता है। इसकी आकृति एक समद्विबाहु समलंब के समान होती है। इसमें एक रेखा पूर्व से पश्चिम की ओर और दूसरी रेखा उत्तर से दक्षिण को जाती है। इनमें पूर्व-पश्चिम रेखा को प्राची या पृष्ठ्या (यानी पीठ) कहते हैं और उत्तर-दक्षिण रेखा को उदिची कहते हैं। महावेदी के पश्चिम में सदस् यानी सभास्थान होता है।

कामनानुसार किए जाने वाले विभिन्न प्रकार के यज्ञों में से जिस प्रमुख वेदी पर हव्यकाव्य किया जाता है उसे अग्निचिति कहते हैं। चिति शब्द 'चि' धातु से बना है, जिसका अर्थ है : रखना अथवा स्थापित करना। पकाई हुई ईंटें स्थापित करके जो रचना बनती है उसे 'चिति' कहते हैं।

तीन प्रमुख अग्निचितियां पक्षी के आकार की हैं। ये हैं–श्येनचिति, कंकचिति और अलजचिति। श्येन का अर्थ है–बाज पक्षी। कंक और अलज भी श्येन की जाति के ही पक्षी हैं। श्येन पक्षी आकाश में बहुत ऊंचाई तक पहुंचता है, इसलिए शुल्वसूत्रों में कहा गया है कि जिसे स्वर्ग प्राप्ति की इच्छा है उसे श्येनचिति रचकर यज्ञ करना चाहिए (अथ वै भवति श्येनचित चिन्वीत स्वर्गकाम इति–बौ.शु. 3.1)

जैसा कि पहले बताया गया है, कामनानुसार यज्ञों के अनेक प्रकार हैं। इन्हें प्रापंचिक, नैमित्तिक, अहितकारक, राजनीतिक, कर्मकांडीय तथा पारमार्थिक वर्गों में बांटा जा सकता है। भाईबंदों का नाश करने के लिए प्रउग और उभयतः प्रउगचिति रचकर यज्ञ करने का निर्देश है (आ.शु. 1 2.1 2)। ये चितियां क्रमशः त्रिकोणाकार और समभुज चतुष्कोण के आकार की होती थी। द्रोणचिति वर्गाकार अथवा वर्तुलाकार बताई गई है। भरपूर अन्नप्राप्ति के लिए द्रोणचिति रचने को बताया गया है (द्रोणचितं चिन्वीत अन्नकाम इति विज्ञायते–आ.शु. 13.6)।

जिसके भाईबंद शत्रुवत् हैं उसे रथचक्रचिति यानी रथ के पहिए के आकार की चिति रचने को कहा गया है। श्मशानचिति चतुर्भुजाकार होती थी और ईंटों की रचना इस तरह की जाती थी कि वह सूचिस्तंभ छिन्नक की तरह दिखाई देती थी। पितृलोक में अपनी समृद्धि की कामना करने वाले श्मशानचिति रचते थे। कूर्मचिति कछुए के आकार की होती थी। ब्रह्मलोक पर जय प्राप्त करने की इच्छा रखने वाले इस चिति को रचते थे। पुत्रप्राप्ति, बलप्राप्ति, अभिचारकृत्य, पौरोहित्यप्राप्ति आदि के लिए भी विशिष्ट आकार-प्रकार की चितियों की रचना के निर्देश श्रौतसूत्रों में देखने को मिलते हैं।

चिति का एक और अनोखा प्रकार है : छंदचिति। इसमें काम्य चितियों की रचना प्रत्यक्षत: ईंटों से नहीं की जाती। सिर्फ यह दिखाया जाता है कि मंत्र बोलते हुए हाथ से यथास्थान ईंटें रखी जाती रही हैं। यह प्रतीकात्मक चिति है।

ईंटों का निर्माण और उनकी रचना-पद्धति

अग्निचयन में विभिन्न आकार-प्रकार की ईंटों का इस्तेमाल होता था। शुल्वसूत्रों में इनको बनाने और इनकी रचना के बारे में विस्तृत जानकारी दी गई है। निर्देश है कि मिट्टी के अलावा अन्य किसी द्रव्य की ईंटें नहीं बनानी चाहिए। प्रत्येक अग्निचिति के लिए किस आकार की और किस माप की ईंटें इस्तेमाल की जानी चाहिए इसकी स्पष्ट सूचना शुल्वसूत्रों में दी गई है। ईंटें बनाने के लिए लकड़ी के सांचे का उपयोग होता था। विभिन्न प्रकार की चितियों के लिए चतुष्कोण, पंचकोण, त्रिकोण, शूलपाद, हंसमुख आदि आकार की ईंटें बनती थीं। इनके निश्चय ही सांचे रहे होंगे।

गीली मिट्टी से ईंटें तैयार करने के बाद उन्हें सुखाया जाता था। तदनंतर उन्हें पकाया जाता था। इस क्रिया में ईंटों के आकार थोड़े कम हो जाते हैं। इसलिए बताया गया है कि आरंभ में ही उन्हें थोड़ा बड़ा आकार देना चाहिए। **मानव शुल्वसूत्र** में बताया गया है कि पकाने पर ईंट उसके 1/30 भाग बराबर कम हो जाती है।

ईंटें रचने का एक महत्त्वपूर्ण नियम **बौधायन शुल्वसूत्र** में दिया गया है, और उसका आज भी पालन होता है। वह नियम है : भेदान् वर्जयेत् (2.22)। इसका अर्थ यह है कि ईंटों के बीच की चीर या लकीर एकसंध नहीं होनी चाहिए। श्येनचिति रचते समय इस नियम का पालन अत्यावश्यक है, अन्यथा पक्षी के शरीरांग सहज ही अलग-अलग हो जाएंगे। अग्निचिति में कौन सी ईंट कहां रखनी चाहिए, यह पहले से ही निश्चित रहता था। इसलिए ईंटों पर निशान बना दिए जाते थे।

ईंटें रचने के लिए गीली मिट्टी (पुरीष) का इस्तेमाल होता था। ईंटों के घर रचते समय कहां कितनी मिट्टी रखी जानी चाहिए, इसके बारे में भी शुल्वसूत्रों में हिदायतें हैं। मिट्टी ऐसी रखी जाए कि चिति का भीतरी भाग ऊंचा और किनारे का भाग नीचा रहे, तो उस पद्धति को 'समूह्य' कहा गया है। कछुए की पीठ ऊंची होती है, इसलिए कूर्मचिति को समूह्य पद्धति से बनाया जाता था। इसके विपरीत, किनारे की ओर अधिक मिट्टी रखकर द्रोणचिति के मध्यभाग को गहरा बनाया जाता है।

शुल्वसूत्रों की ज्यामिति

चिति तैयार करने के लिए आवश्यक ज्यामितीय साधन

जमीन पर वेदी, अग्निचिति तथा मंडप तैयार करने के प्रयोजन से शुल्वसूत्रों में ज्यामितीय नियमों का प्रतिपादन हुआ है। इसलिए जानना उपयोगी होगा कि इन्हें बनाने में किस तरह के उपकरण इस्तेमाल होते थे। वेदी, अग्निचिति और मंडप का आकार डोरी (रज्जु, शुल्व) और खूंटी (शंकु) की सहायता से तैयार किया जाता था। शण, कुश या मुंज से तीन लड़ियों वाली डोरी बनाई जाती थी। डोरी के दोनों सिरों पर गांठें होती थीं। अलग-अलग प्रयोजन के लिए अलग-अलग लंबाई की डोरियां होती थीं। श्येनचिति का विशेष महत्त्व था, इसलिए उसके आयोजन में विशेष प्रकार की डोरी का उपयोग होता था। शंकु शायद बांस या खैर की लकड़ी के बनाए जाते थे।

नियम था कि प्रत्येक चिति पूर्वाभिमुख होनी चाहिए। किसी भी चिति की रचना के पहले सर्वप्रथम 'प्राची' यानी आकृति के मध्य भाग से जाने वाली (सममिति अक्ष वाली) पूर्व-पश्चिम रेखा निश्चित करनी होती है। इतना ही नहीं, मंडप भी पूर्वाभिमुख (प्राग्वंश) अथवा उत्तराभिमुख (उदग्वंश) बनाए जाते थे। इसलिए दिशा ज्ञान की जानकारी अत्यावश्यक थी। दिन के समय शंकुछाया की सहायता से और रात के समय नक्षत्रों की सहायता से दिशा मालूम की जाती थी। सूर्य छह महीने उत्तरायण और छह महीने दक्षिणायन में रहता है, इसलिए सूर्योदय की दिशा बदलती रहती है। इसके लिए जो थोड़ा संशोधन आवश्यक है उसका शुल्वसूत्रकारों ने उल्लेख नहीं किया है। कृत्तिका, श्रवण व पुष्य नक्षत्र वैदिक काल में शायद पूर्व दिशा में उदित होते थे, इसलिए इनकी सहायता से पूर्व दिशा निश्चित की जाती थी। अब वे नक्षत्र पूर्व दिशा से हट गए हैं।

शुल्वसूत्रों में अंगुल को 'प्रमाण माप' माना गया है, लेकिन अंगुल से निश्चित लंबाई व्यक्त नहीं होती। बताया गया है कि एक अंगुल लंबाई

'अणु' नामक धान्य के 14 दानों की अथवा तिल के 34 दानों की मोटाई के बराबर होती है। हाथ की बीच की उंगली (मध्यमा) के सिरे से लेकर जमीन तक की ऊंचाई को 'पुरुष' माप मानकर उसे 120 अंगुलियों के बराबर बताया गया है। शुल्वसूत्रों में पद (15 अंगुल), युग (86 अंगुल), बाहु (36 अंगुल), अरत्नि (24 अंगुल), व्याम (5 अरत्नी) आदि और भी कई माप दिए गए हैं।

शुल्वसूत्र ज्यामिति की पुस्तकें नहीं हैं। उनमें केवल वेदी, अग्निचिति और मंडप की रचना के लिए आवश्यक ज्यामितीय नियमों की ही जानकारी दी गई है। शुल्वसूत्र यूक्लिड (300 ई.पू.) की ज्यामिति की पुस्तक की तरह की रचनाएं नहीं हैं। उनमें प्रमेय की उपपत्तियां नहीं हैं, लेकिन केवल इसी के आधार पर हम यह नहीं कह सकते कि शुल्वसूत्रकारों को उनके द्वारा प्रस्तुत नियमों अथवा सिद्धांतों की उपपत्तियों की जानकारी नहीं थी। आगे भी आर्यभट (499 ई.), ब्रह्मगुप्त (628 ई.), भास्कराचार्य (1150 ई.) आदि भारतीय गणितज्ञों ने उपपत्तियां नहीं दी हैं, केवल नियम दिए हैं।

शुल्वसूत्रों की अभिधारणाएं

शुल्वसूत्रकारों ने ज्यामितीय कृतियों के लिए कुछ अभिधारणाएं गृहीत मान ली थीं (वस्तुतः ये यूक्लिड की तरह की अभिधारणाएं नहीं हैं)। शुल्वसूत्रों की ये अभिधारणाएं सरल रेखा, आयत, वर्ग और त्रिभुज के विभाजन से संबंधित हैं। प्रमुख अभिधारणाएं हैं :

(1) दी हुई निश्चित लंबाई की सरल रेखा को कितने ही समान लंबाई के भागों में बांटा जा सकता है।

(2) वृत्त का व्यास खींचकर उसके समक्षेत्र व समरूप कितने भी भाग किए जा सकते हैं।

(3) आयत या वर्ग का हर विकर्ण उसे दो समान भागों में बांटता है।

(4) विकर्ण द्वारा आयत और वर्ग के चार भाग किए जाएं, तो समरूप और समक्षेत्र होते हैं।

(5) समचतुर्भुज के विकर्ण एक-दूसरे को समकोण पर काटते हैं।

(6) वर्ग के विकर्ण एक-दूसरे को समकोण पर काटते हैं।

(7) शीर्ष को आधार के मध्य बिंदु से जोड़कर एक समद्विबाहु त्रिभुज को बराबर हिस्सों में बांटा जा सकता है।

(8) वर्ग की किसी भुजा के छोरों को सामने की भुजा के मध्य बिंदु से मिलाने पर जो त्रिभुज बनता है वह वर्ग के आधे के बराबर होता है।

(9) वर्ग की भुजाओं के मध्य बिंदुओं को जोड़ने वाली रेखाओं से जो चतुर्भुज बनता है वह वर्ग होता है और उसका क्षेत्रफल मूल वर्ग के आधा होता है।

(10) एक ही आधार पर और उन्हीं समानांतर रेखाओं के बीच बने समानांतर चतुर्भुज और आयत एक-दूसरे के बराबर होते हैं।

(11) किसी वृत्त के भीतर सबसे बड़ा जो वर्ग बन सकता है वह वही होगा जिसके कोने वृत्त की परिधि पर होंगे।

शुल्वसूत्रों की कुछ महत्त्वपूर्ण ज्यामितीय रचनाएं

(1) दी हुई भुजा पर वर्ग बनाना। इसके चार तरीके दिए गए हैं।

(2) दी हुई भुजाओं का आयत बनाना।

(3) दिए हुए वर्ग के 'न' गुने के बराबर वर्ग बनाना।

(4) दो विभिन्न वर्गों के बराबर वर्ग बनाना।

(5) आयत को वर्ग में बदलना।

(6) वर्ग को आयत में बदलना।

(7) वर्ग को ऐसे आयत में बदलना जिसकी एक भुजा दी गई है।

(8) वर्ग या आयत को त्रिभुज में बदलना।

(9) वर्ग या आयत को समचतुर्भुज में बदलना।

पाइथेगोरस का प्रमेय

यूक्लिड (300 ई.पू.) की ज्यामिति का एक प्रसिद्ध प्रमेय है : 'कर्ण के वर्ग का प्रमेय', जिसे 'पाइथेगोरस के प्रमेय' के नाम से जाना जाता है। यूनानी दार्शनिक पाइथेगोर 540 ई.पू. के आसपास हुए। स्वयं यूक्लिड ने इसे 'पाइथेगोरस का प्रमेय' नहीं कहा है, उन्होंने इसकी केवल उपपत्ति प्रस्तुत की है। काफी बाद में यूक्लिड के प्रोक्लुस (लगभग 460 ई.) आदि टीकाकारों ने इसे पाइथेगोरस का प्रमेय कहा है लेकिन इस मान्यता के लिए ठोस सबूत उपलब्ध नहीं हैं। हां, जानकारी मिलती है कि पाइथेगोरस ने $3^2 + 4^2 = 5^2$ और ऐसे ही कुछ संबंधों का इस्तेमाल किया था। यूक्लिड का वह प्रमेय है (प्रथम पुस्तक, 47) : 'किसी भी समकोण त्रिभुज के समकोण की सामने वाली भुजा पर बना वर्ग शेष दो भुजाओं पर बने वर्गों के योग के बराबर होता है।'

लेकिन यह प्रमेय लगभग इन्हीं शब्दों में शुल्वसूत्रों में भी प्रस्तुत किया गया है। **बौधायन** का सूत्र (1.48) है–

दीर्घचतुरस्त्रस्याक्ष्णया रज्जुः पार्श्वमानी तिर्यङ्मानी च
यत् पृथग्भूते कुरुतस्तदुभयं करोति।

इस प्रमेय का वर्णन आपस्तंब और कात्यायन शुल्वसूत्रों में भी लगभग इन्हीं शब्दों में किया गया है।

इन सूत्रों का भावार्थ है : किसी आयत के विकर्ण पर खींचा गया वर्ग क्षेत्रफल में उन दोनों वर्गों के समान होता है जो दोनों भुजाओं पर खींचे जाएं।

शुल्वसूत्रों में उपर्युक्त प्रमेय की पुष्टि में कई परिमेय संबंध प्रस्तुत किए गए हैं। उदाहरणार्थ :

$$3^2 + 4^2 = 5^2$$
$$9^2 + 12^2 = 15^2$$
$$12^2 + 16^2 = 20^2$$
$$15^2 + 20^2 = 25^2$$ इत्यादि।

विशेष बात यह है कि शुल्वसूत्रों में ऐसे संबंध अपरिमेय संख्याओं में भी दिए गए हैं, जैसे–$1^2 + (\sqrt{2})^2 = (\sqrt{3})^2$

प्रश्न है : इस तथाकथित 'पाइथेगोरस के प्रमेय' की खोज सर्वप्रथम किसने की? संभव है कि भारतीयों को पाइथेगोरस के भी पहले इस प्रमेय की जानकारी रही हो लेकिन केवल इसी के आधार पर हम यह नहीं कह सकते कि सर्वप्रथम इसकी खोज शुल्वसूत्रकारों ने की और पाइथेगोरस ने इसे भारतीयों से सीखा है। वजह यह है कि इस प्रमेय की जानकारी प्राचीन मिस्र, बेबीलोन और चीन वालों को भी रही है। प्राचीन मिस्र के बारहवें राजवंशकाल (लगभग 2000 ई.पू.) के **काहुन पेपीरस** ने $3^2 + 4^2 = 5^2$ संबंध दिया गया है। प्रीचन मिस्र के भू-सर्वेक्षकों (हार्पेडोनाप्टाई) और पिरामिड निर्माताओं को निश्चय ही इस प्रमेय की जानकारी रही है। प्राचीन चीन की गणित की पुस्तक चाउ पेइ सुआन छिङ (ईसा पूर्व चौथी या तीसरी सदी) में भी आयत की भुजाओं और उसके विकर्ण के संबंध में $3^2 + 4^2 = 5^2$ को दिया गया है। प्राचीन बेबीलोन से मिले ईसा पूर्व दूसरी सहस्राब्दी के कीलाक्षर अभिलेखों में इस तरह के वर्ग-संबंध देखने को मिलते हैं, जिनसे पता चलता है कि व्यवहार में उनका इस्तेमाल होता था। प्राचीन गणित के इतिहासकार नेउगेबौएर का मत है कि पाइथेगोरस ने उसके नाम से प्रसिद्ध प्रमेय का ज्ञान बेबीलोनी कीलाक्षर फलकों से प्राप्त किया था।

सारांश यह कि, पाइथेगोरस का प्रमेय पाइथेगोरस के पहले कई देशों में ज्ञात था, और इसे व्यावहारिक उपयोग के जरिए खोजा गया है। यह प्रमेय हमारी प्राचीन सभ्यताओं की देन है, सार्वभौमिक धरोहर है। यूक्लिड (300 ई.पू.) ने पहली बार इरा प्रमेय को, अन्य अनेक प्रमेयों को भी, पहली बार तार्किक ढांचा प्रदान किया।

π और $\sqrt{2}$ के मान

शुल्वसूत्रों में वृत्त को वर्ग में और वर्ग को वृत्त में बदलने के नियम व कृत्य दिए गए हैं। इनके लिए वृत्त की परिधि और उसके व्यास के अनुपात, यानी π (पाइ) का मान जानना अत्यावश्यक है। बौधायन ने π का स्थूल मान 3 दिया है। अन्यत्र यह मान 3.1163 भी दिया गया है। **मानव शुल्वसूत्र** से यह भी पता चलता है कि π का मान 3.1604 लिया गया होगा।

वृत्त को वर्ग में बदलने के प्रयास में शुल्वसूत्रकारों ने $\sqrt{2}$, जिसे उन्होंने 'द्विकरणी' कहा है, एक अच्छा मान प्राप्त किया था। बौधायन शुल्वसूत्र से यह मान है–

$$\sqrt{2} = 1 + \frac{1}{3} + \frac{1}{3 \times 4} - \frac{1}{1 \times 4 \times 34}$$
$$= 1.4142156$$

$\sqrt{2}$ का आधुनिक मान 1.414213...है।

इसी तरह, $\sqrt{3}$ (त्रिकरणी) का भी मान दिया गया है।

उपसंहार

तो यह है शुल्वसूत्रों में वर्णित हमारे देश की प्राचीन ज्यामिति का संक्षिप्त परिचय। इसका संबंध स्पष्टतः यज्ञीय कर्मकांड से है, लेकिन यह संभव नहीं लगता कि यज्ञतंत्र ने ही भारतीय ज्यामिति को जन्म दिया है। शुल्वसूत्रकारों ने पहले से उपलब्ध ज्यामितीय जानकारी का यज्ञतंत्र के लिए प्रयोग किया। यूक्लिड ने भी पहले से उपलब्ध ज्यामितीय जानकारी को संकलित किया था, लेकिन एक विशिष्ट तार्किक पद्धति से। यूक्लिड की ज्यामिति का धर्मकर्म से कोई संबंध नहीं रह गया था। इसीलिए हमारे समय तक, 2300 साल बाद भी, उसका उपयोग होता आ रहा। दुर्भाग्य से शुल्वसूत्रों की ज्यामिति के साथ वैसा नहीं हुआ।

आज शुल्वसूत्रों की ज्यामिति का सिर्फ ऐतिहासिक और सांस्कृतिक महत्त्व है। शुल्वसूत्रों की ज्यामिति का उपयोग करके यज्ञवेदियों की रचना की जा सकती है। मगर आज शुल्वसूत्रों के अनुसार शायद ही कहीं कोई यज्ञवेदी बनती हो। आज शुल्वसूत्रों की मदद से ज्यामिति नहीं पढ़ाई जा सकती।

वस्तुतः शुल्वसूत्रों की अथवा यूक्लिड की ज्यामिति वास्तविक विश्व की ज्यामिति नहीं है। यह ज्यामिति तीन आयामों वाली है। मगर आइंस्टाइन के आपेक्षिकता के सिद्धांत के अनुसार विश्व चार आयामी है–तीन आयाम दिक् के और एक आयाम काल का। हम यह भी जानते हैं कि विश्व में स्थान-स्थान पर वहां मौजूद द्रव्य की स्थिति के अनुसार ज्यामिति भी बदलती रहती है। पिछले

करीब दो सौ वर्षों में अनेक अ-यूक्लिडीय और बहुआयामी ज्यामितियों को जन्म दिया गया है। अभी कुछ दिन पहले मुंबई में वैज्ञानिकों का 'स्ट्रिंग 2001' नामक सम्मेलन आयोजन हुआ। विश्व के सभी क्रियाकलापों की व्याख्या करने में प्रयत्नशील स्ट्रिंग थ्योरी विश्व के दस आयामों को स्वीकार करती है।

सहायक-ग्रंथ

1. The Sulbasutras : S.N. Sen & A.K. Bag, New Delhi, 1983.
2. The Science of the Sulba : Bibhutibhusan Datta, Calcutta, 1932.
3. A Concise History of Science of India : Bose, Sen & Subbarayappa, New Delhi, 1971.
4. The 'Pythegorean Theorem' in India, Journal of the University of Bombay, Sept. 1932.
5. The Sulba Sutras : Satya Prakash & Usha Jyotishmati, Allahabad, 1979.
6. Euclid's Elements : Ed. by I. Todhunter, London, 1961.
7. ज्यामिति की कहानी : गुणाकर मुले, नई दिल्ली।
8. संसार के महान गणितज्ञ : गुणाकर मुले, नई दिल्ली।
9. श्रौतधर्माची स्वरूपचिकित्सा (मराठी) : चिं. ग. काशीकर, पुणे, 1977 ।
10. कात्यायन शुल्व सूत्रे (संस्कृत-मराठी) श्री दा. खाडीलकर, मुंबई, 1974 ।
11. चार शुल्वसूत्रे (संस्कृत-मराठी) डा. र. पु. कुलकर्णी, मुंबई, 1978 ।
12. भारतीय विज्ञान के कर्णधार : डा. सत्यप्रकाश, नई दिल्ली, 1967 ।
13. 'शैक्षिक संदर्भ' 2000 के अंकों में शुल्वसूत्रों के बारे में रामकृष्ण भट्टाचार्य के लेख।
14. कात्यायन शुल्बसूत्रम् (संस्कृत), काशी, 1927 ।

प्राचीन भारत में गणित-विज्ञान का विकास

गणित के इतिहास का महत्त्व इसलिए भी है कि सभ्यता के इतिहास में इसका बहुमूल्य योगदान है। वैज्ञानिक चिंतन के साथ मानवजाति की प्रगति का गहरा संबंध है। गणितीय और भौतिकीय अनुसंधान हमारी बौद्धिक प्रगति के प्रामाणिक दस्तावेज हैं।

—फ्लोरियन काजोरी, गणित का इतिहास

पिछले करीब सौ वर्षों से विज्ञान के विभिन्न अंगों का जो चतुर्दिक विकास हुआ है उससे अब इसका सामर्थ्य सुस्पष्ट है। इससे विज्ञान के इतिहास के अध्ययन को बड़ा प्रोत्साहन मिला है। इस बात को अब सभी स्वीकार करते हैं कि वैज्ञानिक अनुसंधान समाज-व्यवस्था के निर्धारण में महत्त्वपूर्ण भूमिका अदा करते हैं। इतना ही नहीं, पिछले कुछ दशकों से इस तथ्य को भी स्वीकार किया जाने लगा है कि सामाजिक घटनाएं भी वैज्ञानिक अनुसंधान की प्रवृत्तियों का निर्धारण करती हैं। वैज्ञानिक विकास का मानव-समाज के विकास के साथ अभिन्न संबंध है।

वैज्ञानिक अनुसंधानों के बारे में एक आम धारणा यह है कि नई वैज्ञानिक गवेषणाएं पुरानी उपलब्धियों को अनुपयोगी बना देती हैं। पुराने में से जो उपयोगी होता है उसका नए में समावेश हो जाता है। इसलिए विज्ञान के इतिहास के अध्ययन की कोई आवश्यकता नहीं है। हमारी शिक्षा-प्रणाली में यह भावना आज भी विद्यमान है। हमारे अधिकांश पाठ्यग्रंथ विद्यार्थियों पर यही प्रभाव छोड़ते हैं कि मानो भारतीय इतिहास का निर्माण केवल राजा-महाराजाओं, दार्शनिकों और धार्मिक विचारकों ने ही किया है।

परंतु विज्ञान के इतिहास का अध्ययन दूसरे मानवीय क्रियाकलापों के इतिहास के अध्ययन से कहीं अधिक महत्त्वपूर्ण है। वर्तमान को सही रूप में समझने के लिए और भविष्य को नियोजित करने के लिए विज्ञान के इतिहास का अध्ययन परमावश्यक है। यह जानना जरूरी है कि अतीत में विज्ञान और समाज ने एक-दूसरे को किस प्रकार प्रभावित किया है। यह अध्ययन हमें जानकारी देता

है कि समाज की विभिन्न अवस्थाओं में वैज्ञानिक अनुसंधान का क्या स्वरूप रहा है, और यह वर्तमान स्थिति पर किस प्रकार पहुंचा है। वैज्ञानिकों और उनके आविष्कारों का मात्र परिचय प्रस्तुत करना पर्याप्त नहीं है। यदि विज्ञान के इतिहास को उपयोगी बनाना है तो इसका सामाजिकी की दृष्टि से अध्ययन प्रस्तुत करना जरूरी है।

गणित को आमतौर पर एक शुष्क विषय माना जाता है और शायद इसलिए इसके इतिहास के अध्ययन की सर्वाधिक उपेक्षा होती है। परंतु वास्तविकता यह है कि विज्ञान के विविध अंगों में से गणित का विकास भी सामाजिक विकास की अवस्थाओं को सर्वाधिक स्पष्टता से चित्रित करता है। बौद्ध दार्शनिक नागार्जुन के शून्यवाद से अथवा इसी से काफी मिलते-जुलते शंकराचार्य के विवर्तवाद से आपको तत्कालीन सामाजिक-आर्थिक दशाओं के बारे में क्या ठोस जानकारी मिलती है? दूसरी तरफ, ज्योतिष व गणित के ग्रंथों से तत्कालीन समाज के वास्तविक बौद्धिक स्तर के बारे में भी जानकारी मिलती ही है और भी बहुत सारी यथार्थ जानकारी मिलती है। किसी भी युग के गणितीय आविष्कार उस युग की भौतिक उन्नति के प्रामाणिक मानदंड होते हैं। वेदों में पाए जाने वाले गणनाओं के उल्लेख स्पष्ट सूचना देते हैं कि एक पशुचारी समाज को अधिक-से-अधिक कितने गणित की जरूरत हो सकती है। आर्यभट का एकमात्र उपलब्ध ग्रंथ (499 ई.) हमें जानकारी देता है कि उस समय तक भारत में गणित व ज्योतिष के क्षेत्र में कितनी प्रगति हो चुकी थी। वराहमिहिर के ग्रंथ, विशेषत: उनकी वृहत्संहिता, अपने युग के ज्ञानकोश हैं। ब्रह्मगुप्त के ग्रंथों के अध्ययन से पता चलता है कि हमारे देश के पौराणिक विचारों ने वैज्ञानिक चिन्तन को किस प्रकार प्रभावित किया है। भारत के संदर्भ में यह समझना भी जरूरी है कि समाज की वर्गीय व्यवस्था ने वैज्ञानिक विकास को किस हद तक प्रभावित किया है।

भारतीय गणित के इतिहास के अध्ययन के लिए प्रचुर सामग्री उपलब्ध है। इस सामग्री को विवरणात्मक रूप में प्रस्तुत करने के प्रयत्न भी अब हो रहे हैं। परंतु भारतीय इतिहास में विज्ञान के इतिहास को उसका अपना यथोचित स्थान प्राप्त नहीं हुआ है। इसका एक ठोस सबूत यह है कि बहुत-से भारतीयों को, बहुत-से अच्छे पढ़े-लिखे लोगों को भी प्राचीन भारत के एक महानतम गणित-ज्योतिषी आर्यभट के कृतित्व के बारे में पहली बार थोड़ी-बहुत जानकारी तभी प्राप्त हुई जब 'आर्यभट' नामक पहला भारतीय उपग्रह पार्थिव कक्षा में स्थापित हुआ। मज़े की बात यह है कि आज भी बहुत-से लोग आर्यभट को आर्यभट्ट लिखते हैं, कुछ लोग तो सिर्फ इस ख्याल से कि कोई भट्ट ही ब्राह्मण हो सकता है। स्वयं आर्यभट ने अपना नाम 'आर्यभट' ही लिखा है और उनकी कृति का नाम है 'आर्यभटीयम्'।

आज स्कूल-कालेजों में जो गणित पढ़ाया जाता है उसके बारे में हमारा ख्याल है कि यह 'पाश्चात्य' गणित है। दरअसल, पाश्चात्य गणित जैसी कोई चीज़ नहीं है। अंग्रेजी शिक्षा के साथ हमारे देश में आधुनिक पद्धति के गणित का अध्ययन आरंभ हुआ, इसीलिए बहुत से लोग समझते हैं कि आधुनिक गणित पाश्चात्य गणित है। अंक-पद्धति को ही लीजिए। आज सारे संसार में शून्य पर आधारित जिस स्थानमान-युक्त दाशमिक अंक-पद्धति का इस्तेमाल होता है, वह भारत की खोज है। इतना ही नहीं, अंग्रेजी के साथ प्रयुक्त होने वाले अंक-संकेत, जिन्हें अब हम भारतीय अंतर्राष्ट्रीय अंक-संकेत कहते हैं, प्राचीन ब्राह्मी अंक-संकेतों से विकसित हुए हैं। आधुनिक बीजगणित की अनेक विधियां मूलत: भारतीय हैं। आधुनिक त्रिकोणमिति यूनानी पद्धति पर नहीं, बल्कि उस विधि पर आधारित है जिसके दर्शन हमें प्राचीन सूर्य सिद्धांत और आर्यभट की कृति में होते हैं। और, आज स्कूलों में जो ज्यामिति पढ़ाई जाती है उसका तार्किक संयोजन भले ही यूक्लिड, लगभग 300 ई.पू. में किया हो, पर उसके बहुत से प्रमेय प्राचीन मिस्र और मेसोपोटामिया में खोजे गए थे। पाइथेगोर ई.पू. छठी सदी के नाम से प्रसिद्ध ज्यामिति का प्रमेय भारतीय शुल्वसूत्रकारों को ज्ञात था, बेबीलोन व चीन के प्राचीन गणितज्ञों को भी ज्ञात था। अत: जिसे हम प्राथमिक गणित कहते हैं वह वस्तुत: सार्वभौमिक उत्पत्ति का है। इसमें भारतीय योगदान के मूल्यांकन के लिए भी हमें अपनी गणितीय उपलब्धियों की जानकारी प्राप्त करना जरूरी है। यह अध्ययन हमें इस बात की भी जानकारी दे सकता है कि भारतीय गणित की क्या विशेषताएं थीं, और वे कौन-सी त्रुटियां थीं जिनके कारण यह आधुनिक गणित में विकसित नहीं हो पाया।

वर्तमान सदी के तीसरे दशक के आरंभिक वर्षों में पुरातत्ववेत्ताओं ने सिंधु की घाटी में दो प्राचीन नगरों : मोहेंजोदड़ो और हड़प्पा के अवशेषों की खोज की। इस तरह भारत में भी मिस्र, मेसोपोटामिया और क्रीट की तरह एक प्राचीन सभ्यता—सिंधु सभ्यता—का उद्घाटन हुआ। पिछले कई वर्षों में भारत और पाकिस्तान में दूर-दूर तक इस सभ्यता के अवशेष खोजे गए हैं। इस कांस्य युगीन सभ्यता के स्थलों से, विशेषत: मोहेंजोदड़ो, हड़प्पा, कालीबंगा व लोथल से, प्रचुर अवशेष प्राप्त हुए हैं। स्पष्ट जानकारी मिलती है कि एलाम, सुमेर और मिस्र से सिंधु सभ्यता के लोगों के गहरे संबंध थे।

सिंधु सभ्यता की अपनी एक लिपि थी। अधिकतर मुहरों पर उकेरे गए ये लेख काफी संक्षिप्त हैं। प्राचीन मिस्र या सुमेर-बेबीलोन की तरह सिंधु सभ्यता के स्थलों से लंबे लेख या स्वतंत्र पुस्तकें प्राप्त नहीं हुई हैं। सिंधु सभ्यता में भी सुमेर-बेबीलोन अथवा मिस्र की तरह किसी प्रकार की लेखन-सामग्री का अस्तित्व रहा

होगा, पर लगता है कि वह सामग्री काफी पहले नष्ट हो चुकी है। वैदिक काल का कोई अभिलेख उपलब्ध नहीं है, पर साहित्य मिलता है। दूसरी ओर, अधिक प्राचीन सिंधु सभ्यता के, संक्षिप्त ही सही, लेख मिलते हैं, पर पिछले कई दशकों के अथक प्रयासों के बाद भी इन्हें पढ़ पाने में सफलता नहीं मिली है, किंतु सभ्यता के भौतिक अवशेषों के आधार पर ही उनकी वैज्ञानिक उपलब्धियों की रूपरेखा प्रस्तुत की जा सकती है।

छोटी-मोटी गिनतियों के लिए आदिवासियों में भी सरल-से अंक-संकेत–खड़ी या आड़ी लकीरें–देखने को मिलते हैं। सिंधु लेखों में 1, 2, 3, 4, 5, 6, 7 व 9 के अंक-संकेतों को पहचाना गया है। 1 से 4 तक के लिए इतनी ही खड़ी लकीरें मिलती हैं। 5, 6, 7 की लकीरों के दो समूहों से व्यक्त किया गया है। 8 के लिए अभी तक कोई संकेत नहीं मिला है। 9 की खड़ी लकीरों को तीन ऊर्ध्वाधर समूहों से व्यक्त किया गया है। हम जानते हैं कि काफी बाद में ब्राह्मी और खरोष्ठी के अंक-संकेतों में भी खड़ी व आड़ी लकीरों का इस्तेमाल हुआ है। सिंधु सभ्यता के ये अंक-संकेत छतों को संभालने वाले प्रस्तर-स्तंभों के खंडों पर प्राप्त हुए हैं। मोहेंजोदड़ो से प्राप्त हुए औजारों पर उकेरे गए कुछ विशिष्ट चित्र-संकेत जो संभवत: मंदिर या राज्य के स्वामित्व के सूचक हैं, अंक-संकेत हो सकते हैं।

इतना निश्चित है कि सिंधु सभ्यता की अंक-पद्धति दाशमिक थी। प्राचीन मिस्र के लेखों में तथा प्राक्-एलाभी और मेसोपोटामियाई कीलाक्षर लेखों में भी हमें उसी दाशमिक अंक-पद्धति के दर्शन होते हैं। मोहेंजोदड़ो से शंख की बनी हुई एक मापनी का 6.62 सें.मी. लंबा और 0.62 सें.मी. चौड़ा एक टुकड़ा मिला है। इस पर आरी से 9 समानांतर लकीरें बनाई गई हैं। इनमें से एक लकीर पर एक वृत्त बनाया गया है और उससे खड़ी लकीर पर एक बिंदी बनाई गई है। इन दो निशानों के बीच 1.32 इंचों का अंतर है और हर दो लकीरों के बीच 0.264 इंच का अंतर है। कुछ पुराविदों के अनुसार इस मापनी में वृत्त और बिंदी के बीच का अंतर सिंधु सभ्यता के इंच का द्योतक है। इस प्रकार, अकबर के शासनकाल में समूचे उत्तर भारत में 33 इंचों के जिस गज का प्रचलन था वह सिंधु सभ्यता के 25 इंचों के बराबर सिद्ध होता है। यह काफी संभव है कि शंख के ऐसे कई टुकड़ों को धातु-पट्टियों से जोड़कर लंबी मापनी बनाई जाती होगी।

सिंधु सभ्यता में गणनाओं के लिए संभवत: एबैकस अथवा गिनतारे का भी प्रयोग होता था। मोहेंजो-दड़ो से एक ईंट मिली है जिसमें गहरी लकीरें उकेरी हुई हैं। एक अन्य खंडित ईंट में भी इसी प्रकार की गहरी लकीरें और गड्ढे हैं। इनका इस्तेमाल संभवत: किसी खेल के लिए होता था। कंकड़ों का इस्तेमाल करके इनसे

सरल-सी गणनाएं भी संपन्न होती होंगी। सिंधु सभ्यता से पकाई मिट्टी के और पत्थर के बहुत-सारे आयताकार पासे मिले हैं। इनके छः चेहरों पर 1 से 6 तक छोटे-छोटे गड्ढे बने हुए हैं।

सिंधु सभ्यता के विभिन्न स्थलों से सलेटी पत्थर के छोटे-बड़े बहुत-सारे पॉलिशदार बाट मिले हैं। इनमें से अधिकांश बाट आयताकार हैं, कुछ बाट गोलाकार, बेलनाकार और शंकु के आकार के भी हैं। इनके परीक्षण से पता चला है कि तोल की इकाई 0.8565 ग्राम की थी और बाटों के अनुपात का क्रम है : 1 3, 1, 2, 4, 8, 16, 32, 64, 160, 200, 320, 640, 1600, 3200, 6400, 8000, 12800 । कुछ तराजू भी मिले हैं, इनके दंड कांसे के हैं और पलड़े तांबे के हैं।

सिंधुवासियों के रेखागणितीय ज्ञान के बारे में पर्याप्त प्रमाण प्राप्त हैं। सिंधु नगरों का निर्माण पूर्वनियोजित योजना के अनुसार हुआ है। मोहेंजोदड़ो की सड़कें समांतर हैं और एक-दूसरे को समकोण में काटती हैं। ईंटों, खंबों, बर्तनों, आभूषणों, औजारों आदि के अध्ययन से पता चलता है कि उन्हें विभिन्न प्रकार की ज्यामितीय आकृतियों की रचना का अच्छा ज्ञान था। इन ज्यामितीय रचनाओं के लिए उपकरणों का भी अस्तित्व रहा होगा। कंपास-जैसे किसी उपकरण से वृत्तों की रचना की जाती होगी। उनके अनेक अवशेषों के अध्ययन से पता चलता है कि उन्हें अनेक ज्यामितीय आकृतियों के क्षेत्रफल व आयतन जानने की आवश्यकता पड़ती थी परंतु उनकी गणना वे किस प्रकार करते थे इसके बारे में आज हमें कोई जानकारी नहीं मिलती।

सिंधुवासियों का जीवन प्रमुख रूप से कृषि कर्म पर निर्भर था। इसलिए उनका ज्योतिष-ज्ञान भी काफी विकसित रहा होगा। मोहेंजोदड़ो से हाथीदांत का 10.2 सें.मी. लंबा और 0.6 सें.मी. व्यास का एक चौकोर दंड मिला है। इसके तीन फलकों पर निशान अंकित हैं। पुरातत्ववेत्ता फेयरसर्विस का मत है कि हाथीदांत का यह दंड सिंधुवासियों का चांद्र पंचांग है। चंद्र के निरंतर के अवलोकनों को इस दंड पर अंकित किया जाता था। इस प्रकार उन्होंने जान लिया था कि प्रत्येक 30 दिनों के बाद उनमें से आधा दिन घटाने पर 29½ दिनों का लगभग सही चांद्रमास प्राप्त होता है। इस साधन के जरिए वे आकाश में मेघाच्छादित रहने पर भी महीने के दिनों का हिसाब रखने में समर्थ थे। महीनों का हिसाब रखने के लिए भी ऐसा ही कोई साधन रहा होगा।

सिंधु सभ्यता के स्थलों से प्राचीन मिस्र और सुमेर-बेबीलोन की तरह गणित से संबंधित लंबे व स्वतंत्र लेख प्राप्त नहीं हुए हैं, न ही उपलब्ध सिंधु लेखों को पढ़ पाना संभव हुआ है परंतु सिंधु सभ्यता के उपलब्ध भौतिक पुरावशेष इस बात की स्पष्ट गवाही देते हैं कि उपयोगी वैज्ञानिक व तकनीकी जानकारी के मामले में वे

प्राचीन मिस्र अथवा सुमेर-बेबीलोन से पीछे नहीं थे। लिखित सामग्री के अभाव में भी हम सहज कल्पना कर सकते हैं कि सिंधुवासियों को अपने विविध कार्यकलापों के लिए किस स्तर के गणित की आवश्यकता थी। सिंधु सभ्यता की अन्य अनेक बातों की तरह उनकी गणितीय उपलब्धियां भी, विशेषकर उनकी माप-तोल की प्रणालियां, भारत में बाद में भी अवश्य प्रचलित रही होंगी। सिंधु समाज के ढांचे के बारे में कोई ठोस जानकारी नहीं मिलती। पुरोहित-वर्ग का संभवतः प्रभुत्व था और दास प्रथा का भी शायद अस्तित्व था। सिंधु समाज में गणित व ज्योतिष का ज्ञान सभी वर्गों के लिए सुलभ था या नहीं, इसके बारे में निश्चित रूप से कुछ नहीं कहा जा सकता।

सिंधु सभ्यता की तरह वैदिक समाज के भौतिक अवशेष नहीं मिलते, उनका केवल श्रोत वाङ्मय ही आज उपलब्ध है। पशुचारी कबीलाई समाज को विकसित गणित की आवश्यकता नहीं होती, इसलिए वैदिक संहिताओं में उच्च गणित के सूत्रों की खोज करना निरर्थक है। ऋग्वेद में जहां-तहां छोटी-बड़ी संख्याओं के अनेक उल्लेख मिलते हैं। वैदिक आर्यभाषियों को लिपि का ज्ञान भले ही न रहा हो, परंतु उनके अंक-संकेत अवश्य थे। ऋग्वेद का एक जुआरी कहता है : एक पर बाजी लगाकर मैं अपनी अनुरागिणी पत्नी को खो बैठा। यहां एक का मतलब पासे पर अंकित एक के संकेत से है। पता चलता है कि ऋग्वैदिक काल में गायों के बदन पर पहचान के लिए अंकों के चिह्न दागे जाते थे।

वैदिक अंक-पद्धति भी दशगुणोत्तर है। ऋग्वेद में एक, द्वि, त्रि, चतुर्, पंच...सहस्र आदि संख्या-संज्ञाएं देखने को मिलती हैं। गिनती की सबसे बड़ी इकाई अयुत (10,000) है, और ऋग्वेद में पाई जाने वाली सबसे बड़ी संख्या षष्टिं सहस्रा नवतिं नव (60,099) है। यजुर्वेद में परार्ध 100 00 00 00 00 00 तक की संख्या-संज्ञाएं देखने को मिलती हैं। यजुर्वेद में ही एक स्थान पर 4 का 12 तक (4×12) गुणनक्रम यानी पहाड़ा भी देखने को मिलता है।

एक, द्वि, त्रि-जैसी संस्कृत की संख्या-संज्ञाओं में और प्राचीन यूनानी व लैटिन संख्या-संज्ञाओं में बड़ी समानता है। भाषा-परिवारों की पहचान के लिए देवताओं के नाम और संख्या-संज्ञाएं बड़ी उपयोगी सिद्ध होती हैं। पश्चिम एशिया के प्राचीन मितन्नी लेखों में इन्दर (इंद्र), उरुन (वरुण), मित्र, नाशत्तिश्र, नासत्यों, अश्विनी कुमारों के नाम देखने को मिलते हैं। मितन्नी राज्य से घोड़ों की तालीम के बारे में किसी किवकुलि नामक व्यक्ति द्वारा लिखित एक पुस्तक मिली है। इसमें एक वर्त्तन्न एक घुमाव, तैर वर्त्तन्न तीन घुमाव, सत्त वर्त्तन्न, नव वर्त्तन्न जैसे वाक्य देखने को मिलते हैं। तात्पर्य यह कि, वेदों में पाई जाने वाली संख्या-संज्ञाएं बहुत प्राचीन हैं, इनका जन्म आर्यभाषियों के मूल स्थान में ही हो चुका था। इस प्रकार, हमारी

संख्या-संज्ञाएं इंद्र, वरुण आदि वैदिक देवताओं से अधिक प्राचीन नहीं, तो कम-से-कम इन देवताओं जितनी प्राचीन तो हैं ही।

वैदिक अंक-पद्धति दशगुणोत्तर है परंतु यह हमारी वर्तमान अंक-पद्धति जैसी नहीं है, यह आज सारे संसार में प्रचलित स्थानमान-युक्त अंक-पद्धति नहीं है। वैदिक काल में अभी शून्य की धारणा ने जन्म नहीं लिया था। ऋग्वेद में 'शून्य' शब्द नहीं मिलता। खे शब्द मिलता है, जिसका अर्थ है सूराख या छेद। भारत में शून्य पर आधारित स्थानमान युक्त अंक-पद्धति की खोज बहुत बाद में हुई।

ऋग्वेद संहिता और गौतम बुद्ध के बीच लगभग एक हजार वर्षों का अंतर है। इस अरसे में आर्यभाषियों के जीवन में बड़ी रद्दोबदल हुई। लौह खनिज की खोज में आर्यभाषी लोग राजगृह तक पहुंचे। कबीलाई समाज-व्यवस्था टूट गई, राज्य-व्यवस्था अस्तित्व में आई और बुद्ध के समय तक मगध में एक साम्राज्य भी विस्तृत हो रहा था। आसपास के गणराज्यों को मिटाता जा रहा था। उत्पादन के साधनों का काफी विकास हुआ, उत्पादन की वितरण-व्यवस्था भी बदली। परिणामतः समाज-व्यवस्था भी बदली। भारत में यह वर्ग-विभाजन वर्ण-व्यवस्था के रूप में अशिमभूत हुआ। बुद्ध के समय तक आर्यभाषियों का न केवल कर्मकांड काफी बदल चुका था, बल्कि वैदिक भाषा भी काफी पुरानी पड़ गई थी। ब्राह्मण-ग्रंथों ने वैदिक कर्मकांड को अधिक जटिल बना दिया था। फलतः वेदों के अध्ययन के प्रयोजन से वेदांग सूत्रों के रूप में नए प्रकार के साहित्य का सृजन हुआ। वेदांग छः हैं : शिक्षा, कल्प, निरुक्त, छंद, ज्योतिष और व्याकरण। इनमें से कल्प और ज्योतिष सूत्रों में हमें तत्कालीन गणित की स्थिति के बारे में कुछ विशेष जानकारी मिलती है।

कल्पसूत्रों के अंग हैं श्रौतसूत्र। श्रौतसूत्रों में यज्ञकर्म की विधियों के बारे में सूक्ष्म जानकारी दी गई है। विभिन्न प्रकार के यज्ञों के लिए विभिन्न आकार-प्रकार की वेदियां बनती थीं। इन वेदियों के निर्माण के बारे में भी सूत्र रचे गए थे। ये सूत्र परिशिष्टों के रूप में श्रौतसूत्रों के अंत में दिए गए हैं। इन्हें शुल्वसूत्र कहते हैं। शुल्व का अर्थ है रस्सी अथवा रस्सी से मापना। किसी समय अनेक शुल्वसूत्र मौजूद रहे होंगे, पर आज केवल सात शुल्वसूत्र ही उपलब्ध हैं। बौधायन, कात्यायन, आपस्तंब आदि ने इनकी रचना की है, इसलिए ये सूत्रग्रंथ बौधायन शुल्वसूत्र, आपस्तंब शुल्वसूत्र आदि नामों से जाने जाते हैं।

इन शुल्वसूत्रों में वेदियों की रचनाओं से संबंधित रेखागणितीय विषयों को प्रस्तुत किया गया है। इनमें रेखागणितीय रचनाओं के ऐसे अनेक नियम मिलते हैं जो प्रमेयों के रूप में यूक्लिड की ज्यामिति में दिए गए हैं, सिद्ध किए गए हैं। उदाहरण के लिए, यूक्लिड की ज्यामिति में दिए गए पाइथेगोर के प्रमेय को

लीजिए : समकोण त्रिभुज के कर्ण पर आधारित वर्ग उस त्रिभुज की शेष दो भुजाओं पर आधारित वर्गों के जोड़ के बराबर होता है। शुल्वसूत्रों में भी लगभग इसी रूप में यह प्रमेय दिया गया है। बौधायन शुल्वसूत्र में इसके लिए सूत्र है :

''दीर्घचतुरस्त्रस्याक्ष्णयारज्जुः पार्श्वमानी तिर्यङ्मानी च
यत्पृथग्भूते कुरुतस्तदुभयं करोति।''

समकोण त्रिभुज के कर्ण की लंबाई यदि क हो और शेष दो भुजाओं की लंबाई अ तथा ब हो, तो उपर्युक्त नियम के आधार पर हमें सूत्र प्राप्त होता है : क^2 अ^2+ब^2। इस सूत्र की सहायता से किसी भी समकोण त्रिभुज की दो भुजाएं ज्ञात होने पर तीसरी भुजा मालूम की जा सकती है। शुल्वसूत्रों में इस सूत्र-जैसे अनेक संख्या-संबंध देखने को मिलते हैं, जैसे-

$9^2 + 12^2 = 15^2$
$8^2 + 15^2 = 17^2$
$15^2 + 36^2 = 39^2$ इत्यादि।

यदि किसी समकोण त्रिभुज की दो छोटी भुजाओं की लंबाई एक-एक इकाई है तो उपर्युक्त सूत्र के अनुसार कर्ण की लंबाई 2 होगी। यह एक अपरिमेय संख्या है और ऐसी अनंत अपरिमेय संख्याओं का अस्तित्व है। आरंभ में पाइथेगोर का मत था कि यह विश्व संख्यामय है कि विश्व की हर वस्तु को ठीक-ठीक मापा जा सकता है, परंतु पाइथेगोर या उसके किसी शिष्य को जब 2 जैसी अपरिमेय संख्याओं के बारे में जानकारी मिली तो उन्हें बड़ा धक्का लगा।

शुल्वसूत्रकार भी जान गए थे कि 2 जैसी संख्याएं अपरिमेय हैं। इसलिए उन्होंने इनके सन्निकट मान दिए हैं। $1\sqrt{2}$ को उन्होंने 'द्वि-करणी' कहा है और इसका एक काफी सही मान दिया है।

प्राचीन मिस्त्र में रेखागणित का विकास भूमि के मापन और भवनों के निर्माण जैसे भौतिक क्रियाकलापों के अंतर्गत हुआ था। शुल्वसूत्रों में उपलब्ध रेखागणित का विकास केवल यज्ञकर्म के अंतर्गत हुआ है, इसे सहज स्वीकार नहीं किया जा सकता, परंतु इस ज्ञान को लौकिक जीवन के साथ जोड़ने वाली सामग्री आज उपलब्ध नहीं है।

भारतीय यज्ञकर्मियों का यह रेखागणितीय ज्ञान दूसरे सभ्य देशों के ज्ञान से अधिक उन्नत नहीं था। तथाकथित पाइथेगोरीय प्रमेय न केवल भारतीयों को बल्कि बेबीलोन व चीन के गणितज्ञों को भी ज्ञात था। और 300 ई.पू. के आसपास यूक्लिड ने ज्यामितीय ज्ञान को जिस प्रकार प्रस्तुत किया, उसकी तुलना किसी भी अन्य कृति से नहीं की जा सकती। यूक्लिड के मूलतत्व ज्यामिति की एक विशुद्ध रचना है, धर्मकर्म के प्रभाव से पूर्णतः मुक्त। इस कृति का अध्ययन सभी के लिए सुलभ था।

दूसरी ओर, शुल्वसूत्रों का ज्यामितीय ज्ञान धर्मकर्म से आबद्ध है। और यह ज्ञान तत्कालीन समाज के सभी वर्गों के लिए निश्चय ही सुलभ नहीं था।

उपलब्ध वेदांग-ज्योतिष काल-गणना से संबंधित कृति है। काल-गणना में गणित का महत्त्व स्पष्ट है। वेदांग-ज्योतिष का एक श्लोक है :

यथा शिखा मयूराणां नागानां मणयो यथा।
तद्वद्वेदांग शास्त्राणां गणितं मूर्धनि स्थितम्॥

अर्थात् जिस प्रकार मोरों की शिखाएं और नागों की मणियां सबसे ऊंचे स्थानों पर रहती हैं, उसी प्रकार वेदांग शास्त्रों में गणित का स्थान सर्वोपरि है। यहां गणित का अर्थ है काल-गणना या ज्योतिष से संबंधित गणित। दरअसल, प्राचीन भारत में गणित व ज्योतिष का अध्ययन साथ-साथ हुआ है। आर्यभट, ब्रह्मगुप्त और भास्कराचार्य जैसे चोटी के गणित-ज्योतिषियों की प्रमुख कृतियों में गणित व ज्योतिष का साथ-साथ विवेचन हुआ है। ऐसी बहुत कम कृतियां मिलती हैं जिनमें केवल गणित की जानकारी है। प्रमुख रूप से ज्योतिष से जुड़ा रहने के कारण भारतीय गणित अपना स्वतंत्र व मुक्त विकास नहीं कर पाया। हमें भारतीय ज्योतिष व गणित के वर्गीय स्वरूप को भी ध्यान में रखना होगा। इस पर एक वर्ग-विशेष का ही आधिपत्य रहा। दूसरी ओर, प्राचीन यूनान में गणितीय विषयों से संबंधित स्वतंत्र कृतियों की रचना हुई और इनका अध्ययन समाज के सभी वर्गों के लिए सुलभ था।

वेदांग सूत्रों के बाद लंबे काल तक—लगभग एक हजार वर्षों तक—गणित व ज्योतिष के बारे में हमें कोई स्वतंत्र ग्रंथ नहीं मिलता, फिर 499 में रचित आर्यभट की कृति मिलती है जो गणित-ज्योतिष की एक वैज्ञानिक पुस्तक है। बीच की लंबी कालावधि में गणित व ज्योतिष का निश्चय ही काफी विकास हुआ। जैन मुनियों ने गणित के अध्ययन में काफी योग दिया। ईसा की आरंभिक सदियों में ज्योतिष के प्राचीन सिद्धांतों की रचना हुई। इनकी थोड़ी जानकारी हमें वराहमिहिर के पंचसिद्धांतिका ग्रंथ में मिलती है। इसी बीच भारतीय गणित-ज्योतिषियों को ज्ञान-विज्ञान की जानकारी मिली। अशोक के समय तक भारत में अभी नई अंक-पद्धति का अस्तित्व नहीं था पर आर्यभट के समय तक नई स्थानमान-युक्त दाशमिक अंक-पद्धति की खोज हो चुकी थी। इस प्रकार, आर्यभट का कृतित्व गणितीय व ज्योतिषीय अनुसंधान के एक नए दौर का, एक नए संश्लेषण का सूचक है। आर्यभट की कृति भारतीय गणित व ज्योतिष की पहली 'पौरुषेय' रचना है।

आर्यभट का परिचय प्राप्त करने के पहले गणित की एक कृति का जिक्र करना जरूरी है। यह है भक्षाली हस्तलिपि। शारदा लिपि में लिखी गई यह खंडित हस्तलिपि करीब सौ साल पहले पेशावर जिले के भक्षाली गांव से प्राप्त हुई थी।

पुस्तक में गणितीय सूत्र हैं, सूत्रों के बाद उदाहरण हैं और फिर इन उदाहरणों को अंकों एवं संकेतों में व्यक्त किया गया है। इस पुस्तक के नाम अथवा इसके लेखक के बारे में हमें कोई जानकारी नहीं मिलती। उपलब्ध हस्तलिपि काफी बाद की शारदा लिपि में है पर अनेक विद्वानों का मत है कि मूल कृति ईसा की तीसरी-चौथी सदी की है। विशेष बात यह है कि भक्षाली हस्तलिपि में हमें नई अंक-पद्धति के दर्शन होते हैं। इसमें 1 से 9 तक की संख्याओं के लिए आठवीं-नौवीं सदी के अंक-संकेतों का इस्तेमाल हुआ है और शून्य के लिए बिंदु का व्यवहार हुआ है।

सबसे प्राचीन अंक-संकेत अशोक के अभिलेखों में देखने को मिलते हैं, पर ये पुरानी अंक-पद्धति के अंक-संकेत हैं, जैसे—अशोक के कुछ लघु शिलालेखों में संख्या 256 को 200, 50 और 6 के स्वतंत्र संकेतों में व्यक्त किया गया है। कुषाणों, गुप्तों और सातवाहनों के लेखों में भी पुरानी अंक-पद्धति के ही दर्शन होते हैं। पहली बार संखेड़ा से प्राप्त एक गुर्जर राजा के दानपत्र में हमें नई अंक-पद्धति के संख्यांक देखने को मिलते हैं। इसमें कलचुरि संवत् 346 (594 ई.) को अंक-संकेत 3, 4 और 6 से व्यक्त किया गया है और इस संवत्-संख्या को शब्दों में भी दिया गया है। आठवीं सदी के एक दानपत्र में हमें पहली बार शून्य का संकेत देखने को मिलता है। इसके बाद अनेक अभिलेखों में हमें नई अंक-पद्धति के संख्यांक देखने को मिलते हैं। इतना ही नहीं, लगभग इसी काल के दक्षिण-पूर्वी एशिया के देशों के संस्कृत अभिलेखों में भी नई अंक-पद्धति के संख्याओं का इस्तेमाल हुआ है, पर हमारे देश के अभिलेखों में ईसा की दसवीं-ग्यारहवीं सदियों तक नई और पुरानी अंक-पद्धति का व्यवहार होता रहा।

हम नहीं जानते कि शून्य पर आधारित नई स्थानमान-युक्त दाशमिक अंक-पद्धति का आविष्कार किसने किया और ठीक किस समय हुआ। गणित व ज्योतिष के ग्रंथ काव्य में रचे गए इसलिए उनमें अक्षरांकों और शब्दांकों का ही प्रयोग होता रहा। क्या कारण है कि नई अंक-पद्धति के दर्शन हमें सर्वप्रथम अभिलेखों में होते हैं और ईसा की दसवीं सदी तक नई अंक-पद्धति को पूर्ण रूप से स्वीकार नहीं किया गया? भारत के इस महान आविष्कार को हमारे देश की पौराणिक विचारधारा से सहज स्वीकृति नहीं मिली। किसी भी संस्कृत ग्रंथ में इस आविष्कार की जानकारी अथवा स्तुति पढ़ने को नहीं मिलती।

दूसरी ओर, पश्चिम एशिया के विद्वानों को जब इस नई भारतीय अंक-पद्धति की जानकारी मिली तो उन्होंने इसे तुरंत अपना लिया, इसकी भूरि-भूरि प्रशंसा की। सीरियाई विद्वान सेवेरस सेबोख्त 662 ई. में लिखी गई अपनी एक कृति में नौ अंकों पर आधारित (शून्य को अंक-संकेत नहीं माना जाता था) भारतीय अंक-पद्धति की स्तुति करते हैं और प्रमाणित करते हैं कि ऐसे भी लोग हैं जो ज्ञान-विज्ञान में

यूनानियों से बढ़े-चढ़े हैं। अरबों ने भारतीय अंक-पद्धति को अपनाया, ब्राह्मी के अंक-संकेतों को अपनाया, अल्बेरूनी (973-1047 ई.) (नौवीं सदी ई.) जैसे महान गणितज्ञों ने गुबार (भारतीय) अंकों एवं अंक-पद्धति का विवेचन किया। 1126 ई. के आसपास जब अल्-ख्वारिज्मी (783-850 ई.) के ग्रंथ का लैटिन में अनुवाद हुआ-'लिबर अल्गोरिज्मी दे न्यूमेरो इंदोरम' तो यूरोप के विद्वानों को भी भारतीय अंक-पद्धति की जानकारी मिली। इस अंक-पद्धति के साथ ब्राह्मी के 1 से 9 तक के पुराने अंक-संकेत भी यूरोप में पहुंचे। आज यूरोप की भाषाओं के साथ जिन अंक-संकेतों का इस्तेमाल होता है वह ब्राह्मी अंकों से विकसित हुए अंक-संकेत हैं। जब अरबी ग्रंथों का लैटिन में अनुवाद हुआ तो यूरोप के गणितज्ञों को भारतीय गणित के बारे में भी काफी जानकारी मिली। (विस्तृत जानकारी के लिए देखिए मेरी पुस्तक : 'भारतीय अंक-पद्धति की कहानी')।

स्पष्ट है कि व्यापारी-वर्ग ने ही भारतीय अंक-पद्धति के प्रचार-प्रसार में सर्वाधिक योग दिया है, न केवल भारत में बल्कि भारत के बाहर भी। उन्हें ही अपने हिसाब-किताब के लिए एक सरल और समर्थ अंक-पद्धति की आवश्यकता थी, अक्षरांक या शब्दांक पद्धतियों से उनका काम नहीं चल सकता था। यूरोप में भारतीय अंक-पद्धति के प्रचार-प्रसार में सर्वाधिक योग देने वाला इतालवी गणितज्ञ लियोनार्दो 'फिबोनकी' (लग. 1170-1245 ई.) एक व्यापारी का बेटा था।

वेदांग-काल के बाद लगभग एक हजार वर्षों तक—ईसा की पांचवीं सदी के अंत तक—हमें भारतीय गणित-ज्योतिष के बारे में कोई ठोस जानकारी नहीं मिलती, और जो थोड़ी-बहुत जानकारी मिलती है वह सारी 'अपौरुषेय' है लेकिन इसी काल में भारत में बड़े राजनीतिक, सामाजिक, आर्थिक, धार्मिक व वैचारिक परिवर्तन हुए। 500 ई. तक गुप्तों का सूर्य लगभग अस्त हो चुका था, भारत में सामंतवाद की स्थापना हो रही थी। अधिकतर गुप्तों के काल में रचे गए पुराण भारतीय चिंतन पर अपना प्रतिक्रियावादी प्रभाव डाल रहे थे, वैज्ञानिक अनुसंधान पर भी, ब्रह्मगुप्त और वराहमिहिर की कुछ मान्यताएं इसका सबूत हैं। ईसा की आरंभिक सदियों में यूनान, पश्चिमी व मध्य-एशिया और चीन के साथ खूब वैचारिक आदान-प्रदान हुआ। आर्यभट के पहले ही चीनी बौद्ध पर्यटक फाहियान भारत की यात्रा करके वापस लौट चुका था। वराहमिहिर जिन प्राचीन ज्योतिष-सिद्धांतों की जानकारी देते हैं उससे निर्विवाद स्पष्ट होता है कि भारतीयों ने यूनानी ज्योतिष से काफी-कुछ ग्रहण किया है। भारत में फलित-ज्योतिष को बड़े पैमाने पर आयात करने वाले वराहमिहिर का एक श्लोक है :

म्लेच्छा हि यवनास्तेषु सम्यक् शास्त्रमिदं स्थितिम्।
ऋषिवत्तेऽपि पूज्यंते किं पुनर्दैव विद् द्विजः॥

अर्थात् 'यमन म्लेच्छ हैं, पर वे ज्योतिष शास्त्र के अच्छे ज्ञाता हैं, इसलिए ऋषिवत् वे पूज्य हैं। इस शास्त्र को जानने वाला द्विज हो तो फिर बात ही क्या?' तात्पर्य यह कि, दूसरों ने भारत से बहुत-कुछ सीखा है तो भारतीयों ने भी दूसरों से काफी-कुछ सीखा है, इसे हमें निस्संकोच स्वीकार करना चाहिए। ईसा की आरंभिक सदियों की इन्हीं सब परिस्थितियों की पृष्ठभूमि में भारतीय गणित व ज्योतिष के क्षेत्र में एक महान विभूति-आर्यभट का अवतरण हुआ।

आर्यभट की केवल एक पुस्तक मिली है—आर्यभटीय। इस छोटे से ग्रंथ में मंगलाचरणों के अलावा कुल मिलाकर 118 श्लोक (आर्याष्टशतम्) हैं। पुस्तक के चार भाग हैं—दशगीतिका, गणित, कालक्रिया और गोल। प्रथम दो भागों में गणित की जानकारी है, आर्यभटीय के प्रख्यात टीकाकार भास्कर प्रथम (लग. 600 ई.) के शब्दों में कहें तो इसमें गणित की अल्प जानकारी दी गई है। शेष दो भागों का विषय काल-गणना यानी ज्योतिष है।

आर्यभट प्राचीन भारत के पहले वैज्ञानिक हैं, संभवत: पहले महान कृतिकार हैं, जो अपने ग्रंथ में अपने समय की स्पष्ट जानकारी देते हैं। आर्यभट बताते हैं कि 23 साल की आयु में 499 ई. में उन्होंने आर्यभटीय की रचना की है। इससे पता चलता है कि उनका जन्म 476 ई. में हुआ था। वह एक श्लोक में यह भी जानकारी देते हैं कि अपने ग्रंथ की रचना उन्होंने कुसुमपुर में की है। आमतौर पर कुसुमपुर का संबंध पटना से जोड़ा जाता है। पर आर्यभट के कुछ टीकाकारों ने उन्हें 'अश्मकाचार्य' और उनकी कृति को 'आश्मकतंत्र' कहा है। अश्मक जनपद गोदावरी तट क्षेत्र में था। इसलिए इस बात की काफी संभावना है कि आर्यभट दक्षिण भारत में पैदा हुए थे।

आर्यभट ने संस्कृत की वर्णमाला को संख्यामान प्रदान करके एक नई अक्षरांक पद्धति को जन्म दिया। यूनानी गणितज्ञ भी संख्याओं को अपनी वर्णमाला से ही व्यक्त करते थे। आर्यभट की अक्षरांक पद्धति काफी जटिल है इसलिए इसका प्रयोग उन्हीं तक सीमित रहा।

यहां आर्यभट की गणितीय उपलब्धियों का विस्तृत विवेचन संभव नहीं है। हम केवल कुछ प्रमुख उपलब्धियों का ही उल्लेख कर पाएंगे। गणितपाद के केवल 33 श्लोकों में आर्यभट ने अपने समय तक ज्ञात गणित की सभी प्रमुख बातों को भर दिया है। आरंभ में अंकगणित के परिकर्मों के नियम दिए हैं फिर रेखागणित के नियम। आर्यभट ने पिरामिड व गोल के आयतन के बारे में जो नियम दिए हैं वे अशुद्ध हैं पर उन्होंने π का एक काफी शुद्ध सन्निकट मान दिया है— $\pi = 3.1416$। आर्यभट के पहले किसी भी भारतीय गणितज्ञ-ज्योतिषी ने π का इतना शुद्ध मान

नहीं दिया था, आयर्भट के बाद के चोटी के गणितज्ञ ब्रह्मगुप्त (628 ई.) ने π के लिए $\sqrt{10}$ का मान स्वीकार किया था।

आर्यभट ने अर्धज्यायों की गणना के आधार पर त्रिकोणमिति में एक नई विधि को जन्म दिया। आज उसी विधि से त्रिकोणमिति का अध्ययन होता है। संस्कृत ग्रंथों के अरबी अनुवादों के सामने जब त्रिकोणमिति का 'जीवा' शब्द आया तो उन्होंने इसे ज्यों-का-त्यों ग्रहण कर लिया 'ज-ब' के रूप में (अरबी में स्वरों का प्रयोग नहीं होता)। अरबी ग्रंथों के लैटिन अनुवादकों के सामने जब ज-ब शब्द आया तो उन्होंने अरबी शब्द मानकर जेब छाती के ऊपर कुरते में लगने वाला पाकिट के अर्थ में ग्रहण किया और लैटिन में इसका अनुवाद किया सिनुस् यानी छाती। आधुनिक त्रिकोणमिति का साइन शब्द इसी सिनुस् से बना है।

बीजगणित के क्षेत्र में आर्यभट की महान उपलब्धि है, अनिर्धारित समीकरण (जिसे भारतीय गणितज्ञ 'कुट्टक' के नाम से जानते थे) के हल की विधि। कुट्टक का एक उदाहरण है : 'वह कौन सी संख्या है जिसमें 7509 से भाग देने से 13 शेष आता है और 530 से भाग देने से 25 शेष आता है' (उत्तर : 21993874)। बाद में भारतीय विशेषता से इस कुट्टक गणित का ब्रह्मगुप्त, महावीर और भास्कराचार्य ने खूब विकास किया।

ज्योतिष के क्षेत्र में आर्यभट ने एक नई युग-पद्धति को अंगीकार किया। यह पौराणिक या अन्य ज्योतिषियों की युग-पद्धति से भिन्न है। आर्यभट ने एक महायुग को चार समान युगपादों में बांटा। उन्होंने कृत, त्रेता, द्वापर व कलि जैसे घटती कालावधि के युग-विभाजन को स्वीकार नहीं किया। आर्यभट की युग-पद्धति निश्चय ही अधिक वैज्ञानिक है।

आर्यभट पहले भारतीय ज्योतिषी हैं जिन्होंने भूभ्रमण का सिद्धांत प्रतिपादित किया, परंतु उनके इस सही सिद्धांत को भी ब्रह्मगुप्त, वराहमिहिर आदि ज्योतिषियों ने 'लोकभय' के कारण स्वीकार नहीं किया। दरअसल, यह भय पौराणिक मत का भय था। इसी भय के कारण आर्यभटीय के कुछ टीकाकारों ने भूः को भं में बदल डाला था। इसी भय के कारण बाद के चोटी के ज्योतिषियों ने भी आर्यभट की इस सही मान्यता को स्वीकार नहीं किया कि सूर्य को चंद्रमा ढक लेता है तो सूर्यग्रहण होता है और पृथ्वी की छाया चंद्रमा को ढक लेती है तो चंद्रग्रहण होता है। ग्रहण किसी राहु के कारण नहीं होते। आर्यभट ने पांच तत्वों को नहीं, बल्कि भारतीय भौतिकवादियों की तरह केवल चार तत्वों को स्वीकार किया है : अग्नि, जल, वायु व पृथ्वी।

आर्यभट प्रखर व तेजस्वी प्रतिभा के धनी थे, इसमें संदेह नहीं। उनके समय तक यूनानी गणित-ज्योतिष का वैभवशाली युग समाप्त हो चुका था। आर्यभट अपने

समय में न केवल भारत के बल्कि संसार के एक सर्वश्रेष्ठ गणितज्ञ-ज्योतिषी थे। पर भारत में काफी बाद में कल्पित गुप्तों के नवरत्नों में आर्यभट को स्थान नहीं मिला। फलित-ज्योतिषी वराहमिहिर को मिला। आर्यभटीय के अलावा आर्यभट की कोई दूसरी कृति आज उपलब्ध नहीं है लेकिन उनका इतना ही कृतित्व उन्हें प्राचीन भारत का महानतम गणितज्ञ-ज्योतिषी घोषित करने के लिए पर्याप्त है।

वराहमिहिर और आर्यभट लगभग समकालीन थे, परंतु दोनों के कृतित्व में कितना बड़ा अंतर वराह ज्योतिषी थे, विशेषत: एक फलित-ज्योतिषी और इसलिए भारतीय मानसपटल पर निरंतर छाए रहे। ज्योतिष के इतिहास के लिए वराह की पंचसिद्धांतिका 505 ई. का और भारतीय-संस्कृति के अध्ययन की दृष्टि से उनकी वृहत्संहिता का बड़ा महत्त्व है।

आर्यभट के बाद प्राचीन भारत के दूसरे बड़े गणितज्ञ हैं ब्रह्मगुप्त। उनके दो ग्रंथ मिलते हैं : ब्राह्मस्फुट-सिद्धांत और खंडखाद्यक। ब्राह्मस्फुट-सिद्धांत में जानकारी मिलती है कि इस ग्रंथ की रचना 628 ई. में हुई और उस समय ब्रह्मगुप्त की आयु 30 साल की थी, अत: उनका जन्म 598 ई. में हुआ था। उनके पिता का नाम जिष्णु था और वह भिन्नमाल (गुजरात की तत्कालीन राजधानी) के निवासी थे।

ब्राह्मस्फुट-सिद्धांत गणित-ज्योतिष का ग्रंथ है। इसके गणिताध्याय में अंकगणित व क्षेत्रमिति की जानकारी है। कुट्टकाध्याय में बीजगणित का विवेचन है। व्यापक रूप में यहां कुट्टक का अर्थ 'कूट-कूटकर बारीक करना' बीजगणित ही है। ब्रह्मगप्त के काफी समय बाद बीजगणित शब्द अस्तित्व में आया।

बीजगणित के क्षेत्र में ब्रह्मगुप्त की गवेषणाएं विशेष महत्त्व की हैं। वह संसार के पहले गणितज्ञ हैं जिन्होंने एक विशिष्ट प्रकार के अनिर्धारित वर्ग समीकरण (वर्ग-पद्धति) का हल प्रस्तुत किया। दरअसल, ब्रह्मगुप्त ने बीजगणित के अध्ययन पर विशेष बल दिया और बीजगणितीय विधियों का ज्योतिषीय अध्ययन में इस्तेमाल किया। अपने खंडखाद्यक ग्रंथ की रचना उन्होंने 665 ई. में 67 साल की आयु में की।

एक प्रतिभासंपन्न गणित-ज्योतिषी होने पर भी ब्रह्मगुप्त पौराणिक विचारों से अत्यंत प्रभावित थे। उन्होंने आर्यभट के सही विचारों की भी आलोचना की है, परंतु ये ब्रह्मगुप्त के ही ग्रंथ थे जिनके जरिए अरबों को सर्वप्रथम भारतीय गणित व ज्योतिष की जानकारी मिली। ईसा की आठवीं सदी में ब्रह्मगुप्त के इन ग्रंथों का बगदाद में अरबी में अनुवाद हुआ।

आर्यभट और ब्रह्मगुप्त के बाद उनकी जैसी मौलिक प्रतिभा का गणितज्ञ भारत में कोई पैदा नहीं हुआ। पहले हम बता चुके हैं कि जैनों ने भारतीय गणित के विकास में बड़ा योग दिया है। जैन मुनि विशुद्ध गणित के भक्त रहे हैं। इसी परंपरा

में ईसा की नौवीं सदी में दक्षिण भारत में महावीराचार्य नामक एक गणितज्ञ हुए। उनकी गणित-सार-संग्रह पुस्तक विशुद्ध गणित की पुस्तक है, एक प्रकार से अंकगणित की पाठ्य पुस्तक है। इस पुस्तक में बहुत सारे रोचक सवाल हैं पर मौलिक अनुसंधान का अभाव है।

ईसा की दसवीं सदी में आर्यभट नाम के एक और गणितज्ञ-ज्योतिषी हुए। उनका महासिद्धांत नामक ग्रंथ मिलता है। इसमें गणित की कुछ विधियों को नए ढंग से प्रस्तुत किया गया है पर इसमें नया विशेष कुछ नहीं है। 1000 ई. के आसपास के दो और गणितज्ञों श्रीधराचार्य और श्रीपति की कृतियां उपलब्ध हैं। श्रीधर की दो पुस्तकें हैं पाटीगणित और त्रिशतिका। श्रीपति की पुस्तक है गणित-तिलक। इन कृतियों में इक्की-दुक्की बातें नई अवश्य हैं पर ऐसा कुछ नहीं है जिसे अद्वितीय कहा जा सके, जो भारतीय गणित को नई दिशा दे सके। भास्कराचार्य (1150 ई.) के साथ भारतीय गणित अपनी चरमोन्नति पर पहुंच गया।

भारतीय गणित की जिस पुस्तक को सर्वाधिक ख्याति मिली है वह है भास्कर की लीलावती। इस पुस्तक पर दर्जनों टीकाएं लिखी गईं। लीलावती पर लिखी गई कुछ टीकाएं आज उपलब्ध नहीं। लीलावती की ऐसी भी कई टीकाएं हैं जिनके लेखक अज्ञात हैं। विशेष बात यह है कि स्वयं भास्कराचार्य की लिखी हुई कोई भी हस्तलिपि आज भी उपलब्ध नहीं है।

बादशाह अकबर (शासन; 1556-1605 ई.) की आज्ञा से उसके दरबार के कवि फैजी ने 1587 ई. में लीलावती का फारसी में अनुवाद किया था। जेम्स टेलर ने 1816 ई. में लीलावती का अंग्रेजी में मुक्त अनुवाद किया। फिर 1817 ई. में अंग्रेज संस्कृतज्ञ हेनरी टॉमस कोलब्रुक ने लीलावती का मूल से अंग्रेजी में अनुवाद किया—भरपूर टिप्पणी सहित। पंडित बापू देव शास्त्री, पंडित सुधाकर द्विवेदी ने मूल संस्कृत और अपनी टिप्पणियों के साथ लीलावती को प्रकाशित किया। भारत की सभी प्रमुख भाषाओं में लीलावती का अनुवाद हो चुका है। अभी कुछ साल पहले जापानी भाषा में भी लीलावती का अनुवाद प्रकाशित हुआ है।

अथर्ववेद के परिशिष्ट का ज्ञान आर्यभट को भी नहीं

वैदिक गणित की समीक्षा : (नवभारत टाइंस)

हमारे देश के वेदों को लेकर जितने विवाद और झमेले पैदा हुए हैं उतने शायद दुनिया के किसी अन्य ग्रंथ के कारण नहीं हुए। वेद अपने रचनाकाल के बारे में हमें कोई स्पष्ट जानकारी नहीं देते। इनसे यह भी स्पष्ट सूचना नहीं मिलती कि इनके आर्यभाषी रचनाकार बाहर से यहां आए थे या भारतभूमि के ही मूल निवासी थे। इसलिए न तो अब तक आर्यों के मूल स्थान की समस्या सुलझी है, न ही यह स्पष्ट हुआ है कि वैदिक संस्कृति अधिक पुरानी है या सिंधु सभ्यता। कुछ विद्वान अब इन दोनों को एक ही मानने लग गए हैं।

हमारे देश में वेदों को अनादि, अनंत और अपौरुषेय मानने की परंपरा भी रही है परंतु जहां एक ओर कुछ आस्तिक विचारधाराएं 'वेद-प्रामाण्य' स्वीकार करती रही हैं वहां दूसरी ओर कई सारी आस्तिक विचारधाराएं वेदों को निरर्थक और निरुपयोगी मानती रही हैं। चार्वाकवादियों ने तो यहां तक कहा है : त्रयो वेदस्य कर्तारो मंडधूर्तनिशाचरा:।

वेदों को लेकर आज भी नए-नए मत व्यक्त किए जा रहे हैं। वेदों को ज्ञान का अक्षय भंडार मान लिया जाए तो फिर इनमें से कुछ भी लौकिक या अलौकिक खोज निकालने में कोई कठिनाई नहीं है। अब तो आधुनिक वैज्ञानिक आविष्कारों के स्रोत वेदों में खोजने की एक नई परंपरा ही शुरू हो गई है। वर्तमान सदी में परमाणु ऊर्जा की खोज हुई, नाभिकीय प्रक्षेपास्त्र बने, तो हमारे कुछ धर्माचार्यों ने कहना शुरू कर दिया कि वेदों में भी इनकी विधियां विद्यमान हैं।

वैदिक मंत्रों के मनमाने अर्थ लगाकर इनमें कर्मकांड, अध्यात्म और ज्ञान की नई-नई बातें खोजने के प्रयास प्राचीनकाल में भी हुए हैं परंतु प्राचीन काल के हमारे किसी पंडित ने कभी यह दावा नहीं किया कि वैदिक सूक्तों में गणितशास्त्र के सूत्र मौजूद हैं। आर्यभट, ब्रह्मगुप्त, महावीराचार्य और भास्कराचार्य जैसे हमारे महान गणितज्ञों ने भी वेदों का अध्ययन किया था परंतु प्राचीन भारत के इन तमाम गणितज्ञों में से किसी ने भी अपनी किसी भी कृति में यह नहीं कहा कि वे जिस गणित को

प्रस्तुत कर रहे हैं, वह सारा वेदों में मौजूद है। लेकिन अब, हमारे समय में, दावा किया जा रहा है कि वैदिक ऋषियों को वह सारा गणित ज्ञात था, जो आज तक खोजा गया है।

आजकल देश में वैदिक गणित की काफी चर्चा है। इस चर्चा का मूलाधार है अंग्रेजी में लिखा गया वैदिक मैथेमेटिक्स, जिसके रचनाकार हैं–स्वर्गीय जगद्गुरु स्वामी श्री भारती कृष्ण तार्थ जी महाराज, गोवर्धन मठ, पुरी के शंकराचार्य, बनारस हिंदू–विश्वविद्यालय द्वारा पहली बार 1966 में लेखक के देहांत के पांच साल बाद, प्रकाशित इस ग्रंथ की भूमिका प्रख्यात विद्वान डा. वासुदेवशरण अग्रवाल ने लिखी है, स्वामी जी अपने जीवन काल में चमत्कारिक गणना–शक्ति के प्रदर्शन के लिए काफी प्रसिद्ध रहे हैं, परंतु उनका यह ग्रंथ इधर के कुछ वर्षों में ही अधिक चर्चा का विषय बना है।

अब यह बड़े जोर–शोर से कहा जा रहा है कि स्वामी जी ने गणित के सवाल तेजी से और सरलता से हल कर देने वाले जो सूत्र वेदों से खोजे हैं तथा जिनकी व्याख्या उन्होंने अपने ग्रंथों में की है, उनका गणित की आधुनिक शिक्षा में समावेश होना चाहिए। यह भी प्रचारित किया जा रहा है कि इंग्लैंड और अमेरिका के कई गणितज्ञ इस वैदिक गणित के अन्वेषण में जुट गए हैं और कुछ विदेशी स्कूलों में इसकी पढ़ाई भी शुरू हो गई है। राष्ट्रीय शैक्षिक अनुसंधान और प्रशिक्षण परिषद से भी कहा जा रहा है कि इस वैदिक गणित को स्कूल की शिक्षा में शामिल किया जाए। बताया जाता है कि परिषद को इस गणित के साथ 'वैदिक' शब्द जोड़े जाने पर आपत्ति है और इस गणित–प्रणाली को प्रयोग के तौर पर भी अपनाने के लिए जो भारी खर्च होगा, उसे परिषद झेलने में समर्थ नहीं है।

इस समूची पृष्ठभूमि में अब इस वैदिक गणित की असलियत को पहचानना अपरिहार्य हो गया है। गणित के साथ बहुतों के लिए अंध–श्रद्धा की सीमा तक आदृत बने हुए 'वैदिक' विशेषण को जोड़ दिया गया है और इस वैदिक गणित को शंकराचार्यों की श्रद्धास्पद परंपरा के एक धर्माचार्य ने प्रस्तुत किया है और एक महापंडित ने इस ग्रंथ की भूमिका लिखी है, इसलिए इस समूचे विषय की समीक्षा करना एक सहज कार्य नहीं है पर गणित की शिक्षा का महत्त्व चंद पंडितों या पुस्तकों के प्रति हमारी श्रद्धा से कहीं ज्यादा है। आज विज्ञान और टेक्नालाजी के विकास के लिए गणित का बुनियादी महत्त्व है।

सर्वप्रथम डा. वासुदेव शरण अग्रवाल की भूमिका को स्पष्ट समझ लेना जरूरी है। जिन्हें वासुदेव जी के जीवन और कृतित्व का अच्छा परिचय है, वे भलीभांति जानते हैं कि वाराणसी वास के अपने अंतिम वर्षों में संस्कृत साहित्य

और पुरातत्व का यह उद्‌भट विद्वान अन्वेषण की अपेक्षा अध्यात्म को अधिक महत्त्व देने लग गया था। इससे उन्होंने स्वामी जी के प्रयासों की प्रशंसा तो की है पर वेदों के प्रति स्वामी जी का जो दृष्टिकोण रहा है उसका स्पष्ट समर्थन नहीं किया है। वासुदेव जी स्वामी जी की वेद-परिभाषा को उद्धृत कर देते हैं और लिखते हैं कि 'इसके बाद उनकी आलोचना करने का कोई अर्थ नहीं रह जाता।'

ग्रंथ का पूर्ण शीर्षक है–वैदिक गणित अथवा वेदों से प्राप्त सोलह सरल गणितीय सूत्र। स्वामी जी ने अपनी प्रस्तावना में स्पष्ट लिखा है, कि ये सूत्र उन्होंने अथर्ववेद के परिशिष्ट में खोजे हैं। परंतु डा. वासुदेव शरण अग्रवाल ने अपनी भूमिका में साफ लिखा है कि ये सूत्र अथर्ववेद के उपलब्ध परिशिष्टों में ही देखने को नहीं मिलते। इतना ही नहीं, आगे वे यह भी लिखते हैं कि इन सूत्रों की भाषा शैली से भी पता चलता है कि इनकी खोज स्वयं स्वामीजी ने की है।

वासुदेव जी गणित के अध्येता नहीं थे। जिस ग्रंथमाला में यह पुस्तक छपी है उसके वे प्रधान संपादक थे। जिम्मेदारी को महसूस करते ही उन्होंने इस पुस्तक के गणित के सवालों की जांच बनारस हिंदू विश्वविद्यालय के सुप्रसिद्ध गणितज्ञ डा. बृजमोहन से करवा ली थी। अतः स्पष्ट है कि स्वामीजी के वैदिक गणित के प्रति डा. वासुदेव शरण की भूमिका तटस्थता की ही रही है, समर्थन की नहीं। हां, बृज मोहन के दृष्टिकोण की चर्चा हम आगे करेंगे।

वैदिक गणित की खोज ठीक से समझने के लिए स्वामीजी के जीवन और व्यक्तित्व पर भी एक नजर डालना उपयोगी होगा। स्वामीजी तमिलभाषी थे और 1884 में एक सुशिक्षित एवं संपन्न परिवार में उनका जन्म हुआ था। उन्होंने कालेज की अच्छी शिक्षा प्राप्त की थी और संस्कृत का गहन अध्ययन किया था। कुछ साल तक उन्होंने अध्यापन-कार्य भी किया। 1919 में उन्होंने संन्यास ग्रहण किया था, तो पूर्णाश्रम का वेंकटरमण नाम स्वामी भारती कृष्ण तीर्थ में बदल गया। दो साल बाद वे शारदा पीठ के शंकराचार्य नियुक्त हुए और फिर 1925 में गोवर्धन पीठ, पुरी के शंकराचार्य। वे पहले शंकराचार्य थे जिन्होंने विदेश की यात्रा की और बताते हैं कि वहां उन्होंने अपनी चमत्कारिक गणना शक्ति का भी प्रदर्शन किया था। 1960 में स्वामीजी का स्वर्गवास हुआ।

इसमें संदेह नहीं कि भारती कृष्ण तीर्थ जी ने गणितशास्त्र का काफी अच्छा अध्ययन किया था। बताया जाता है कि श्रृंगेरी के वन में करीब आठ साल तक तप करके उन्होंने अथर्ववेद से गणित के सोलह अद्‌भुत सूत्र खोज निकाले थे। हालांकि उनके शिष्य यह भी स्वीकार करते हैं कि उपलब्ध अथर्ववेद या इसके उपलब्ध परिशिष्टों में ये सूत्र कहीं नहीं हैं। स्वामी जी जहां भी जाते, इन सूत्रों के

आधार पर अपनी गणना शक्ति का प्राय: प्रदर्शन करके भक्तों को चकित कर देते थे। 1949 में बनारस हिंदू विश्वविद्यालय में और 1951 में नागपुर विश्वविद्यालय में वैदिक गणित पर उनके भाषण भी आयोजित हुए थे।

ऐसी चमत्कारिक गणना शक्ति के बारे में एक बात स्पष्ट कर देना जरूरी है। दरअसल, इसमें चमत्कार या करिश्मे जैसी कोई चीज नहीं थी। गणित में जोड़, घटाव, गुणन, भाग, वर्गमूल आदि परिक्रमों को तेजी से संपन्न करने की सैकड़ों युक्तियां मौजूद हैं। कुछ लोग परिश्रमपूर्वक इनका अच्छा-खासा अभ्यास कर लेते हैं और इनका प्रदर्शन करके बहुतों को चकित कर देते हैं। **शकुंतला देवी** यही सब करती हैं और भविष्य कथन का अपना धंधा चलाती हैं।

परंतु ऐसे प्रदर्शनों का व्यावहारिक या सैद्धांतिक गणित के लिए कोई लाभ नहीं है। ऐसे प्रदर्शनों से गणित विज्ञान रत्ती भर भी आगे नहीं बढ़ता। शकुंतला जैसे गणना-पटु, दुनिया में दर्जनों हुए हैं पर इन्होंने न तो कोई नया सूत्र या प्रमेय खोजा न ही गणित के विकास में कोई योग दिया। रामानुजन् की गणितीय प्रतिभा के साथ इन प्रदर्शनकारियों की तुलना करना सहज मूर्खता है। रामानुजन् में भी अद्‌भुत गणना शक्ति थी। उन्होंने अपनी अपूर्व अंत:-प्रज्ञा से कई हजार नए सूत्र और प्रमेय खोजकर गणित में एक नए युग का सूत्रपात किया है। रामानुजन् ने अपने विद्यार्थी जीवन में थोड़ी संस्कृत अवश्य पढ़ी थी पर उन्होंने प्राचीन भारत के गणित ग्रंथों का या वेदों का अध्ययन नहीं किया था। अत: यह कहना कि उन्होंने किसी वैदिक सिद्धि के बल पर अपने सूत्रों की खोज की थी, महामूर्खता है।

बताया जाता है कि स्वामी भारती कृष्ण तीर्थ जी ने अथर्ववेद से खोजे हुए सूत्रों और उपसूत्रों को आधार बनाकर गणित के विभिन्न विषयों पर 16 ग्रंथ लिखे थे, परंतु बाद में, उनके जीवनकाल में ही, उनके एक शिष्य के घर से वे लुप्त हो गए। बचा केवल यही एक ग्रंथ। प्रकाशनार्थ इसकी पांडुलिपि वे अमेरिका साथ ले गए थे और इसे वहीं छोड़ आए थे। पर किन्हीं कारणों से अमेरिका में यह ग्रंथ प्रकाशित नहीं हुआ। स्वामी जी के स्वर्गवास के बाद इस ग्रंथ की पांडुलिपि अमेरिका से वापिस मंगवाई गई और तब भारत में यह पहली बार प्रकाशित हुआ। तब से यह ग्रंथ कई बार पुनर्मुद्रित हुआ है। जाहिर है कि इस ग्रंथ के भक्तों की तादाद काफी ज्यादा है। पर यह भी स्पष्ट है कि यह ग्रंथ गणितज्ञों को प्रभावित नहीं कर पाया। एक प्रमुख कारण भी स्पष्ट है। किसी गणितीय उपलब्धि का सही आकलन गणितज्ञ ही कर सकता है। इस ग्रंथ में ऐसा कुछ नहीं जिसे नया गणित कहा जा सके।

डा. वासुदेव शरण ने इस ग्रंथ के सवालों की जांच डा. बृजमोहन से करवा ली थी, पर अपनी भूमिका में उन्होंने कहीं नहीं बताया कि इस ग्रंथ के बारे में

गणितज्ञ डा. बृजमोहन का क्या मत है। और शायद इसीलिए उसी साल (1965 में) प्रकाशित अपने ग्रंथ गणित का इतिहास के प्राक्कथन में स्वामी जी के ग्रंथ के बारे में अपना मत प्रस्तुत कर देने के लिए विवश हुए थे। बृजमोहन जी स्वामी जी से कई बार मिले थे और उन्होंने वैदिक गणित के बारे में उनके व्याख्यान व विचार ध्यान से सुने थे। बृजमोहन ने स्वामी जी के स्रोतों के बारे में भी काफी छानबीन की। वे लिखते हैं :

'स्वामीजी ने इन सूत्रों का यह अभिदेश दिया था—अथर्ववेद, परिशिष्ट...। मुझे अथर्ववेद के जितने भी संस्करण काशी के पुस्तकालयों में मिल सके, मैंने सब छान मारे। मुझे उपरिलिखित सूत्र कहीं नहीं मिले। मैंने शंकराचार्य जी को इस विषय में तीन पत्र लिखे। मुझे कोई उत्तर नहीं मिला। तत्पश्चात मैं वेदों के उद्‌भट विद्वानों से मिला, जैसे—पं. गिरिधर शर्मा चतुर्वेदी और पंचगंगा घाट काशी के पं. रामचंद्र भट्ट। उन्होंने बताया कि उपरिलिखित सूत्रों की भाषा ही वैदिक संस्कृत से मेल नहीं खाती। अत: यह वैदिक सूत्र हो ही नहीं सकते। इसके अतिरिक्त वेदों में कहीं गणितीय विषयों का उल्लेख है ही नहीं।'

डा. बृजमोहन ने 1909 में प्रकाशित अथर्ववेद के परिशिष्टों का प्रथम खंड प्राप्त किया और उसे अपने मित्र डा. वासुदेव शरण अग्रवाल को दिखाया। बृजमोहन जी लिखते हैं : 'उन्होंने इसे देखकर कहा कि उक्त पुस्तक में भी कहीं किसी गणितीय विषय का उल्लेख नहीं है।'

अंत में बृजमोहन जी की शंकाओं का आंशिक समाधान हुआ पं. गिरिधर शर्मा चतुर्वेदी द्वारा शंकराचार्य के बारे में दी गई निम्नलिखित सूचना से, जिसे उन्होंने अपने प्राक्कथन में उद्‌धृत किया है :

जब शंकराचार्य स्कूल में पढ़ते थे, उनके एक अध्यापक वैदिक ऋचाओं की खिल्ली उड़ाया करते थे और कहा करते थे कि कुछ लोगों के मतानुसार वेदों में समस्त ज्ञान भरा पड़ा है। भला ऐसी अनर्गल बातों में भी कोई तथ्य हो सकता है। शंकराचार्य को ये बातें बहुत बुरी लगती थी। उन्होंने उन्हीं दिनों यह निश्चय किया कि वह वैदिक सूत्रों की गुत्थी को खोलकर रहेंगे। इस हेतु उन्होंने आठ वर्ष एकांतवास किया और वैदिक सूत्रों की कुंजी प्राप्त करके ही छोड़ी! तत्पश्चात अपनी गवेषणा का फल पुस्तक रूप में तैयार किया। पुस्तक की पांडुलिपि अमेरिका गई हुई है जहां उसके छपने की आशा है।

उपर्युक्त उल्लेखों से यह स्पष्ट हो जाता है कि शंकराचार्य ने जिन्हें वैदिक सूत्रों की संज्ञा दी है, वे वेदों में कहीं नहीं हैं और न ही उनकी भाषा वेदों की भाषा से मेल खाती है। स्वामीजी के ग्रंथ की भूमिका लिखने वाले डा. वासुदेवशरण की भी यही पक्की राय थी। वेदों में आधुनिक विज्ञान की अनेक उपलब्धियों को

खोजकर उन्हें अपने ग्रंथ में 'वैदिक विज्ञान और भारतीय संस्कृति' में प्रस्तुत करने वाले पंडित प्रवर गिरिधर शर्मा चतुर्वेदी की भी यही राय थी।

अब हम शंकराचार्यजी के ग्रंथ की विषय-वस्तु पर विचार करेंगे। इस लेख की सीमा में गणित के चिह्नों का उपयोग करके उदाहरण प्रस्तुत करना तो संभव नहीं है पर स्वामीजी ने जितने गणित की चर्चा की है, वह आधुनिक उच्च गणित नहीं है। इसलिए ग्रंथ की विषय-वस्तु को समझने में कोई कठिनाई नहीं है।

सर्वप्रथम वे सोलह सूत्र दिए गए हैं जो स्वामीजी के अनुसार उन्हें वेद से प्राप्त हुए हैं। नमूने के लिए कुछ सूत्र ये हैं :

एकाधिकेन पूर्वेण लिखिलं
नवतश्चरमं दशतः उर्ध्वतिर्यरंभ्याम्
शून्यं साभ्यसमुच्चर्य संकलनव्यवकलनाभ्याम्
चलनकलनाभ्याम् यावद्नतावद्नं

इन 16 सूत्रों और कुछ उपसूत्रों का उपयोग करके स्वामीजी ने अंकगणित तथा बीजगणित के गुणन, भाग आदि परिकर्मों और गुणनखंड, वर्गमूल, घनमूल, लघुत्तम समापवर्त्य, महत्तम समापवर्त्य, सरल समीकरण, वर्ग समीकरण आदि से संबंधित सवालों को तेजी से हल करने की युक्तियां प्रस्तुत कर दी हैं। जैसे लिखिलं नवतश्चरमं दशत: (सब 9 से और अंतिम 10 से) का और कुछ अन्य सूत्रों तथा उपसूत्रों का उपयोग करके अंकगणित के गुणन के सवालों को हल करने की कुछ युक्तियां सुझाई गई हैं। इसी प्रकार, बीजगणित के समीकरणों को हल करने के लिए भी युक्तियां दी गई हैं। रेखागणित के कुछ प्रमेयों की उपपत्तियों के लिए भी युक्तियां हैं।

इस समूचे प्रयास के बारे में महत्त्व की बात यह है कि जितने गणित के लिए ये युक्तियां सुझाई गई हैं, वह यदि पहले से आपको ज्ञात नहीं है तो फिर आप इन युक्तियों को भी नहीं समझ सकते। गणित कतई नया नहीं है। लगभग इतना गणित हमारे देश में शंकराचार्य के समय (1150 ई.) तक खोजा जा चुका था। आज दसवीं या बारहवीं कक्षा में इससे कहीं अधिक और उपयोगी गणित बेहतर तरीकों से पढ़ाया जाता है। उल्टी गंगा बहाकर इस तथाकथित वैदिक गणित की युक्तियों को विद्यार्थियों पर लादने का मतलब होगा, उनकी सोचने की शक्ति पर कुठाराघात करना, उन्हें मूढ़मति बनाना। आज समूचे गणित का भवन तार्किक चिंतन की भित्तियों पर खड़ा है। और जटिल-से-जटिल सवालों को तेजी से हल करने के लिए अब हमारे पास कंप्यूटर है।

कहां है वेदों में गणित ?

साप्ताहिक हिंदुस्तान (25 अक्टूबर, 1992)

गणितीय सिद्धांत आसमान से नहीं टपकते। गणित के सूत्र और प्रमेय किसी इलहाम के मुहताज नहीं होते। गणित का समूचा इतिहास साक्षी है कि यह विषय तार्किक चिंतन और भौतिक आवश्यकताओं से विकसित होता रहा है, शनैः शनैः। प्राचीन सभ्यताओं को उनकी भौतिक आवश्यकताओं के लिए जितने गणित की जरूरत थी, उतना ही वे खोज पाए थे, उससे अधिक नहीं। यह कहना कि समूचा गणित—समूचा ज्ञान-विज्ञान—किसी एक देश की, किसी एक कालावधि की, किसी एक जनजाति की ही देन है, कोरी कूपमंडूकता के अलावा और कुछ नहीं है।

दुर्भाग्य से, वेदों को लेकर ऐसी बातें हमारे देश में पहले भी कही जाती रहीं, आज अधिक दुराग्रह के साथ कही जा रही हैं। आधुनिक वैज्ञानिक आविष्कारों के स्रोत वेदों में खोजने का एक नया उद्यम ही शुरू हो गया है।

हमारे देश में वेदों को अनादि, अनंत अपौरुषेय मानने की भी परंपरा रही है, परंतु जहां एक ओर कुछ आस्तिक विचारधाराएं 'वेद-प्रामाण्य' स्वीकार करती रहीं, वहां दूसरी ओर कई सारी नास्तिक विचारधाराएं—बौद्ध, जैन, भौतिकवादी आदि—वेदों को निरर्थक और निरुपयोगी भी मानती रहीं। प्राचीन काल के कुछ मताग्रही प्रचारकों ने वेदों में ही सारा ज्ञान निहित होने का दावा किया होगा (सर्वं वेदात् प्रसिध्यति), तभी प्रत्यक्ष प्रमाणवादियों के प्रखर उद्गार निकले—त्रयो वेदस्य कर्तारो भण्डधूर्तनिशाचराः !

वेदों को ज्ञान-विज्ञान का अक्षय भंडार मान लिया जाए, तो फिर इनमें से कुछ भी, लौकिक या अलौकिक, खोज निकालने में कोई कठिनाई नहीं है। वैदिक मंत्रों के मनमाने अर्थ लगाकर इनमें कर्मकांड, अध्यात्म और ज्ञान की नई-नई बातें तलाशने के प्रयास पहले से होते आ रहे हैं, परंतु प्राचीन काल से लेकर वर्तमान सदी के मध्यकाल तक हमारे किसी भी पंडित ने कभी यह दावा नहीं किया कि वैदिक सूक्तों में गणितशास्त्र के सूत्र मौजूद हैं।

प्रथम आर्यभट (499 ई.), ब्रह्मगुप्त (628 ई.) महावीराचार्य (850 ई.) और भास्कराचार्य (1150 ई.) जैसे हमारे महान गणितज्ञों ने भी श्रुतियों का अध्ययन किया था किंतु प्राचीन भारत के इन तमाम गणितज्ञों और ज्योतिषियों में से किसी ने भी अपनी किसी भी कृति में यह नहीं कहा कि वे जिस गणित को प्रस्तुत कर रहे हैं, वह वेदों में मौजूद है। इसके विपरीत, हर गणितज्ञ ने कुछ न कुछ नई बातें ही प्रस्तुत कीं। आर्यभट ने श्रुति-स्मृति की परंपरा का विरोध करके पहली बार भूभ्रमण-जैसे सही सिद्धांत प्रतिपादित किए। ब्रह्मगुप्त ने उस महत्त्वपूर्ण **कुट्टक-गणित** का विकास किया जिसका वेदों में शब्दोल्लेख तक नहीं! महावीराचार्यजैन थे, इसलिए उनके **गणितसारसंग्रह** के स्रोत वेदों में खोजना व्यर्थ है। भास्कराचार्य के विद्यागुरु उनके पिताश्री थे। वेद किसी भी भारतीय गणितज्ञ के प्रेरणा-स्रोत नहीं रहे।

लेकिन अब, हमारे समय में, दावा किया जा रहा है कि वैदिक ऋषियों को वह सारा गणित ज्ञात था जो आज तक खोजा गया है। आज इस 'वैदिक गणित' की देश में खूब चर्चा है। और, इस चर्चा का मूलाधार है, अंग्रेजी में लिखा गया ग्रंथ–**वैदिक मेथेमेटिक्स,** जिसके रचनाकार हैं स्वर्गीय **स्वामी श्री भारती कृष्ण तीर्थ** (1884-1960 ई.) गोवर्धन मठ, पुरी के शंकराचार्य। बनारस हिंदू विश्वविद्यालय द्वारा पहली बार 1965 में, लेखक के निधन के पांच साल बाद, प्रकाशित इस पुस्तक की संपादकीय प्रस्तावना पुरातत्व व इतिहास के विद्वान **डा. वासुदेव शरण अग्रवाल** (1904-66) ने लिखी है।

शंकराचार्य स्वामी भारती कृष्ण तीर्थ (1884-1960)

बहुतों के लिए अंधश्रद्धा की सीमा तक आदृत बने हुए 'वैदिक' विशेषण को गणित के साथ जोड़ दिया है और इस 'वैदिक गणित' को शंकराचार्यों की श्रद्धास्पद परंपरा के एक धर्माचार्य ने प्रस्तुत किया है और इतिहास-पुरातत्व के एक प्रख्यात पंडित ने इस पुस्तक की प्रस्तावना लिखी है, इसलिए इस समूचे विषय की समीक्षा करना एक सहज कार्य नहीं है। मगर गणित की शिक्षा का महत्त्व चंद पंडितों या पुस्तकों के प्रति हमारी भक्ति से कहीं ज्यादा है।

सर्वप्रथम डा. वासुदेव शरण अग्रवाल की 'प्रस्तावना' को ठीक से समझ लेना जरूरी है। वासुदेव शरणजी ने शंकराचार्य के प्रति अपनी श्रद्धा तो व्यक्त की, किंतु उनके मतों को अपना बौद्धिक समर्थन बिलकुल नहीं दिया। शुरू में ही वे स्पष्ट कर देते हैं कि अन्य वैज्ञानिक कृतियों की तरह इस पुस्तक का प्रणयन तथ्यात्मकता या व्यावहारिकता की दृष्टि से नहीं हुआ है।

अष्टाध्यायी के प्रगाढ़ अध्येता वासुदेव शरणजी इस प्रस्तावना में वेदों के बारे में अपनी कोई राय व्यक्त नहीं करते। वे लेखक (शंकराचार्य) की भूमिका का एक अंश उद्धृत करते हैं, जिसमें दावा किया गया है कि मानव-समाज के लिए आवश्यक समस्त ज्ञान वेदों में अवश्य विद्यमान होना चाहिए। 'अवश्य विद्यमान होना चाहिए' को वे खासतौर से रेखांकित करते हैं—स्पष्ट करने के लिए कि यह उनका नहीं, लेखक का अपना निजी मत है।

वासुदेव शरणजी की आगे की टिप्पणी है, चूंकि लेखक वैदिक परंपरा को तथ्यात्मकता से नहीं बल्कि एक आदर्श या काल्पनिक नजरिए से देखता है, इसलिए परंपरा से उपलब्ध वैदिक पाठों में वैदिक गणित के सूत्रों की तलाश करना व्यर्थ है। वासुदेव शरणजी यह भी स्पष्ट लिख देते हैं कि जिन 16 सूत्रों को वैदिक गणित का मूलाधार बताया जाता है वे किसी भी वेद या अथर्ववेद के किसी भी परिशिष्ट में उपलब्ध नहीं हैं। आगे वे यह भी साफ-साफ बता देते हैं कि इन 16 सूत्रों और इनके उपसूत्रों की भाषा-शैली से स्पष्ट पता चलता है कि इनकी खोज या रचना स्वयं स्वामीजी ने की है।

स्वामीजी के प्रति पूज्यभाव रखने वाले और वाराणसीवास के अपने अंतिम दिनों में कुछ अधिक ही अध्यात्म प्रेमी बने डा. वासुदेव शरण अग्रवाल अपनी 'संपादकीय प्रस्तावना' में पुस्तक की विषय-वस्तु के बारे में इससे अधिक स्पष्ट क्या लिख सकते थे?

वासुदेव शरणजी गणित के अध्येता नहीं थे, इसलिए उन्होंने स्वामीजी की पुस्तक की पांडुलिपि काशी हिंदू विश्वविद्यालय के गणितज्ञ डा. बृजमोहन (1908-91) के पास जांच के लिए भेजी थी।

डा. बृजमोहन केवल गणितज्ञ ही नहीं, एक अच्छे भाषा-विज्ञानी भी थे। उन्होंने गणित और शब्द विज्ञान पर हिंदी में कई पुस्तकें लिखी हैं। उनका गणित का इतिहास हिंदी में इस विषय की पहली कृति है। बृजमोहन जी को स्वामी भारती कृष्ण तीर्थ के 'वैदिक गणित' संबंधी प्रवचन सुनने का भी अवसर मिला था। अतः यह जानना उपयोगी होगा कि स्वामीजी की पुस्तक की पांडुलिपि पढ़ने पर डा. बृजमोहन की क्या प्रतिक्रिया हुई। डा. वासुदेव शरण ने इसके बारे में कुछ नहीं लिखा, मगर डा. बृजमोहन ने अपने ग्रंथ गणित का इतिहास के 'प्राक्कथन' में 'वैदिक गणित' के बारे में अपने विचार सुस्पष्ट कर दिए हैं।

लगता है कि बृजमोहनजी को पुस्तक जब छप रही थी, तब स्वामी शंकराचार्य के कुछ भक्तों ने उसमें 'वैदिक गणित' की भी चर्चा करने का उनसे अनुरोध किया होगा। मगर बृजमोहनजी ने उस अनुरोध को स्वीकार नहीं किया और अपनी पुस्तक के प्राक्कथन में उसका कारण भी विस्तार से स्पष्ट कर दिया। इस संदर्भ में उनका पहला ही वाक्य है, "हमने अपने इतिहास में केवल उन्हीं तथ्यों का समावेश किया है जिनकी सत्यता हमारे विचार में प्राय: असंदिग्ध रूप में प्रमाणित हो चुकी है।"

डा. बृजमोहन ने ये शब्द काफी जांच-पड़ताल करने के बाद ही लिखे क्योंकि आगे वे बताते हैं, "स्वामीजी ने इन सूत्रों का यह अभिदेश दिया था : **अथर्ववेद परिशिष्ट-1**।" मुझे अथर्ववेद के जितने भी संस्करण काशी के पुस्तकालयों में मिल सके, मैंने सब छान मारे। मुझे उपरिलिखित सूत्र कहीं नहीं मिले। मैंने शंकराचार्यजी को इस विषय में तीन पत्र लिखे। मुझे कोई उत्तर नहीं मिला। तत्पश्चात मैं वेदों के उद्‌भट विद्वानों से मिला, जैसे—पं. गिरिधर शर्मा चतुर्वेदी और पंचगंगा घाट, काशी के पं. रामचंद्र भट्ट। उन्होंने बताया कि उपरिलिखित सूत्रों की भाषा ही वैदिक संस्कृत से मेल नहीं खाती। अत: ये वैदिक सूत्र हो ही नहीं सकते। इसके अतिरिक्त वेदों में कहीं गणितीय विषयों का उल्लेख है ही नहीं। इसी दौड़-धूप में मेरे हाथ निम्नलिखित पुस्तक लगी—

जी.एम.बोल्लिंग एंड जे.वी.नेगेलन : द परिशिष्टाज आफ द अथर्ववेद, खंड 1, भाग 1 : परिशिष्टाज 1-52, लाइपजिंग (1909)।

"मैंने यह ग्रंथ अपने मिश्र डा. वासुदेव शरण अग्रवाल को दिखाया। उन्होंने उसे देखकर कहा कि उक्त पुस्तक में भी कहीं किसी गणितीय विषय का उल्लेख नहीं है। अत: मुझे शंकराचार्य जी के दिए हुए सूत्रों का कहीं पता नहीं चला।...हम उक्त सूत्रों का वास्तविक अभिदेश जानने के लिए बहुत उत्सुक हैं किंतु जब तक यथार्थ अभिदेश न मिल जाए, तब तक हम इतनी अप्रमाणित बात अपनी पुस्तक में नहीं दे सकते।"

डा. बृजमोहन को इन सूत्रों के स्रोत वेदों में नहीं मिले, आज तक किसी को भी नहीं मिले, मगर उन्होंने अंततः पता लगा ही लिया कि स्वामी शंकराचार्य ने अपनी किस मानसिक परेशानी के कारण 'वैदिक गणित' का यह गोरखधंधा खड़ा किया। स्वामी भारती कृष्ण तीर्थ की इस चारित्रिक विशेषता की चर्चा हम अगले लेख में कर रहे हैं।

स्वामीजी ने अपने जीवन के कई दशक 'वैदिक गणित' के प्रचार में खर्च किए। जगह-जगह भाषण दिए, गणनाशक्ति के प्रदर्शन किए। अपनी पुस्तक की पांडुलिपि प्रकाशनार्थ अमेरिका साथ ले गए मगर वह वहां न छपकर उनके

देहावसान के पांच साल बाद भारत में ही छपी। आरंभ में कई साल तक उस पुस्तक को किसी ने भी कोई विशेष महत्त्व नहीं दिया।

जो बात एक धर्माचार्य के कई दशकों के प्रभावशाली प्रचार से संभव नहीं हुई, उसे अब राजनीतिक ताकत से अबोध बच्चों की शिक्षा पर थोपा जा रहा है। बड़े जोर-शोर से कहा जा रहा है कि स्वामीजी ने गणित के जो सूत्र वेदों में खोजे हैं और इनकी व्याख्या उन्होंने अपनी पुस्तक में की है, उनका गणित की आधुनिक शिक्षा में समावेश होना चाहिए। इसी साल 15 अप्रैल को राज्य विज्ञान शिक्षा संस्थान, इलाहाबाद द्वारा आयोजित 'वैदिक गणित' विषयक कार्यशाला के अवसर पर उत्तर प्रदेश के शिक्षा मंत्री का 'उद्‌बोधन' था–

''यह व्यक्त करने में मुझे हर्ष और गर्व की अनुभूति हो रही है कि भारत के लिए जो अतिप्राचीन है, वही विश्व के लिए अत्याधुनिक है। छात्रों को भारत के गौरवशाली अतीत तथा उस समय की गणित से अवगत कराने के लिए आगामी शिक्षण सत्र से वैदिक गणित का शिक्षण प्रारंभ करने का निर्णय लिया गया है।''

भारत का अतिप्राचीन गणित-ज्ञान वस्तुतः कैसा था, यह जानने के पहले स्वामीजी द्वारा खोजे गए 'वैदिक गणित' पर एक नजर डालना उपयोगी होगा।

सोलह सूत्रों और कुछ उपसूत्रों का उपयोग करके स्वामीजी ने अंकगणित तथा बीजगणित के गुणन, भाग आदि परिकर्मों के लिए और गुणनखंड, वर्गमूल, घनमूल, महत्तम समापवर्त्य, लघुत्तम समापवर्त्य, सरल समीकरण, वर्ग समीकरण आदि से संबंधित सवालों के हल के लिए युक्तियां सुझाई हैं, जैसे–निखिलं नवतश्चरमं दशतः (सब 9 और अंतिम 10 से) का और कुछ अन्य सूत्रों तथा उपसूत्रों का उपयोग करके गुणन के सवालों को हल करने की युक्तियां सुझाई गई हैं। इसी प्रकार बीजगणित के समीकरणों और रेखागणित के प्रमेयों के लिए भी युक्तियां सुझाई गई हैं। वह प्रारंभिक गणित है और भारतीय ही नहीं, चीनी, यूनानी, इस्लामी आदि गणितज्ञों को बहुत पहले ज्ञात रहा है।

इस समूचे प्रयास के बारे में महत्त्व की बात यह है कि स्वामीजी ने जितने और जिस तरह के गणित के लिए युक्तियां सुझाई हैं, वह प्रारंभिक गणित है और भारतीय ही नहीं, चीनी, यूनानी, इस्लामी आदि गणितज्ञों को बहुत पहले ज्ञात रहा है।

प्रश्न है : स्वामीजी ने उतने ही गणित के लिए युक्तियां क्यों सुझाई जो कई देशों में काफी पहले से ज्ञात रहा है? आज गणित एक बहुत व्यापक विषय बन गया है। समुच्चय सिद्धांत पर आधारित नया अंकगणित एकदम भिन्न है और आज अत्यंत महत्त्वपूर्ण है। पिछले करीब डेढ़ सौ वर्षों में विभिन्न प्रकार के 200 से भी अधिक आधुनिक बीजगणित खोजे गए हैं। ज्यामितियां भी कई प्रकार की

हैं। विश्व की भौतिक व्यवस्था को समझने के लिए अ-यूक्लिडीय ज्यामितियों का अध्ययन अब परमावश्यक है।

यदि वेदों में ही सारा गणित निहित है, तो आधुनिक गणित के ये तमाम विषय भी क्यों नहीं 'वैदिक गणित' से फलित होते? क्यों नहीं थ्योरी आफ सेट्स, थ्योरी आफ गेम्स, थ्योरी आफ ग्रुप्स, टापोलॉजी, प्रायिकता सिद्धांत आदि आधुनिक गणित के दर्जनों नए विषय 'वैदिक गणित' से खोज कर निकाले गए।

श्रीनिवास रामानुजन् (1887–1920) ने सैकड़ों नए सूत्र और प्रमेय खोज निकाले—अपनी अपूर्ण अंत:प्रज्ञा से, न कि वैदिक सूत्रों की सहायता से। **वैश्लेषिक संख्या-सिद्धांत** के क्षेत्र में रामानुजन् ने जो कार्य किया, वह आधुनिक गणित के इतिहास का एक स्वर्णिम अध्याय है।

स्वामीजी या उनके किसी शिष्य ने 'वैदिक गणित' के आधार पर आज तक एक भी नया सूत्र या नया प्रमेय क्यों नहीं खोजा? जिस गणित के लिए स्वामीजी ने नई युक्तियां की हैं वह सारा-का-सारा पहले से ही ज्ञात था—आर्यभट, ब्रह्मगुप्त, भास्कराचार्य आदि हमारे गणितज्ञों को, और विदेशी गणितज्ञों को भी।

गणित के सैकड़ों सवाल आज भी अनुत्तरित हैं। महान जर्मन गणितज्ञ **डेविड हिल्बर्ट** (1862–1943) ने 1900 ई. में पेरिस में आयोजित गणित की द्वितीय अंतरराष्ट्रीय कांग्रेस में बीसवीं सदी के गणितज्ञों द्वारा हल किए जाने के लिए गणित के 23 महत्त्वपूर्ण सवाल प्रस्तुत किए थे। उनमें से कुछ सवाल पिछले नौ दशकों में हल किए जा चुके हैं, मगर कुछ आज भी अनुत्तरित हैं। उनमें से एक भी सवाल का—मिसाल के लिए, **फर्मा के 'अंतिम प्रमेय'** का ही—हल वैदिक सूत्रों के आधार पर क्यों नहीं प्रस्तुत कर दिया जाता?

जब गणित में किसी नए व्यापक सिद्धांत की स्थापना होती है, जैसे—**ग्रुप सिद्धांत** या **समुच्चय सिद्धांत** की, तो वह गणित के अन्य कई अंगों की समस्याओं के लिए भी हल प्रस्तुत कर देता है। स्वामीजी के 'वैदिक गणित' में ऐसा नया कुछ भी नहीं है। उनकी सारी युक्तियां भी नई नहीं हैं। ऐसी बहुत-सी युक्तियों से गणितज्ञ बहुत पहले से परिचित रहे हैं। उदाहरण के लिए प्राचीन भारत के गणितज्ञों को गुणन की नौ विधियां मालूम थीं।

स्वामीजी 'वैदिक गणित' को परिपूर्ण बताते हैं परंतु प्राचीन भारत के गणित में ऐसी परिपूर्णता कहीं देखने को नहीं मिलती। वेदों में शून्य (शब्द) नहीं। **शून्ययुक्त दाशमिक स्थानमान अंक-पद्धति** की खोज भारत में काफी बाद में, ईसा की पहली-दूसरी सदी में हुई। सम्राट अशोक से लेकर अंतिम गुप्त सम्राट तक के सारे अभिलेखों में पुरानी अंक-पद्धति की ही संख्याएं देखने को मिलती हैं। इतने महान आविष्कार की यदि वैदिक समाज को जानकारी थी, तो 594 ई. के एक

दानपत्र में ही पहली बार उसका इस्तेमाल क्यों देखने को मिलता है?

गणित की प्रगति का एक मोटा मानदंड है, वृत्त की परिधि और व्यास के अनुपात (पाई) का मान। प्रायः सभी प्राचीन सभ्यताओं में 'पाई' का मान 3 ही माना गया था। **बौधायन शुल्वसूत्र** में भी इस अनुपात का मान 3 ही दिया गया है। बाद के गणित-ज्योतिष के ग्रंथों में 'पाई' का मान $\sqrt{10}$ (दस का वर्गमूल) देखने को मिलता है। आर्यभट (499 ई.) ने 'पाई' का मान 3.1416 दिया, जो चार दशमलव स्थानों तक शुद्ध है। मगर श्रुति-परंपरा में गहरी आस्था रखने वाले ब्रह्मगुप्त (628 ई.) पुराने स्थूल मानो (3 और $\sqrt{10}$) का ही इस्तेमाल करते रहे।

केरल के गणितज्ञों ने 17वीं सदी में श्रेणियों का उपयोग करके 'पाई' का मान 17 दशमलव स्थानों तक प्राप्त किया था। मात देने के लिए स्वामीजी ने 'पाई' के मान के लिए 32 दशमलव स्थानों तक गणना की और उसे 32 अक्षरों के अनुष्टुप छंद में श्लोकबद्ध कर दिया। मगर इस प्रयास में कुछ भी नवीन नहीं है। रामानुजन् के कुछ सूत्रों से 'पाई' का 20 लाख से भी अधिक दशमलव स्थानों तक शुद्ध मान प्राप्त किया जा सकता है। 1989 में एक सुपर कंप्यूटर की सहायता से 'पाई' का शुद्ध मान 1,01,11,96,691 दशमलव स्थानों तक हासिल किया गया। 'वैदिक गणित' के पुरस्कर्ता अब इसके लिए कौन सा श्लोक या मंत्र गढ़ेंगे?

मेरा बेटा दसवीं में पढ़ता है। मैंने उसे वर्ग समीकरण $क्ष^2 - 5 क्ष + 6 = 0$ हल करने को दिया। वर्ग-समीकरण के (धन और ऋण) दो मूल प्राप्त करने के लिए एक सूत्र भी है, जिसकी भारतीय गणितज्ञों को काफी पहले से जानकारी रही है, हालांकि ऋण मूल को उन्होंने कभी स्वीकार नहीं किया। चूंकि उपर्युक्त समीकरण के दो गुणनखंड सहज स्पष्ट हैं, इसलिए मेरे बेटे ने जबानी ही उत्तर दे दिया—क्ष = 2 और 3।

मगर स्वामीजी ऐसे वर्ग-समीकरणों को हल करने के लिए **चलित कलित वर्गों विवेचक** सूत्र का उपयोग करते हैं और जोर-जबरी से उत्तर प्राप्त करते हैं। इसमें वे **कलन गणित** (कैल्कुलस) के एक तरीके का इस्तेमाल करते हैं और दावा करते हैं कि वेदों में कलन गणित के सूत्र शुरू से ही मिल जाते हैं।

सवाल उठता है—यदि वैदिक ऋषियों ने कलन गणित की खोज कर ली थी, तो **वेदांग-ज्योतिष और शुल्वसूत्रों** में इसका यत्किंचित् भी उपयोग क्यों नहीं हुआ? कैल्कुलस के शास्त्रीय अर्थ में **कलन** शब्द का प्रयोग सर्वप्रथम पं. सुधाकर द्विवेदी ने किया और समाकलन (इंटेग्रेशन) के लिए **चलराशि कलन** शब्द पं. बापूदेव शास्त्री ने चलाया था।

आज गणित का भवन तार्किक चिंतन की दृढ़ भित्तियों पर खड़ा है और जटिल-से-जटिल सवालों को तेजी से हल करने के लिए अब हमारे पास कंप्यूटर

भी है। आज के स्कूलों के विद्यार्थियों को ग्रुप सिद्धांत, समुच्चय सिद्धांत आदि आधुनिक गणित के विषय पढ़ाना आवश्यक हो गया है। ऐसी स्थिति में 'वैदिक गणित' यानी पुराने गणित को हल करने के लिए बनाई गई युक्तियों को विद्यार्थियों पर लादने का मतलब होगा उन्हें मूढ़मति बनाना, उनकी सोचने की शक्ति पर कुठाराघात करना।

मामला गणित जैसे बुनियादी महत्त्व के विषय का है। फैसला बच्चों के माता-पिता को भी करना होगा, केवल राजनीतिज्ञों और धर्माचार्यों को नहीं। मगर देश के गणितज्ञ क्यों मौन हैं?

किस वेद में हैं ये सूत्र?

1. एकाधिकेन पूर्वेण
2. निखिलं नवतश्चरमं दशतः
3. ऊर्ध्वतिर्यग्भ्याम्
4. परावर्त्य योजयेत्
5. शून्यं साम्यसमुच्चये
6. (आनुरूप्ये) शून्यमन्यत्
7. संकलनव्यवकलनाभ्याम्
8. पूरणापूरणाभ्याम्
9. चलनकलनाभ्याम्
10. यावदूनम
11. व्यष्टिसमष्टिः
12. शेषाण्यङ्केन चरमेण
13. सोपान्त्यद्वयमन्त्यम्
14. एकन्यूनेन पूर्वेण
15. गुणितसमुच्चयः
16. गुणकसमुच्चयः

उपसूत्र

1. आनुरूप्येण
2. शिष्यते शेषसंज्ञः
3. आद्यमाद्येनान्त्यमन्त्येन
4. केवलै : सप्तकं गुण्यात्
5. वेष्टनम्

6. यावदूनं तावदूनम्
7. यावदूनं तावदूनीकृत्य वर्गंच योजयेत्
8. अन्त्ययोर्दशके अपि
9. अन्त्ययोरेव
10. समुच्चयगुणितः
11. लोपनस्थापनाभ्याम्
12. विलोकनम्
13. गुणितसमुच्ययः समुच्चयगुणितः

ऐसे थे शंकराचार्य स्वामी भारती कृष्ण तीर्थ

साप्ताहिक हिंदुस्तान, 25 अक्टूबर, 1992

अगस्त 1921 का एक दिन। स्थान : कराची का भव्य खलिकदीन हाल। फाटक पर घुड़सवार-पुलिस तैनात। पास के बिना भीतर प्रवेश नहीं। चहुंओर बारूद की गंध। सारा शहर एक बड़े फौजी कैंप की तरह लग रहा था।

हिंदुस्तान के कुछ देशभक्त-नेताओं ने ब्रिटिश राज को खुलेआम चुनौती दी थी। 9 जुलाई, 1921 को करांची में **ऑल इंडिया खिलाफत कांफरेंस** आयोजित करके अंकारा (तुर्की) की सरकार के प्रति सहानुभूति व्यक्त की गई थी, खुदा-परस्तों से आह्वान किया गया था कि वे ब्रिटिश फौज में खिदमत न करें और यह चुनौती भी दी थी कि अगर खिलाफत की पुनःस्थापना नहीं की गई तो भारत के मुसलमान सिविल ना-फरमानी का आंदोलन शुरू कर देंगे।

ब्रिटिश शासन की नजर में मामला संगीन जुर्म का था, राजद्रोह का था। खिलाफत कांफरेंस में शरीक हुए नेताओं को गिरफ्तार करके करांची में उन पर राजद्रोह का मुकदमा चलाने की जंगी व्यवस्था की गई। वे नेता थे–अली बंधु (मुहम्मद और शौकत) मौलवी हुसैन अहमद, डा. सैफुद्दीन किचलू, पीर गुलाम, मौलवी निसार अहमद और स्वामी भारतीय कृष्ण तीर्थ (उस समय शारदा पीठ के शंकराचार्य)।

मुख्य न्यायाधीश की कुर्सी पर आसीन थे मिस्टर कैनेडी। अभियुक्तों ने किसी भी तरह की कानूनी मदद लेने से इनकार कर दिया और स्वयं ही अजीब व गरीब ढंग से पेशी देने लगे, पूरा मुकदमा एक तमाशा बनकर रह गया।

अदालत की कार्रवाई शुरू हुई, तो एक अभियुक्त मौलवी ने कुरान की सुराओं का सस्वर गायन शुरू कर दिया। बीच-बीच में दूसरे मौलवी साहब भी कुरान की किसी आयत को मधुर स्वर में सुना देते थे। शौकत अली ने न्यायाधीश के सवालों के मुंहतोड़ जवाब दिए।

मुहम्मद अली की बारी आई तो उन्होंने अपने समर्थन में पैगंबर के वचन सुनाने शुरू कर दिए। न्यायाधीश के बार बार कहने पर भी उन्होंने बैठने से इनकार कर दिया और पैगंबर की गवाही देते रहे। तब अचानक ही न्यायाधीश के मुंह से शब्द

निकले–**नेवर माइंड द प्रोफेट**! फिर क्या था, पूरी अदालत में जोर का हंगामा शुरू हो गया। मुहम्मद अली न्यायाधीश पर बरस पड़े। अंत में बेचारे कैनेडी को माफी मांगनी पड़ी।

डा. सैफुद्दीन किचलू की बारी आई। अंग्रेजी अच्छी जानते थे, मगर उन्होंने हर सवाल का उर्दू में एक ही जवाब दिया–''मैं कोई जवाब नहीं दूंगा!''

शंकराचार्य स्वामी भारती कृष्ण तीर्थ की बारी आने पर उनसे पहला सवाल किया गया–''क्या आप खिलाफत कांफरेंस में मौजूद थे?''

जब वे खड़े नहीं हुए, तो मजिस्ट्रेट ने उन्हें खड़े होकर बोलने को कहा।

स्वामीजी ने बैठे-बैठे ही कहा–''मैं संन्यासी हूं। मेरे धर्मग्रंथ और संन्यासी के नियम मुझे, सिवाय मेरे धर्मगुरु के, अन्य किसी व्यक्ति के सामने खड़े होने की अनुमति नहीं देते।...क्या ऐसा कोई कानून है जिसके तहत मुझे खड़ा रहने के लिए मजबूर किया जा सकता है?''

कराची मुकदमे के दौरान (1921) का चित्र : (जमीन पर) सैफुद्दीन किचलू, (कुर्सी पर बाएं से) मुहम्मद अली, भारती कृष्ण तीर्थ शंकराचार्य और शौकत अली

मैजिस्ट्रेट–''यह मेरा आदेश है।''

मुहम्मद अली गरज पड़े–''मिस्टर मैजिस्ट्रेट, क्या आप इसे उचित समझते हैं कि एक संन्यासी को उसके धार्मिक नियम तोड़ने के लिए मजबूर किया जाए!''

मैजिस्ट्रेट ने मुहम्मद अली को बैठ जाने का आदेश दिया, जो उन्होंने नहीं माना।

अजीब स्थिति थी। मुहम्मद अली बैठ नहीं रहे थे, स्वामीजी खड़े नहीं हो रहे थे। मुकदमे के पूरे दौर में ऐसे ही तमाशे जारी रहे। आरोपों को साबित कर पाना कठिन हो गया फिर भी मुस्लिम नेताओं को तीन-तीन साल की सजा हुई। स्वामीजी को दोषमुक्त मानकर रिहा कर दिया गया। 'फूट डालो और राज करो' की कूटनीति थी यह।

वैदिक गणित पुस्तक में लेखक (स्वामीजी) का 'जीवन परिचय' भी दिया गया है, मगर उसमें ऐतिहासिक महत्त्व की उपर्युक्त घटना का एक वाक्य में भी उल्लेख नहीं हुआ है। इस बात का भी कहीं जिक्र नहीं है कि 1923 में मुंगेर में दिए गए राजनीतिक भाषण के लिए स्वामीजी को एक साल की सजा सुनाकर बक्सर और हजारीबाग की जेलों में रखा गया था, जहां साधु रामोदार बाबा (बाद के **महापंडित राहुल सांकृत्यायन**) उनके जेल साथी थे।

राहुल जी ने मेरी जीवन-यात्रा (भाग 2, पृ. 372-73 और 385-87) में स्वामी शंकराचार्य के बारे में काफी दिलचस्प जानकारी दी है। जेल में राहुल जी ने स्वामीजी से गणित पढ़ा था, जिसकी कुछ विस्तृत चर्चा मैं अन्यत्र कर चुका हूं (साप्ताहिक हिंदुस्तान का 'राहुल जन्मशती' विशेषांक, 30 अगस्त, 1992)। यहां मुझे राहुलजी के केवल चंद वाक्य ही उद्धृत करने हैं–''वह (शंकराचार्य) बड़े प्रेम से पढ़ाते, उनके पढ़ाने का ढंग बड़ा आकर्षक था। बीजगणित के सूत्रों को कंठस्थ करवाने की जगह उन्हें वह मुझसे सिद्ध करवाते। बीजगणित में अंकणित अंतर्हित है, इसे उन्होंने शुरू के ही पाठों में बतला दिया। पढ़ाते वक्त पश्चिम के कितने ही प्रकांड गणितज्ञों, दार्शनिकों की कथाएं सुनाते।''

इस उद्धरण से आप क्या निष्कर्ष निकालते हैं? यही न, कि शंकराचार्य ने 1923-24 में **उच्च बीजगणित, सरल त्रिकोणमिति, गोलीय त्रिकोणमिति** और **निर्देशांक ज्यामिति** जैसे **विषय राहुल जी** को, वैदिक सूत्रों की सहायता से नहीं, बल्कि लंदन से **छपी गणित की अंग्रेजी पुस्तकों** की सहायता से पढ़ाए थे, और उस समय वे पश्चिम के प्रकांड गणितज्ञों के योगदान की प्रशंसा भी करते थे। सबूत आज भी उपलब्ध हैं–गणित की वे अंग्रेजी पुस्तकें जिन्हें शंकराचार्य हजारीबाग जेल में राहुलजी को पढ़ाते थे।

राहुलजी हजारीबाग जेल के उन्हीं दिनों की एक और घटना का उल्लेख करते हैं, जिससे स्वर्गीय शंकराचार्य के बहुआयामी चरित्र के एक अन्य पहलू पर प्रकाश पड़ता है, मगर उसे पाठक मूल में ही पढ़ें तो अच्छा है (पूर्वोक्त, पृ. 385)।

हां, यहां यह बता देना जरूरी है कि वैदिक गणित में दिए गए स्वामीजी के 'जीवन परिचय' के अनुसार उन्होंने शंकराचार्य बनने और कारावास में पहुंचने के काफी पहले ही शृंगेरी के समीप के वन में आठ साल तक 'तप' करके और अथर्ववेद का अन्वेषण करके गणित के 16 वैदिक सूत्र प्राप्त कर लिए थे, फिर भी, हम देखते हैं कि 1923-24 में स्वामीजी गणित के अध्यापन के लिए पाश्चात्य अंग्रेजी पुस्तकों का आश्रय लेते हैं।

स्वामीजी तमिलभाषी थे और 1884 में एक सुशिक्षित एवं संपन्न परिवार में उनका जन्म हुआ था। उन्होंने कालेज की अच्छी शिक्षा प्राप्त की थी और संस्कृत का गहन अध्ययन किया था। राहुलजी ने भी लिखा है-''स्वामी शंकराचार्य जहां संस्कृत भाषा, साहित्य, दर्शन के प्रौढ़ विद्वान थे, वहां अंग्रेजी और गणित के भी चतुर पंडित थे।''

स्वामीजी ने कुछ साल तक अध्यापन कार्य भी किया। 1919 में उन्होंने संन्यास ग्रहण किया, तब पूर्वाश्रम का उनका वेंकटरमण नाम स्वामी भारती कृष्ण तीर्थ में बदल गया। दो साल बाद वे शारदा पीठ के शंकराचार्य नियुक्त हुए और फिर 1925 में गोवर्धन पीठ, पुरी के शंकराचार्य।

स्वामीजी विदेश-यात्रा करने वाले पहले शंकराचार्य थे। वे 1958 में अमेरिका की यात्रा पर गए और इंग्लैंड होते हुए स्वदेश लौटे। 1960 में स्वामीजी का स्वर्गवास हुआ।

बताया जाता है कि स्वामीजी ने जो 16 वैदिक सूत्र खोजे, उन्हीं के अनुरूप उन्होंने 16 पुस्तकें लिखी थीं, मगर बाद में वे कहीं गायब हो गईं। जब स्वामीजी का अमेरिका जाने का कार्यक्रम बना, तब 1957 में उन्होंने प्रस्तुत पुस्तक **वैदिक मैथेमेटिक्स** की पुनः रचना की। पुस्तक की पांडुलिपि वे अपने साथ अमेरिका ले गए और उसे वहीं छोड़ आए। मगर किन्हीं कारणों से पुस्तक वहां प्रकाशित नहीं हो पाई। स्वामीजी के निधन के बाद वह पांडुलिपि अमेरिका से वापस मंगाई गई और अंततः 1965 में वाराणसी से प्रकाशित हुई।

इसी पुस्तक की पांडुलिपि डा. वासुदेव शरण अग्रवाल ने **डा. बृजमोहन** के पास जांच-पड़ताल के लिए भेजी थी। गणित के 'वैदिक सूत्रों' के बारे में बृजमोहन जी के विचारों की चर्चा हम पिछले लेख में कर चुके हैं, जब उन्हें शंकराचार्य के सूत्र वेदों में कहीं नहीं मिले तब वाराणसी के **महामहोपाध्याय पं. गिरधर शर्मा चतुर्वेदी** ने उन्हें बताया-

'जब शंकराचार्यजी स्कूल में पढ़ते थे, उनके एक अध्यापक वैदिक ऋचाओं की खिल्ली उड़ाया करते थे और कहा करते थे कि कुछ लोगों के मतानुसार वेदों में समस्त ज्ञान भरा पड़ा है।

'शंकराचार्यजी को ये बातें बहुत बुरी लगती थीं। उन्होंने उन्हीं दिनों यह निश्चय किया कि वह वैदिक सूत्रों की गुत्थी को खोलकर रहेंगे। इस हेतु उन्होंने आठ वर्ष एकांतवास किया और वैदिक सूत्रों की कुंजी प्राप्त करके ही छोड़ी। तत्पश्चात् उन्होंने अपनी गवेषणा का फल पुस्तक रूप में तैयार किया। पुस्तक की पांडुलिपि अमेरिका गई हुई है, जहां उसके छपने की आशा है।'

इन सारी बातों पर विचार करके 'वैदिक गणित' के बारे में आप किस निष्कर्ष पर पहुंचते हैं?

नए गणित की आवश्यकता

एक जमाना था जब प्रगति की रफ्तार धीमी थी और दो पीढ़ियों के रहन-सहन, आचरण तथा सोच-विचार में कोई ज्यादा अंतर नहीं रहता था। आज मानव-जीवन के अनेक क्षेत्रों में, विशेषकर विज्ञान और टेक्नोलाजी के क्षेत्र में, इतनी तेजी से प्रगति हो रही है कि दो पीढ़ियों के बीच की खाई दिनोंदिन अधिकाधिक गहरी होती जा रही है। शिक्षण के क्षेत्र में भी दो पीढ़ियों की सोच के बीच का अंतर अधिकाधिक गहरा होता जा रहा है।

दो पीढ़ियों के बीच निरंतर बढ़ता जा रहा यह अंतर अनेक सामाजिक और वैचारिक समस्याओं को जन्म दे रहा है, अनेक सांस्कृतिक संकट पैदा कर रहा है। प्रख्यात लेखक और विचारक सी.पी. स्नो ने इसी को 'दो संस्कृतियों के संकट' का नाम दिया है।

शिक्षण के क्षेत्र में गणित के अध्ययन के मामले में यह संकट सबसे ज्यादा मुखर हुआ है। वजह यह है कि अब प्राथमिक कक्षाओं में भी गणित नए ढंग से पढ़ाया जाता है। इसे अब प्राय: 'नए गणित' के नाम से जाना जाता है। वस्तुत: यह गणित नया नहीं है। इसका ढांचा नया है, धारणाएं नई हैं, इसकी शब्दावली नई है, कई संकेत भी नए हैं।

लेकिन गणित का यह नया स्वरूप बहुतों के लिए सिर-दर्द बन गया है। पढ़े-लिखे माता-पिता इतिहास, भूगोल और समाज-विज्ञान-जैसे विषयों की पढ़ाई में अपने बच्चों की मदद करने में समर्थ हैं, पर गणित का मामला सामने आते ही उपाधिधारी माता-पिता भी भौचक्के रह जाते हैं। वे माध्यमिक कक्षाओं में पढ़ने वाले अपने बच्चों की गणित की पढ़ाई में प्राय: कोई मदद नहीं कर पाते।

ऐसे समय अभिभावकों की दो प्रकार की प्रतिक्रियाएं होती हैं। कुछ माता-पिता साफ-साफ कह देते हैं–'तुम्हारा यह नया गणित हमारे बस की बात नहीं है। अपने अध्यापक से ही समझ लो।' संपन्न पालक ट्यूशन की व्यवस्था कर देते हैं।

दूसरे प्रकार की प्रतिक्रिया होती है–'आजकल की पढ़ाई बड़ी बोझिल हो गई है। यह भी कोई पढ़ाई है ? इतने सारे विषय ? इस गणित की पढ़ाई का भी कोई लाभ है ? किताबें बनाने वाले यह भी नहीं सोचते कि बच्चे समझ पाएंगे या नहीं !'

नया गणित पढ़ाने में बहुत-से अध्यापक भी कठिनाई महसूस करते हैं, तो उसमें उनका दोष नहीं है। हमारे देश में स्कूल के पाठ्यक्रम में नई पद्धति के गणित का समावेश 1970 से किया जा रहा है। इसलिए बहुत-से अध्यापकों के लिए भी यह 'नया गणित' नया है।

लेकिन गणितज्ञों और शिक्षाविदों के लिए नए गणित के अध्ययन का महत्त्व सुस्पष्ट है। गणित हालांकि एक सबसे प्राचीन विज्ञान है, परंतु यह, एक चिर तरुण की तरह, अधिकाधिक शक्ति-संपन्न होता जा रहा है। पिछले करीब सौ वर्षों में गणित का खूब विकास हुआ है, अनेक नई धारणाएं अस्तित्व में आई हैं, गणितीय चिंतन में एक महान क्रांति हुई है। नई धारणाओं और नई शब्दावली में ढाला गया गणित गणितज्ञों के लिए लेसर-किरणों की तरह उपयोगी सिद्ध हो रहा है। नए गणित के शक्तिशाली प्रकाश-पुंज के जरिए अब गणितज्ञ अनेक जटिल सवालों की गहराई में उतरने और उन्हें भली-भांति समझने में समर्थ हो रहे हैं।

लेकिन दूसरी ओर, गणित की नई शब्दावली और नई धारणाएं सामान्य शिक्षितों के लिए एक ऐसा अपारदर्शी आवरण बन गई हैं कि उसके परे की दुनिया में झांकना या उसे समझना उनके लिए लगभग असंभव हो जाता है। यहां एक ही उदाहरण देना पर्याप्त होगा। केवल दो संकेतों—'शून्य' और 'एक'—पर आधारित अंक-पद्धति और जॉर्ज बूले (1815-64) के तार्किक बीजगणित की जानकारी के बिना आधुनिक कंप्यूटर की कार्य-प्रणाली को समझना कतई संभव नहीं है। द्वि-आधारी अंक-पद्धति को अब माध्यमिक कक्षाओं में और बूलीय बीजगणित को उच्च कक्षाओं में पढ़ाया जाता है—नए गणित के रूप में। द्वि-आधारी अंक-पद्धति की खोज चीन में करीब दो हजार साल पहले और बूलीय बीजगणित की स्थापना 1854 में हुई थी।

अतः स्पष्ट है कि जिसे हम 'नया गणित' समझते हैं वह नया नहीं है। बहुत-सा पुराना गणित, जिसे अनुपयोगी पाकर, पाठ्यक्रम में शामिल नहीं किया गया था, अब उपयोगी और अत्यावश्यक हो गया है।

अभी कुछ दशक पहले तक के गणित के पाठ्यक्रम में इसी बात पर ज्यादा बल दिया जाता था कि गणित की कोई क्रिया 'किस' प्रकार संपन्न होती है, 'क्यों' होती है, इस बात को प्रायः नजरअंदाज कर दिया जाता था। उदाहरणार्थ, 42 और 24 के गुणन को हम सदियों से इस प्रकार करते आए हैं :

$$\begin{array}{r} 42 \\ \times\ \underline{24} \\ 168 \\ \underline{84\times} \\ \underline{1008} \end{array}$$

लेकिन प्राथमिक कक्षाओं के विद्यार्थी बिलकुल नहीं समझ पाते थे कि दूसरी पंक्ति का आंशिक गुणनफल एक स्थान बाईं ओर क्यों सरका दिया जाता है। अध्यापक भी इस 'क्यों' को स्पष्ट कर देना जरूरी नहीं समझते थे।

एक और उदाहरण लीजिए – 4 + (3 + 2) = (4 + 3) + 2, परंतु 4 – (3 –2) ≠ (4 – 3) – 2 । क्यों ? इसलिए कि **साहचर्य का नियम** योग पर तो लागू होता है, पर व्यवकलन पर नहीं। पहले साहचर्य और क्रय-विनिमय के गुण बच्चों को नहीं समझाए जाते थे। अब छठी कक्षा में इन्हीं गुणों को आधार बनाकर जोड़, घटा, गुणन और भाग की क्रियाएं सुस्पष्ट कर दी जाती हैं। नए गणित का यही स्वरूप बहुतों को अटपटा-सा लगता है।

महान भारतीय गणितज्ञ **श्रीनिवास रामानुजन्** 1900 ई. में 12 साल के थे, और सातवीं कक्षा के विद्यार्थी थे। एक दिन गणित के अध्यापक ने कुछ इस प्रकार से विद्यार्थियों को समझाया : ''यदि तीन केले तीन व्यक्तियों में बांटे जाएं, तो प्रत्येक को 'एक' केला मिलेगा। यदि 1000 केले 1000 आदमियों में बांटे जाएं तो भी प्रत्येक को 'एक' ही केला मिलेगा। अत: सिद्ध होता है कि किसी भी संख्या को उसी संख्या से भाग दिया जाए, तो परिणाम 'एक' मिलेगा।''

रामानुजन् ने झट खड़े होकर पूछा : '''शून्य' को 'शून्य' से भाग दिया जाए, तो भी क्या परिणाम 'एक' ही मिलेगा? किसी भी आदमी को कोई भी केला न दिया जाए, तो भी क्या प्रत्येक को 'एक' केला मिलेगा?''

संभव है कि रामानुजन् के इस सवाल से उनके अध्यापक शायद चिढ़ गए हों, पर सवाल बुनियादी महत्त्व का था। प्रारंभिक कक्षाओं के बहुत-से बालकों के मन में ऐसे सवाल उठते हैं, उठने चाहिए और इसलिए उनका समाधान भी अवश्य होना चाहिए। गणित का नया ढांचा ऐसे ही सवालों का समाधान प्रस्तुत करता है।

बारहवीं सदी के महान भारतीय गणितज्ञ **भास्कराचार्य** को यह सुस्पष्ट था कि किसी भी संख्या को 'शून्य' से भाग देने पर जो राशि मिलती है वह 'अनंत' होती है। उसे उन्होंने 'ख-हर' राशि कहा है और अत्यंत आकर्षक धार्मिक शब्दावली में इस 'अनंत' का परिचय भी करा दिया है।

पर, गणित में 'शून्य' और 'अनंत' की धारणाएं बुनियादी महत्त्व की होने पर भी, अभी हाल तक प्रारंभिक कक्षाओं के विद्यार्थियों के लिए पहेली बनी रहीं। विद्यार्थी समझ नहीं पाते थे कि किसी संख्या को शून्य से गुणा करने पर तो फल शून्य मिलता है परंतु किसी राशि को शून्य से भाग देने पर परिणाम 'कुछ भी' या 'अनंत' क्यों होता है। अब नए गणित में उन्हें इस 'क्यों' का उत्तर मिल जाता है।

'शून्य' और 'अनंत' भौतिक वास्तविकताएं नहीं हैं पर गणित में इन दो धारणाओं को ठीक से समझे बगैर एक कदम भी आगे नहीं बढ़ा जा सकता। हमारे

पूर्णांकों के एक सिरे पर शून्य विराजमान है, तो दूसरा सिरा 'अनंत' तक पहुंचता है। आज के विद्यार्थियों को यह स्पष्ट कर देना आवश्यक हो गया है कि छोटी-से-छोटी संख्या की सीमा 'शून्य' है और बड़ी-से-बड़ी संख्या की खुली सीमा 'अनंत' है।

स्कूलों में पढ़ाए जाने वाले पुराने गणित में प्राकृत संख्याएं, भिन्न और दो-चार अपरिमेय संख्याओं का ही परिचय कराया जाता था। लेकिन अब बाकायदा स्पष्ट किया जाता है कि संख्याएं केवल एक प्रकार की नहीं, नाना प्रकार की हैं—पूर्णांक, परिमेय संख्याएं, अपरिमेय संख्याएं, काल्पनिक संख्याएं इत्यादि। अब स्कूल के विद्यार्थियों को यह स्पष्ट कर दिया जाता है कि प्राकृत, पूर्ण, परिमेय, वास्तविक और काल्पनिक संख्याओं के ये समुदाय क्रमशः एक-दूसरे से बड़े हैं। अब संख्या-रेखा और समतल की सहायता से इन विभिन्न संख्या-समुदायों को सुस्पष्ट कर दिया जाता है। उससे शून्य और अनंत की धारणाएं तो स्पष्ट हो ही जाती हैं, बच्चों को यह भी पता चल जाता है कि संख्याएं केवल एक ही प्रकार की नहीं हैं, बल्कि कई प्रकार की हैं।

इसी प्रकार, बच्चों को शुरू में ही यह स्पष्ट हो जाना चाहिए कि ज्यामिति के भी अनेक प्रकार हैं। यूक्लिड की ज्यामिति के भी अनेक प्रकार हैं। यूक्लिड की ज्यामिति पिछले करीब 2300 साल से पढ़ाई जा रही है परंतु यूक्लिड की अभिधारणाएं और स्वयंसिद्धियां परिपूर्ण नहीं हैं। इसलिए यूक्लिडीय ज्यामिति को अब नए ढांचे में प्रस्तुत करना आवश्यक हो गया है। यूक्लिड की पांचवीं अभिधारणा पर प्रश्नचिह्न लगाने के बाद ही कई सारी अ-यूक्लिडीय ज्यामितियों का निर्माण हुआ है। इसलिए अब ज्यामिति एक नहीं, अनेक हैं। दिक् भी अनेक हैं। आधुनिक गणित ने संख्या, ज्यामिति और दिक् को बहुवचन के दायरे में पहुंचा दिया है और इनके गुणधर्मों को सर्वव्यापक बना दिया है। प्रारंभिक गणित के विद्यार्थियों को आधुनिक गणित के इस व्यापक स्वरूप का आभास अवश्य मिल जाना चाहिए।

संख्याओं पर जोड़, घटा, गुणन और भाग की क्रियाएं लागू करने पर बहुत प्राचीन काल में अंकगणित ने जन्म लिया था लेकिन अंकगणित की ये बुनियादी क्रियाएं दूसरी कई धारणाओं पर भी लागू की जा सकती हैं। इसी प्रयास से आधुनिक गणित में ग्रुप, रिंग, फील्ड आदि के नए सिद्धांत अस्तित्व में आए हैं और भौतिक जगत की व्याख्या करने में अत्यंत उपयोगी सिद्ध हुए हैं। इसलिए अब इन सिद्धांतों को भी आधुनिक गणित के पाठ्यक्रम में शामिल करना आवश्यक हो गया है।

आठवीं या नौवीं कक्षा की गणित की नई पुस्तकें देखिए। इनमें पहले ही प्रकरण में समुच्चय सिद्धांत की जानकारी दी गई है। समुच्चय सिद्धांत, स्कूल के

विद्यार्थियों के लिए सचमुच ही नया गणित है। समुच्चय सिद्धांत में सम्मिलन, सर्वनिष्ठ आदि की क्रियाएं नई हैं और इनके लिए नए चिह्नों का इस्तेमाल होता है, इसलिए यह विषय शुरू में कुछ अनोखा-सा लगता है लेकिन विद्यार्थियों को यह जानने में देर नहीं लगती कि सम्मिलन और सर्वनिष्ठ की क्रियाएं जोड़ और घटाने की ही कोटि की हैं। **वेन आकृतियां** समुच्चय सिद्धांत को एक सुगम विषय बना देती हैं।

समूह या समुच्चय सभी के परिचय की एक सर्वव्यापक धारणा है, जैसे-गायों का झुंड, लोगों की भीड़, टिकटों का संग्रह इत्यादि। समुच्चय की यह धारणा गणित के लिए बुनियादी महत्त्व की तो है ही, मानव-जीवन के अनेक व्यापारों में भी यह बड़ी उपयोगी सिद्ध हो रही है। जीवन बीमा कंपनियां एक व्यक्ति के बारे में नहीं सोचतीं, जन-समूहों के बारे में सोचती हैं। जन-गणना में भी व्यक्ति का नहीं, जन-समूहों का महत्त्व है। अधिकांश गणितज्ञों की दृढ़ मान्यता है कि समूचा गणित समुच्चय की धारणा पर खड़ा किया जा सकता है। यही वजह है कि अब स्कूल के विद्यार्थियों को समुच्चय सिद्धांत का परिचय करा देना आवश्यक समझा जाता है।

गणित और तर्कशास्त्र का चोली-दामन का संबंध है। बहुत से गणितज्ञ गणित को तर्कशास्त्र का ही एक अंग मानते हैं पर ऐसे भी अनेक गणितज्ञ हैं जो तर्कशास्त्र को गणित का अंग मानते हैं। जो भी हो, गणित के लिए सुदृढ़ तार्किक ढांचा अत्यावश्यक है। तार्किक ढांचे में प्रस्तुत किया गया नया गणित बच्चों में तार्किक दृष्टि से सोचने की आदत डालता है।

पाश्चात्य देशों के शिक्षाविद् 1950 के आसपास से ही गणित के नए पाठ्यक्रम की आवश्यकता बड़ी तीव्रता से महसूस करने लग गए थे। इस नए पाठ्यक्रम की कुछ रूपरेखाएं भी बन गई थीं पर अमेरिका-जैसे धनी देश में भी इन्हें व्यापक रूप से लागू करने के लिए शासन की ओर से प्रचुर धन उपलब्ध नहीं हो रहा था।

पर सोवियत संघ द्वारा 4 अक्तूबर, 1957 को पहला मानव-निर्मित उपग्रह **स्पूतनिक** अंतरिक्ष में स्थापित कर देने के साथ ही गणित के पाठ्यक्रम का ढांचा भी एकाएक बदल गया। अमेरिका की जनता ने महसूस किया कि नौसंचालक और क्लर्क पैदा करने वाले गणित के दिन लद चुके हैं। अब विज्ञान और टेक्नोलाजी का तेजी से विकास करने के लिए नए गणित की आवश्यकता है। स्पूतनिक नए गणित का करिश्मा है। सोवियत संघ के स्कूलों में नए गणित की पढ़ाई आरंभ हो चुकी थी।

स्पूतनिक की सफलता के बाद अमेरिका में नए गणित की शिक्षा-व्यवस्था के लिए बड़े पैमाने पर धन उपलब्ध हुआ। गणित के नए पाठ्यक्रम को लेकर

कई प्रयोग हुए। समर्थन और विरोध के भी दौर चले लेकिन अब काफी सुस्थिरता आ गई है।

हमारे देश में गणित के नए पाठ्यक्रम को 1970 में शुरू किया गया। फिलहाल भारतीय स्कूलों पर ज्यादा नया गणित नहीं लादा गया है। इस मामले में भारत में मध्यम मार्ग को अपनाया गया है। यह उचित ही है। राष्ट्रीय शैक्षिक अनुसंधान और प्रशिक्षण परिषद ने गणित के नए पाठ्यक्रम की उत्तरोत्तर बेहतर पुस्तकें तैयार की हैं। अध्यापकों को भी प्रशिक्षित किया जा रहा है। अभिभावकों को नए गणित का महत्त्व समझाने के भी अब आयोजन हमारे देश में हुए हैं लेकिन समस्या इतनी बड़ी है कि ये प्रयास नाकाफी लगते हैं।

जनसाधारण और अभिभावकों के लिए नया गणित अब भी एक हौवा बना हुआ है। पश्चिमी देशों में जनसाधारण को नए गणित का परिचय देने के लिए पत्र-पत्रिकाओं में अनेकानेक लेखमालाएं छापी गई हैं, नए गणित को सरल भाषा में समझाने वाली बहुत-सारी पुस्तकें प्रकाशित हुई हैं। हिंदी में नए गणित के महत्त्व को और इसके प्रमुख विषयों को समझाने वाली कोई पुस्तक नहीं है।

यह पुस्तक इसी अभाव की आंशिक पूर्ति का एक विनम्र प्रयास है। आशा है, विद्यार्थी, उनके अभिभावक और गणित-प्रेमी पाठक इसे उपयोगी पाएंगे।

नया गणित कठिन नहीं

बाल भारती, दिसंबर, 1992

देवयानी तीसरी कक्षा में पढ़ती है और उसका बड़ा भाई अंशुमान आठवीं कक्षा में। एक दिन की बात है। दोनों अपने गणित के सवाल करने में जुटे हुए थे। देवयानी जोड़ और गुणा आदि करने में तो तेज थी, पर मीटर, लिटर और ग्राम के पैमानों को समझने में उसे बड़ी दिक्कत हो रही थी। डेकाग्राम व डेसिग्राम, हेक्टोमीटर व मिलिमीटर, लिटर व सेंटिलिटर आदि के संबंधों को याद रखकर सवाल करने में उसे बड़ी कठिनाई होती थी।

देवयानी अपने पिता के पास पहुंची। उसके पिता काफी पढ़े-लिखे थे।

बोली–"पापा, जरा ये सवाल तो समझा दीजिए।"

देवयानी के पिता ने पुस्तक हाथ में ली। सवाल देखे। आगे-पीछे दो-चार पन्ने पलटकर देखे और बोले–"भाई, तुम्हारे ये सवाल हमारे बस के नहीं हैं। मीटर, लिटर और ग्राम तो अब हमारी समझ में आ जाते हैं पर डेका, डेसि, हेक्टो, सेंटि, मिलि आदि का यह झमेला हमें भी चक्कर में डाल देता है। तुम अपनी अध्यापिका से ही पूछ लेना। हमारे जमाने में तो बारह इंचों का एक फुट, आठ फर्लांग का एक मील, चालीस सेर का एक मन और चौंसठ पैसों का एक रुपया होता था। तुम्हारा यह नया गणित हमारी समझ में नहीं आता।"

एक दिन अंशुमान के साथ भी ऐसी ही घटना घटी। उसकी आठवीं कक्षा की पढ़ाई आरंभ हुए कुछ ही दिन हुए थे। अध्यापक ने गणित की पुस्तक के पहले प्रकरण की पढ़ाई आरंभ कर दी थी। पहले ही दिन अध्यापक ने विद्यार्थियों से कहा था–"यह 'समुच्चय सिद्धांत' का प्रकरण है। कठिन विषय है। यह नया गणित है पर घबराने की कोई बात नहीं। वार्षिक परीक्षा के प्रश्नपत्र में दस में से केवल छह सवाल हल करने पड़ते हैं। इसलिए दूसरे सवाल अच्छी तरह कर लो तब भी काम चल जाएगा।"

अंशुमान ने सोचा–'कोई बात नहीं। मेरे पिताजी ने एम.एस.-सी. तक गणित पढ़ा है। मैं उनसे यह 'समुच्चय सिद्धांत' समझ लूंगा।' वह गणित की अपनी

पुस्तक लेकर पिताजी के सामने हाजिर हो गया। पिताजी ने पहला प्रकरण देखना शुरू कर दिया। उनके लिए यह गणित एकदम नया था, चिह्न नए थे, शब्द भी नए थे, जैसे–परिमेय संख्याएं, अपरिमेय संख्याएं, एकैकी संबंध, समुच्चय, साहचर्य-नियम, ऋण-विनिमय-नियम इत्यादि।

लाचार होकर उन्हें अपने बेटे से कहना पड़ा–"यह नया गणित है। यह हमारे समय में बी.एस-सी. में भी नहीं पढ़ाया जाता था। इसलिए इसमें मैं तुम्हारी कोई मदद नहीं कर सकता। मैं तुम्हारे लिए किसी अच्छे ट्यूटर का इंतजाम कर दूंगा।" अंशुमान के पिता की अच्छी-खासी आमदनी थी।

कुछ ऐसे भी माता-पिता हैं जो सोचते हैं–'यह भी कोई पढ़ाई है? जिस नए गणित को अध्यापक ठीक से नहीं समझा सकते, पढ़े-लिखे माता-पिता भी जिसे समझ नहीं सकते, उसे पाठ्यक्रम में रखने से क्या लाभ? नाहक बच्चों के सिर पर ज्यादा बोझ डाला जा रहा है!'

स्कूलों में पढ़ाए जाने वाले 'नए गणित' के बारे में चहुंओर आजकल इसी तरह की बातें सुनने को मिलती हैं। दूसरे विषय भी आजकल कुछ नए ढंग से पढ़ाए जाते हैं पर उनका नयापन उतना नहीं खलता जितना कि गणित का।

ऐसा क्यों होता है?

इसका एक बड़ा मजेदार कारण है। गणित के बारे में बहुत से लोगों का गलत ख्याल है कि यह पत्थर की लकीर होता है, गणित में हर चीज सत्य होती है, एकदम सही होती है, इसलिए इसमें फेर-बदल करने की कोई जरूरत नहीं होती। यूक्लिड की ज्यामिति को पिछले करीब तेईस सौ वर्षों से दुनियाभर के विद्यार्थी पढ़ते आए हैं फिर आज उसमें रद्दोबदल करने की क्या जरूरत है? आर्यभट और ब्रह्मगुप्त के जमाने में भी समीकरणों को हल किया जाता था फिर आज यह नया बीजगणित बच्चों को क्यों पढ़ाया जा रहा है?

माता-पिता ही नहीं, बहुत से अध्यापक भी इस नए गणित से परेशान हैं। यूरोप और अमेरिका में इस नए गणित की पढ़ाई 1960 के आसपास से आरंभ हुई। हमारे देश के स्कूल-कालेजों में नया गणित पिछले करीब दस वर्षों से पढ़ाया जा रहा है। फिलहाल पाठ्यक्रम में नया गणित बहुत थोड़ा शामिल किया गया है। आगे जाकर स्कूल-कालेजों में नए गणित के और भी अधिक विषय पढ़ाए जाएंगे।

इसलिए यह जानना बहुत जरूरी है कि यह नया गणित वास्तव में है क्या, और इसको पढ़ाना अब क्यों जरूरी हो गया है। इन बातों को विद्यार्थी और माता-पिता थोड़ा जान लें तो नए गणित के बारे में जो आतंक फैला हुआ है, वह कुछ कम हो जाएगा। इसी उद्देश्य से हम यहां नए गणित के बारे में कुछ रोचक जानकारी दे रहे हैं :

पहली बात तो यही है कि आजकल स्कूलों में जो गणित पढ़ाया जाता है, उसमें 'नया गणित' बहुत थोड़ा है, ज्यादातर पुराना गणित ही है। हां, इस पुराने गणित को अब कुछ नए ढंग से पढ़ाया जाता है। उदाहरण के लिए, आजकल माप-तोल में मीट्रिक प्रणाली का इस्तेमाल होता है। मीट्रिक प्रणाली में गुणा-भाग की क्रियाएं बड़ी आसान हैं, इसीलिए अब लगभग सारी दुनिया में इसी का उपयोग होता है।

इस मीट्रिक प्रणाली में किलो, हेक्टो, डेका, डेसि, सेंटि आदि शब्द कुछ कठिन जान पड़ते हैं। ये लैटिन भाषा के शब्द हैं लेकिन यदि इन शब्दों के अर्थों को एक बार ठीक से समझ लिया जाए तो मीट्रिक प्रणाली को याद रखने में बड़ी आसानी होती है। आओ, हम इन्हें समझें :

बुनियादी इकाइयां हैं—ग्राम, मीटर, और लिटर। इन्हीं के पहले किलो, डेसि, सेंटि आदि शब्द जोड़े जाते हैं। इन लैटिन शब्दों के अर्थ हैं–

किलो	1000	10^3 गुना
हेक्टो	100	10^2 गुना
डेका	10	10 गुना
डेसि	0.1	दसवां भाग
सेंटि	0.01	सौवां भाग
मिलि	0.001	हजारवां भाग

अब यदि इन शब्दों को ग्राम, मीटर और लिटर के साथ जोड़ा जाए तो पूरे शब्द का अर्थ सहज स्पष्ट हो जाता है, जैसे—किलोग्राम का अर्थ होगा हजार ग्राम, डेकामीटर का अर्थ होगा दस मीटर और डेसिलिटर का अर्थ होगा एक लिटर का दसवां भाग। ये पैमाने दशगुणोत्तर हैं, इसलिए दशमलव-प्रणाली में इनका गणित बड़ा आसान हो जाता है। पुराने पैमानों में जोड़, गुणा, भाग आदि का बड़ा झमेला था।

अब 0,1,2,3,4,... के संख्या क्रम पर विचार करो। इसे प्राकृत संख्याओं का क्रम कहते हैं। इस क्रम में बड़ी-से-बड़ी संख्या खोजी जा सकती है यानि यह एक अनंत क्रम है, लेकिन हम इनमें से किन्हीं भी दो प्राकृत संख्याओं के बीच भिन्न नामक संख्याएं खोज सकते हैं। जैसे, 0 और 1 के बीच 1/2, 2 और 3 के बीच 5/2 आदि। इस प्रकार ये भिन्न संख्याएं भी अनंत हैं। प्राथमिक कक्षाओं के विद्यार्थियों को इन प्राकृत और भिन्न संख्याओं की जानकारी दी जाती है।

लेकिन और भी कई किस्म की संख्याएं हैं। छठी कक्षा में पहुंच जाने पर विद्यार्थियों को $\sqrt{2}$ और π जैसी नई संख्याओं के दर्शन होते हैं। $\sqrt{2}$ का अर्थ है 2 का वर्गमूल और इसका अर्थ है वृत्त की परिधि/व्यास। ये बड़े महत्त्व की संख्याएं हैं, पर इनका ठीक-ठीक मान खोजना संभव नहीं है। इसलिए इनके कामचलाऊ मान लिए जाते हैं $\sqrt{2}$=1.414 और π =3.1416।

इस तरह की बहुत-सारी संख्याएं हैं। दरअसल, इस प्रकार की अनंत संख्याएं हैं। इन्हें हम अपरिमेय संख्याएं कहते हैं। प्राकृत और भिन्न संख्याओं को परिमेय संख्या कहते हैं।

पुराने गणित में विद्यार्थियों को $\sqrt{2}$ और π जैसी संख्याओं के केवल कामचलाऊ मान बता दिए जाते थे। यह नहीं बताया जाता था कि इन अपरिमेय संख्याओं के गुण-धर्म क्या हैं? इन अपरिमेय संख्याओं की खोज नई नहीं है। यूनान के प्राचीन गणितज्ञों को और वैदिक काल के हमारे देश के पंडितों को भी इसकी जानकारी थी। इसलिए हम यह नहीं कह सकते कि इनकी जानकारी नई है।

फिर भी इनके बारे में कुछ बातें बड़े महत्त्व की हैं। हम बता चुके हैं कि प्राकृत संख्याओं का क्रम अनंत है। अपरिमेय संख्याएं भी अनंत हैं। पर प्राकृत संख्याओं के 'अनंत' से अपरिमेय संख्याओं का 'अनंत' बहुत बड़ा है। दूसरे शब्दों में, अनंत भी कई प्रकार के हैं। यह जानकारी हमें पिछली सदी में ही मिली है। जर्मनी के यहूदी गणितज्ञ ग्यार्ग कांतोर ने अनंत के इस नए गणित की स्थापना की है।

कांतोर का अनंत का यह नया गणित बड़ा विचित्र है। उनके जमाने में दूसरे गणितज्ञों ने उनके इस गणित का बड़ा विरोध किया था। बेचारे कांतोर इसी से पागल हो गए। उन्हें पागलखाने में रखा गया और पागलखाने में ही उनकी मृत्यु हो गई। लेकिन आज हम जानते हैं कि कांतोर के गणित का बड़ा महत्त्व है। कांतोर के गणित को आज हम समुच्चय-सिद्धांत के नाम से जानते हैं। इस समुच्चय-सिद्धांत की कुछ मोटी-मोटी बातें आजकल माध्यमिक कक्षाओं में पढ़ाई जाती हैं। समुच्चय-सिद्धांत में कुछ नए चिह्नों या संकेतों का प्रयोग होता है।

ग्यार्ग कांतोर (1845-1918)

अब स्कूल-कालेजों में नया बीजगणित पढ़ाया जाता है। पुराने बीजगणित में मुख्य रूप से समीकरणों को हल करने के तरीके बताए जाते थे लेकिन नए बीजगणित में अब यह देखा जाता है कि कोई समीकरण हल किया जा सकता है या नहीं। किसी सवाल को हल करने की शर्तें क्या हैं? ऐसे सवालों के कारण अब बीजगणित बहुत व्यापक विषय हो गया है।

दिलचस्प बात यह है कि आज से करीब डेढ़ सौ साल पहले इस नए बीजगणित की नींव एक ऐसे गणितज्ञ ने रखी जिसकी मृत्यु केवल 20 साल की आयु में हुई। वह गणितज्ञ थे फ्रांस के इबारिस गाल्बा। गाल्बा बार-बार परीक्षाओं में फेल हुए। उनके समय के गणितज्ञ उनकी खोजों को समझ नहीं पा रहे थे। गाल्बा बड़े उग्र विचारों वाले तरुण थे। राजनीति की बहस में एक बार एक आदमी से उनका झगड़ा हो गया। उस आदमी ने गाल्बा को द्वंद्व युद्ध के लिए चुनौती दी। उस समय फ्रांस में द्वंद्वयुद्ध का रिवाज था। इनमें कुछ कदमों की दूरी से दोनों आदमी एक-दूसरे पर पिस्तौल चलाते थे।

गाल्बा को पक्का पता था कि द्वंद्व युद्ध में उनकी मौत निश्चित है। इसलिए एक रात पहले उन्होंने अपनी सारी खोजों को कुछ कागजों पर संक्षेप में उतार डाला। दूसरे दिन गाल्बा का देहांत हुआ, केवल 20 साल की कच्ची उम्र में!

गाल्बा की मृत्यु के करीब पंद्रह साल बाद गणितज्ञों ने उनके कागजों को पढ़ा तो वे चकित रह गए। आज उनके इस गणित का बड़ा महत्त्व है। आज इसे हम ग्रुप सिद्धांत के नाम से जानते हैं। कांतोर का समुच्चय-सिद्धांत और गाल्बा का ग्रुप सिद्धांत आज लगभग सारे गणित में व्याप्त है। इसीलिए स्कूल-कालेजों के विद्यार्थियों को इनकी थोड़ी जानकारी दे देना जरूरी हो गया है।

यही हाल ज्यामिति का है। पहले स्कूलों में यूक्लिड की ज्यामिति पढ़ाई जाती थी, कुछ नए तरीके से आज भी पढ़ाई जाती है पर और भी कई किस्म की ज्यामितियां हैं। इन्हें अ-यूक्लिडीय ज्यामितियां कहते हैं। इनकी खोज पिछले करीब दो सौ वर्षों में हुई है।

जिसे हम नया गणित कहते हैं उसकी खोज पिछले करीब दो सौ वर्षों में हुई है। पहले यह नया गणित स्कूल-कालेजों में नहीं पढ़ाया जाता था। इसे शुद्ध गणित माना जाता था परंतु पिछले करीब 75 वर्षों में एक नई बात हुई। विज्ञान ने जब तरक्की की तो उसमें उस सारे नए गणित का इस्तेमाल होने लगा। जिसे

इबारिस गाल्बा (1811-1832 ई.)

शुद्ध गणित समझा जाता था वह उपयोगी गणित बन गया, जैसे—एक अ-यूक्लिडीय ज्यामिति या आइंस्टाइन के सापेक्षवाद में इस्तेमाल हुआ।

तब वैज्ञानिकों ने सोचा कि विद्यार्थियों को अब इस नए गणित के बारे में भी थोड़ी-बहुत जानकारी देनी चाहिए। इसीलिए अब स्कूल-कालेजों में कुछ नया गणित भी पढ़ाया जाता है। इस नए गणित से अब हम बच नहीं सकते। वैज्ञानिक विषयों के अध्ययन में इसका बड़ा महत्त्व है।

एक और बात। गणित पत्थर की लकीर नहीं है। दूसरे विषयों की तरह गणित का भी विकास होता रहता है, इसमें सुधार होता रहता है। गणित का मतलब केवल गणनाएं करना नहीं है। अब गणनाओं के लिए कंप्यूटरों का इस्तेमाल होने लगा है। नए गणित में अब सवाल की रचना पर अधिक ध्यान दिया जाता है।

दरअसल, गणित एक प्रकार का खेल है। गणित में कुछ बुनियादी धारणाएं होती हैं, कुछ चिह्न होते हैं और कुछ परिकर्म होते हैं और कुछ नियम होते हैं। आजकल नया गणित उन्हीं चीजों के आधार पर तैयार किया जा रहा है। नए गणित की अभी केवल शुरुआत ही हुई है। आगे जाकर विद्यार्थियों को और भी अधिक नया-नया गणित पढ़ाना होगा। गणित अब निरंतर नया बना रहेगा।

आधुनिक गणित 'टापोलाजी'

धर्मयुग

''गणित के ऐसे अनेक विषय हैं जिन्हें हम लोग सिर्फ पढ़ते हैं। हमें यह भी नहीं मालूम होता कि इनका आविष्कार किसने किया और दैनिक जीवन में इनका क्या उपयोग है। जैसे, मैंने एम.एस.-सी. प्रथम वर्ष में 'टापोलाजी' पढ़ी, पर नहीं जानता कि हिंदी में इसका क्या अर्थ है, न ही इस विषय के उपयोग के बारे में कुछ पता है। अध्यापक से पूछा, तो उन्होंने भी कुछ नहीं बताया!''

–अवधेश बरड़े, मुलताई (बैतूल)

टापोलाजी आधुनिक गणित का एक अत्यंत महत्त्वपूर्ण विषय है। करीब पच्चीस साल पहले, हमारे समय में, भारतीय विश्वविद्यालयों में इस विषय को नहीं पढ़ाया जाता था। अब पढ़ाया जाता है, पर किस तरह पढ़ाया जाता है, यह उपर्युक्त पत्र से स्पष्ट हो जाता है।

निकोलाई इवानोविच लोबाचेवस्की (1792-1856 ई.)

टापोलाजी ज्यामिति का विषय है। पर यह ज्यामिति यूक्लिड की ज्यामिति से भिन्न है, लोबाचेवस्की, रीमान आदि की अ-यूक्लिडीय ज्यामितियों से भी भिन्न है। इन ज्यामितियों में लंबाइयों और कोणों का मापन होता है, इसलिए ये मैट्रिक ज्यामितियां हैं।

टापोलाजी भिन्न किस्म की ज्यामिति है। किसी वस्तु को तानने या मरोड़ने पर

भी उसकी कुछ विशेषताएं बरकरार रहती हैं। टापोलाजी के अंतर्गत इन्हीं विशेषताओं का अध्ययन होता है। इसलिए सरल शब्दों में टापोलाजी को 'रबड़ शीट ज्यामिति' भी कहते हैं।

टापोलाजी सचमुच ही काफी जटिल विषय है, पर उन गणितज्ञों के लिए जो सिद्ध किए बिना सहज स्पष्ट चीज को भी स्वीकार नहीं करते। अन्यथा, टापोलाजी बड़ा दिलचस्प विषय है। एक मनचले अमेरिकी विज्ञान-लेखक ने तो यहां तक लिखा है कि टापोलाजी गणित का सर्वाधिक कामोत्तेजक विषय है।

आजकल संसार भर में और हमारे देश में भी, 'रुबिक घन' की खूब चर्चा है। 'रुबिक घन' ने बहुतों को पागल बना दिया है। टापोलाजी की भी ऐसी ही कुछ रोचक पहेलियां हैं। बच्चे, तरुण और प्रौढ़, सभी इन पहेलियों में खो जा सकते हैं। यहां हम टापोलाजी के केवल एक ही सवाल को प्रस्तुत कर पाएंगे। उस एक ही सवाल से काफी हद तक स्पष्ट हो जाएगा कि टापोलाजी क्या है, भौतिक जगत में और हमारे दैनंदिन जीवन में आधुनिक गणित, इस विषय का क्या महत्त्व है।

कागज की एक पट्टी लीजिए। इसके दो सिरों को जोड़िए। सिलिंडर या बेलनाकार आकृति-1 तैयार होती है। अब इस पर विचार कीजिए। इसकी दो सतहें हैं। एक भीतर की सतह और दूसरी बाहर की सतह। इसके दो किनारे हैं। इस आकृति की दो सतहों को, इन्हें पृथक् दरशाने के लिए, दो रंगों से रंगा जा सकता है। गोल में भी दो सतहें होती हैं—एक बाहर की सतह, दूसरी भीतर की। इन्हें यदि दो रंगों से रंगा जाए तो ये दो रंग एक-दूसरे से कभी नहीं मिलेंगे। पर पट्टी से बनाई गई बेलनाकार आकृति में दो रंग किनारों पर एक-दूसरे से मिलते हैं।

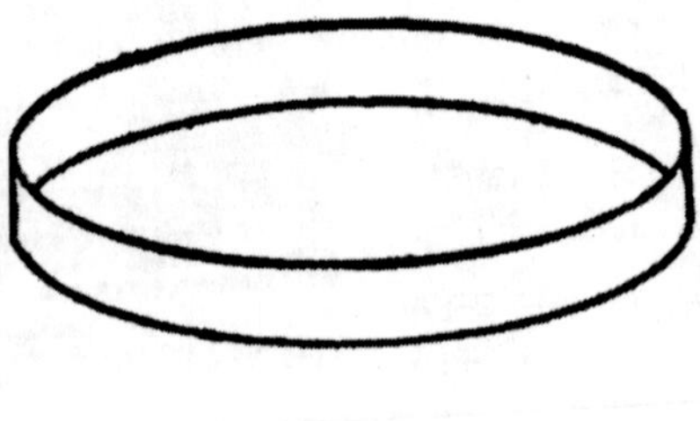

आकृति-1

यदि कोई कीड़ा इस बेलनाकार पट्टी की किसी एक सतह पर रेंगते हुए एक चक्कर लगाता है, किनारे नहीं लांघता है, तो वह उसी एक सतह पर टिका रहेगा, दूसरी सतह पर नहीं पहुंचेगा।

अब उसी तरह की कागज की एक और पट्टी लीजिए। इसे आधा मोड़ देकर इसके दोनों सिरों को जोड़िए : देखिए आकृति–2। अब इस पर विचार कीजिए।

इस नई आकृति में कितनी सतहें हैं ? सिर्फ एक सतह है। यकीन न हो पट्टी पर पेंसिल चलाकर देख लीजिए। इस आकृति में सिर्फ एक किनारा है। निष्कर्ष यह कि यह एक ऐसी आकृति है जिसमें केवल एक सतह है, जिसका केवल एक किनारा है।

आकृति–2

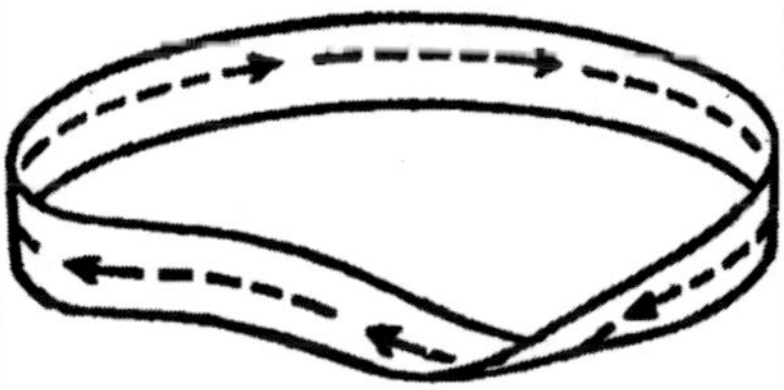

इतना ही नहीं, इस आकृति की और भी अनेक अद्भुत विशेषताएं हैं। इसकी सतह पर यदि कोई कीड़ा रेंगता है तो अपने आरंभिक स्थान पर पहुंचकर वह उलटी स्थिति में हो जाएगा। इस आकृति में केवल एक सतह है, इसलिए सिर्फ एक रंग ही इसकी समूची सतह को रंगने के लिए पर्याप्त है।

जिस बेलनाकार पट्टी पर हमने विचार किया, उसको यदि ठीक बीच से काटते हैं, तो दो अलग–अलग बेलनाकार आकृतियां तैयार हो जाएंगी। परंतु यदि पट्टी में आधा मोड़ देकर बनाई गई दूसरी आकृति को बीच से काटते हैं तो दो पृथक् बेलनाकार आकृतियां नहीं बनेंगी, बल्कि एक ही जुड़ी हुई पट्टी बनी रहेगी।

ये सारी बातें बड़ी विचित्र हैं, यूक्लिडीय ज्यामिति के विपरीत हैं, हमारे रोजमर्रा के अनुभव के विपरीत हैं। हमें यहां स्पष्ट नजर आता है कि ऐसी भी चीज है जिसकी सिर्फ एक ओर की सतह है, जिसका सिर्फ एक किनारा है।

यह अद्‌भुत खोज जर्मनी के एक खगोलविद् व गणितज्ञ आगस्त फर्दिनांद मोबियस (1790–1868) ने की थी, 68 वर्ष की वृद्धावस्था में। इस खोज से संबंधित अपना निबंध उन्होंने पेरिस की विज्ञान अकादमी को भेजा। पर वहां उसकी कोई कदर नहीं हुई। स्वयं लेखक ने जब अपनी खोज को प्रकाशित किया, तभी जाकर विद्वानों को इस चमत्कारिक आविष्कार की जानकारी मिली। जानकारी मिली कि प्रकृति में सिर्फ एक सतह और एक किनारे वाली वस्तुओं का भी अस्तित्व संभव है। आधा मोड़ देकर जोड़ी गई इस एक सतह और एक किनारे वाली पट्‌टी को आज 'मोबियस पट्‌टी' मोसियस बैंड के नाम से जानते हैं।

यहां हमने इस 'मोबियस पट्‌टी' की चंद विशेषताओं की ही चर्चा की है। कैंची और गोंद लेकर बैठ जाइए और इसे तरह–तरह से काटकर देखिए। आपको इसकी कई सारी अद्‌भुत विशेषताएं नजर आएंगी। ऐसी विशेषताएं, जो हमारे सहज ज्ञान, सहज अनुभव के विपरीत जान पड़ती हैं।

'मोबियस पट्‌टी' टापोलाजी के अध्ययन का एक आरंभिक उदाहरण है। टापोलाजी का बुनियादी सिद्धांत यह है कि प्रकृति में सुस्थिर वस्तुओं का कोई अस्तित्व नहीं है, स्थानांतर के साथ प्रत्येक वस्तु में आकारगत रद्‌दोबदल होती है। इस रद्‌दोबदल के बावजूद उन वस्तुओं में जो विशेषताएं कायम रहती हैं। उन्हीं का टापोलाजी में अध्ययन होता है। जैसे, एक रबड़ शीट है और उसमें एक छेद है। इस शीट को आप जैसा चाहें तानिए, खींचिए, पर काटिए–फाड़िए नहीं, तो शीट का आकार–प्रकार भले ही बदल जाए, पर उसमें छेद पूर्ववत् बना रहेगा।

इसीलिए टापोलाजी को 'रबड़ शीट ज्यामिति' भी कहते हैं। इसका एक अन्य नाम हैं–'स्थान विश्लेषण'। अतः टापोलाजी को हम भारतीय भाषाओं में 'स्थान विश्लेषण' अथवा 'स्थान–विज्ञान' का नाम दे सकते हैं।

टापोलाजी आधुनिक गणित का एक सर्वाधिक महत्त्व का विषय है। पिछले करीब सौ वर्षों में ही इस विषय का विकास हुआ है। पर इसकी उपयोगिता क्या है?

मुझे अपने बचपन की एक घटना याद आती है। हमारे गांव में डीजल इंजन की एक चक्की थी। उसके साथ एक पट्‌टा था, काफी लंबा। उसे आधा मोड़ देकर दो चक्कों पर चढ़ाया जाता था। मैं गौर से देखता था। सोचता था–ऐसा क्यों? घूमते पट्‌टे की सतह पर मेरी नजर टिकी रहती थी। पट्‌टे में जोड़ थे। उन पर नजर टिकाए रखते हुए अंत में मैं समझ गया था कि पट्‌टा 'दोनों सतहों' में निरंतर घूमता रहता है।

अब ताजी सूचना के अनुसार, अमेरिका की बी.एफ. गुडरिच कंपनी ने उसी पट्टे का पेटेंट लिया है। यह है 'मोबियस पट्टा', यानी दो सतहों से एक सतह में बदला हुआ पट्टा। जाहिर है कि ऐसा 'मोबियस पट्टा' अधिक समय तक टिकेगा क्योंकि इसकी 'दोनों सतहें' चक्कों को स्पर्श करती हैं। पट्टे की घिसाई केवल एक ओर की सतह में न होकर दोनों सतहों में होगी।

टापोलाजी के अध्ययन की नाभिकीय भौतिकी जैसे आधुनिक विषय में भी उपयोगिता है। मोबियस पट्टी से परमाणु के भीतर के न्यूट्रान जैसे कण के अक्ष-भ्रमण की सुगमता से व्याख्या की जा सकती है। इसी प्रकार, 'रुबिक घन' से क्वार्कों की, द्रव्य के प्राथमिक घटकों की, व्याख्या की जा सकती है।

सारांश यह कि टापोलाजी आधुनिक गणित का एक अत्यंत दिलचस्प विषय है, भौतिक घटनाओं से जुड़ा हुआ उपयोगी विषय है। गणितज्ञ ही नहीं, बच्चे भी टापोलाजी की पहेलियों में खो जा सकते हैं, कुछ नया खोज सकते हैं लेकिन क्या हमारे अध्यापक टापोलाजी जैसे आधुनिक गणित के विषय के प्रति विद्यार्थियों में ऐसी रुचि पैदा कर पाएंगे? या यही निरर्थक बहस चलती रहेगी कि स्कूल-कालेजों में आधुनिक गणित की पढ़ाई की कोई उपयोगिता है या नहीं?

फर्मा का गणित

गणित एक अद्‌भुत विषय है। कभी-कभी अत्यंत सरल प्रतीत होने वाले सवालों के हल खोजना बड़े-बड़े गणितज्ञों के लिए भी संभव नहीं होता। गणित का ऐसा ही एक सवाल है—फर्मा का अंतिम प्रमेय। पिछले करीब 350 वर्षों से सैकड़ों मूर्धन्य गणितज्ञ और शौकिया विद्यार्थी इस प्रमेय को सिद्ध करने के प्रयास करते रहे, किंतु अब तक किसी को भी पूर्ण सफलता नहीं मिली है।

हर साल दुनियाभर के कई गणितज्ञ, और बहुत से विद्यार्थी भी, दावा करते हैं कि उन्होंने फर्मा के प्रमेय का हल खोज लिया है। चूंकि इस प्रमेय को समझने में कोई विशेष कठिनाई नहीं है, इसलिए स्कूल-कालेज में पढ़ने वाले प्रतिभाशाली विद्यार्थी भी इस प्रमेय का हल ढूंढ़ने का प्रयास करते रहे हैं। गणितज्ञों और विद्यार्थियों के इन सतत प्रयासों ने फर्मा के अंतिम प्रमेय को विख्यात बना दिया है।

गणित के इस सवाल को सर्वाधिक प्रसिद्धि मिलने का एक और कारण है। सन् 1908 में जर्मन गणितज्ञ पाउल वोल्फजकेल ने अपनी वसीयत में लिख दिया था कि जो कोई भी फर्मा के इस प्रमेय को पूर्णत: गलत या सही सिद्ध करेगा उसे 1,00,000 जर्मन मार्क का पुरस्कार दिया जाए। पुरस्कार की यह राशि गाटिंगेन की विज्ञान अकादमी को सौंपी गई थी। इतने बड़े पुरस्कार के प्रलोभन ने भी बहुतों को गणित की इस समस्या से जूझने के लिए प्रेरित किया परंतु अभी तक यह पुरस्कार अदेय ही बना हुआ है।

भारतीय गणित-प्रेमी भी फर्मा के इस प्रमेय में बड़ी दिलचस्पी लेते हैं। कइयों ने इसे सिद्ध करने के दावे भी किए हैं। हर साल इस संबंध में मुझे भी दो-चार पत्र अवश्य मिलते हैं। समझने में ज्यादा देर नहीं लगती कि ये दावे सही नहीं हैं परंतु जब कोई नामी गणितज्ञ फर्मा के इस प्रमेय को हल कर लेने का दावा करता है और कोई विख्यात विज्ञान संस्थान उसमें दिलचस्पी लेता है, तो दुनियाभर में उसकी चर्चा होने लगती है। प्राय: हर साल एकाध बार ऐसा अवश्य होता है।

मार्च 1988 में समाचार छपा था कि 38 वर्षीय जापानी गणितज्ञ यौईची मियाओका ने जर्मनी की प्रख्यात मेक्स प्लेंक इंस्टीट्यूट के गणितज्ञों के सम्मुख फर्मा के अंतिम प्रमेय का अपना हल प्रस्तुत कर दिया है और उसे सही समझा जा रहा है। मगर बाद में उसके बारे में कहीं कुछ सुनने को नहीं मिला।

अब ताजा समाचार है कि अमेरिका के प्रिंसटन विश्वविद्यालय के प्रो. आंद्रेव वाइलेसा ने फर्मा के अंतिम प्रमेय का पूर्ण हल प्राप्त कर लिया है। इस बात की कैंब्रिज में की गई घोषणा से गणित जगत में खलबची मचना एक स्वाभाविक बात है। हां, दावा सही है या गलत, यह तो विशेषज्ञों द्वारा काफी जांच-पड़ताल करने के बाद ही पता चलेगा, जिसमें काफी समय लग सकता है।

फर्मा के अंतिम प्रमेय के लिए प्रस्तुत किया गया कोई नया हल गलत साबित हो या सही, उसे किसी सामान्य भाषा के सरल शब्दों में समझाना कतई संभव न होगा। आधुनिक गणित के जटिल सिद्धांतों और विशिष्ट संकेतों में प्रस्तुत किए गए उस हल को केवल विशेषज्ञ ही समझ पाएंगे।

परंतु जो प्रमेय पिछले करीब साढ़े तीन सौ वर्षों से दुनियाभर के गणितज्ञों के लिए सिरदर्द बना हुआ है उसे प्रारंभिक गणित जानने वाला पाठक भी आसानी से समझ सकता है। असली चीज भी इस प्रमेय को समझना ही है। फर्मा के इस प्रमेय ने आधुनिक गणित के विकास में ऐतिहासिक महत्त्व की भूमिका अदा की है। इस प्रमेय की उपपत्ति खोजने के प्रयासों में गणित के कई नए विषय अस्तित्व में आए हैं। आधुनिक गणित में प्रूफ या उपपत्ति के बुनियादी महत्त्व को समझने के लिए भी फर्मा के इस विख्यात प्रमेय को जानना उपयोगी है।

समकोण त्रिभुज की तीन भुजाओं के संबंध को व्यक्त करने वाले पाइथेगोरस के नाम से प्रसिद्ध प्रमेय से स्कूल के विद्यार्थी भी भलीभांति परिचित हैं। प्रमेय है : समकोण त्रिभुज के कर्ण पर आधारित वर्ग शेष दो भुजाओं पर आधारित वर्गों के योग के बराबर होता है। इस प्रकार, तीन संख्याओं के ऐसे अनगिनत संबंध प्राप्त होते हैं जिनमें एक संख्या का वर्ग शेष दो संख्याओं के वर्गों के योग के बराबर होता है।

अब सवाल है : क्या इसी तरह किसी भी घन संख्या को दो घनों के रूप में या चतुर्थ घात की किसी संख्या को चतुर्थ घात की ही दो संख्याओं के रूप में या...विभाजित करना संभव है?

प्येअर द फर्मा (1601–1665 ई.)

फर्मा का प्रमेय इसी सवाल से संबंधित है।

प्येअर द फर्मा (1608–1665 ई.) फ्रांस के तुलूस क्षेत्र के चमड़े के एक व्यापारी के घर में पैदा हुए थे। बाद में वे पेशे से वकील बने परंतु अपना अतिरिक्त समय गणित के अनुसंधान को देते थे। अपने समय के श्रेष्ठ

गणितज्ञों के साथ पत्र-व्यवहार करके उन्होंने गणित की विभिन्न शाखाओं को समृद्ध बनाया।

फर्मा के अंतिम प्रमेय की कहानी ईसा की तीसरी सदी के सिकंदरिया के यूनानी गणितज्ञ डायोफेंटस के **अरिथमेटिका** नामक ग्रंथ के एक पन्ने से शुरू हुई। कुछ साल पहले ही इस ग्रंथ का नया संस्करण मूल यूनानी और लैटिन अनुवाद के साथ पेरिस से प्रकाशित हुआ था। फर्मा अपने खाली समय में डायोफेंटस के ग्रंथ अध्ययन करते थे और कोई नया विचार सूझता था, तो वे उसे उसी पन्ने के हाशिए पर लिख देते थे।

घटना शायद 1637 ई. की है। फर्मा एक दिन **डायोफेंटस** के ग्रंथ का वह पृष्ठ पढ़ रहे थे जिसमें उपर्युक्त पाइथेगोरीय संबंध-सूत्रों के लिए परिमेय संख्याओं (पूर्णांकों या भिन्नों) में हल प्रस्तुत करने के लिए प्रश्न दिया गया था। सरल शब्दों में, प्रश्न था—किसी वर्ग-संख्या को दो अन्य वर्ग-संख्याओं में विभक्त करना।

फर्मा ने उस प्रश्न के बारे में कितना सोचा, क्या सोचा, इसके बारे में हमें कोई जानकारी नहीं मिलती परंतु उस प्रश्न के बगल में, हाशिए पर, उन्होंने जो संक्षिप्त टिप्पणी लिख छोड़ी, वह उनके बाद के सैकड़ों अन्वेषकों के लिए आधुनिक गणित के इतिहास की एक नितांत जटिल समस्या साबित हुई। फर्मा ने उस संकरे हाशिए पर लिखा—

"किसी भी घन को दो घनों के योग के रूप में या किसी संख्या के चतुर्थ घात को दो संख्याओं के चतुर्थ घात के योग के रूप में विभाजित करना संभव नहीं है। अथवा, व्यापक रूप से, 2 से ज्यादा के घातांक वाली किसी भी संख्या को उसी घातांक की दो संख्याओं के योग के रूप में विभाजित नहीं किया जा सकता। मैंने इसका एक अद्‌भुत प्रमाण खोज लिया है, जिसे लिखने के लिए यह हाशिया बहुत छोटा है।"

फर्मा की इस टिप्पणी को समझने में कोई कठिनाई नहीं है। इसका सारांश है : घातांक यदि 2 से बड़ा हो, तो तीन बीजकों के लिए पूर्णांक नहीं प्राप्त किए जा सकते। फर्मा ने इसका प्रमाण भी खोज लिया, मगर हाशिया छोटा पड़ गया। बाद में उनका ऐसा कोई हस्तलेख नहीं मिला जिसमें उन्होंने इस प्रमेय की उपपत्ति लिख छोड़ी हो। वस्तुतः फर्मा ने अपने जीवन-काल में कोई शोध-निबंध प्रकाशित नहीं किया। उन्होंने अपनी गवेषणनाएं या तो ग्रंथों के हाशियों पर लिखीं या फिर पास्कल, रेने दकार्त, हुइगेन्स जैसे समकालीन वैज्ञानिकों को लिखे पत्रों में व्यक्त की लेकिन फर्मा की ये गवेषणाएं इतनी महत्त्वपूर्ण हैं कि उन्हें आधुनिक संख्या-सिद्धांत, प्रायिकता सिद्धांत, निर्देशांक ज्यामिति और कलन गणित का एक संस्थापक माना जाता है।

फर्मा के प्रमेय के लिए उनका प्रमाण उपलब्ध नहीं हुआ, तो दूसरे गणितज्ञ के लिए यह एक चुनौतीपूर्ण अनुमान (कंजेक्चर) बन गया और उन्होंने नए सिरे से प्रमाण खोजना आरंभ कर दिया। महान गणितज्ञ आयलर ने सिद्ध किया कि घातांक 3 तथा 4 के लिए फर्मा का प्रमेय सही है। इस तरह के प्रयास जारी रहे। पिछली सदी के मध्यकाल में जर्मन गणितज्ञ एन्स्र्ट कुम्मेर ने सिद्ध किया कि यह प्रमेय 100 से छोटी सभी अभाज्य संख्याओं वाले घातांकों के लिए सही है। इस प्रयास में उन्होंने गणित के एक नए सिद्धांत को जन्म दिया।

वर्तमान सदी के प्रथम दशक में इस समस्या के लिए एक लाख जर्मन मार्क का पुरस्कार होने के बाद इस दिशा में ज्यादा प्रयास शुरू हुए। अधिकाधिक बड़े घातांकों के लिए यह प्रमेय सिद्ध किया जाता रहा। मगर सिद्ध यह करना है कि कि यह प्रमेय 2 से बड़े सभी पूर्णांक घातों के लिए सही है। यहां सभी का अर्थ है, 2 से बड़ा कोई भी पूर्णांक। और इस प्रमेय के लिए प्रमाण खोजने की सबसे बड़ी कठिनाई यही है। प्रमाण खोजने के लिए अपनाई जाने वाली आधुनिक तकनीकें इतनी जटिल हैं कि फर्मा के लिए भी इन्हें समझ पाना सहज संभव न होता। इसलिए कुछ गणितज्ञ यह भी सोचते हैं कि फर्मा को शायद गलतफहमी रही कि उन्होंने अपने प्रमेय के लिए प्रमाण खोज लिया है।

फर्मा के प्रमेय के लिए उपपत्ति खोजना कितना कठिन कार्य हो सकता है इसे व्यापक रूप से, 2 से ज्यादा के घातांक वाली किसी भी संख्या को उसी घातांक की दो संख्याओं के योग के रूप में विभाजित नहीं किया जा सकता। मैंने इसका एक सचमुच अद्भुत प्रमाण खोज लिया है।

भारतीय गणित की यूरोप-यात्रा (1)

प्राचीन भारतीय साहित्य के चेक-जर्मन मर्मज्ञ **डा. मॉरिट्ज विंटरनिट्ज** से एक बार किसी ने पूछा-'वह कौन सी चीज है जो आपकी दृष्टि में संसार को भारत की सबसे बड़ी देन है?' विंटरनिट्ज ने तुरंत उत्तर दिया-'पशु-पक्षियों को आधार बनाकर लिखा गया भारतीय कथा-साहित्य ही संसार को भारत की सबसे बड़ी देन है।'

निश्चय ही, जातक कथाएं, पंचतंत्र, दशकुमारचरित, वेताल-पंचविंशति आदि विश्व कथा-साहित्य की अमर कृतियां हैं। **गीता या उपनिषदों** के नाम सुनने के सदियों पहले यूरोप के लोग पंचतंत्र की कहानियों पर फिदा हो चुके थे। ईसा की छठी सदी में ही पंचतंत्र का पहलवी और सीरियाई में अनुवाद हो चुका था। सोलहवीं सदी के अंत तक पंचतंत्र का यूनानी, लैटिन, इतालवी, स्पेनिश, जर्मन, अंग्रेजी आदि भाषाओं में अनुवाद हो चुका था। विंटरनिट्ज ने ठीक ही कहा है कि भारतीय कथा-साहित्य संसार को भारत की सबसे बड़ी देन है।

फिर भी, मैं समझता हूं, डा. विंटरनिट्ज के इस कथन में एक सुधार की निश्चय ही गुंजाइश है। उनकी बात को यों कहा जा सकता है कि साहित्य के क्षेत्र में संसार को भारत की सबसे बड़ी देन है-उसका कथा-साहित्य और विज्ञान के क्षेत्र में संसार को भारत की सबसे बड़ी देन है-भारतीय अंक-पद्धति और अंक-संकेत।

हमारी वर्तमान अंक-पद्धति में शून्य को मिलाकर कुल दस संकेत हैं। इन दस संकेतों से हम बड़ी-से-बड़ी संख्या को व्यक्त कर सकते हैं। हमारी इस अंक-पद्धति की खास बात यह है कि इसमें प्रत्येक संकेत के दोहरे मान हैं-एक निजी मान और दूसरा स्थानमान। जैसे, संख्या 12,341 में अंतिम 1 का मान 'एक' है और पहले 1 का मान 'दस हजार' है। इसीलिए इसे हम दाशमिक स्थानमान अंक-पद्धति कहते हैं। आज सारे संसार में हमारी इसी अंक-पद्धति का प्रचलन है। शून्य की धारणा इस अंक-पद्धति की एक प्रमुख विशेषता है।

अब सभी स्वीकार करते हैं कि इस दाशमिक स्थानमान अंक-पद्धति की खोज भारत में हुई, लेकिन अंक-संकेत? हिंदी या मराठी के साथ जिन अंक-संकेतों का

प्रयोग होता है, उनके बारे में हम जानते हैं कि इनका विकास प्राचीन ब्राह्मी अंक-संकेतों से हुआ है, लेकिन अंग्रेजी और यूरोप की दूसरी भाषाओं के साथ जिन अंक-संकेतों का इस्तेमाल होता है, वे कहां से आए? बहुत से लोग आज भी इन्हें 'अंग्रेजी अंक' कहते हैं। यूरोप के लोग इन्हें अक्सर 'अरबी अंक' कहते हैं। दोनों नाम गलत हैं। 'अंग्रेजी अंक' जैसी कोई चीज नहीं है। अरबी के अपने भिन्न अंक हैं। दरअसल, ये भारतीय अंक हैं। इनका विकास भी प्राचीन भारतीय अंकों से हुआ है। भारतीय अंक-पद्धति के साथ ब्राह्मी के ये अंक-संकेत पहले अरब देशों में पहुंचे थे फिर यूरोप में इनका प्रचार-प्रसार हुआ। आज भारत के ये अंक-संकेत सारे संसार में फैल चुके हैं। इसीलिए आज हमने इन्हें **भारतीय अंतरराष्ट्रीय अंकों** का नाम दिया है।

भारतीय अंक-संकेतों के इस जागतिक फैलाव की कथा पंचतंत्र की किसी भी कथा से कम दिलचस्प नहीं है, पर लगता है कि हम स्वयं ही प्राचीन भारत की महान उपलब्धियों का सही मूल्यांकन नहीं कर पाते। प्रायः देखने को मिलता है कि हम अपनी श्रेष्ठतम उपलब्धियों को महत्त्व देने की बजाय नितांत भ्रामक बातों को अद्वितीय मानने लग जाते हैं।

वैदिक काल में लिपि का ज्ञान भले ही न रहा हो, सरल-से अंक-संकेतों का ज्ञान अवश्य था। अंक-संकेतों का ज्ञान आदिवासियों को भी होता है। वैदिक जनों को उतना हिसाब अवश्य आता था जितने की उन्हें जरूरत थी—गायों, घोड़ों और औजारों आदि की गिनती के लिए। ऋग्वेद में एक, द्वि, त्रि, चतुर, पंच, षट, सप्त, अष्ट, नव, दश, सहस्र, अदि संख्या-संज्ञाएं देखने को मिलती हैं। गिनती की सबसे बड़ी इकाई **अयुत** (10,000) है और ऋग्वेद में पाई जाने वाली सबसे बड़ी संख्या **षष्टि सहस्रा नवति नव** (60,099) है। यजुर्वेद में यह गिनती **परार्ध** (10,00,00,00,00,000) तक पहुंचा दी गई है। **सिंधु सभ्यता** के लोगों की अपनी लिपि थी, अंक-संकेत थे। संख्याएं दशगुणोत्तर थीं।

हमारे दोनों हाथों की उंगलियां दस हैं, इसलिए प्रायः सभी प्राचीन सभ्यताओं में संख्याओं का क्रम दशगुणोत्तर देखने को मिलता है। वैदिक काल की गणनाएं भी दशगुणोत्तर हैं, पर वैदिक काल में शून्य की धारणा पर आधारित दाशमिक स्थानमान अंक-पद्धति अभी अस्तित्व में नहीं आई थी। वैदिक काल में अभी शून्य की धारणा ने जन्म नहीं लिया था। ऋग्वेद में 'शून्य' शब्द नहीं है। हां, 'खे' शब्द मिलता है, जिसका अर्थ है सूराख या छेद।

दरअसल, आज से तीन-हजार साल पहले किसी भी प्राचीन सभ्यता में हमें आधुनिक अंक-पद्धति के दर्शन नहीं होते। प्राचीन मिस्र और सुमेर-बेबीलोन की अंक-पद्धतियां भिन्न प्रकार की थीं, उनमें बहुत सारे अंक-संकेत थे। वैदिक समाज

को भी दाशमिक स्थानमान अंक-पद्धति की जानकारी नहीं थी। इसलिए वेदों में आधुनिक उच्च गणित के सूत्र खोजना कोरी पोंगापंथी है।

ब्राह्मी के प्राचीनतम अभिलेख हैं—अशोक के शिलालेख और स्तंभलेख। अशोक के कुछ लेखों में संख्या 256 अंक-संकेतों में लिखी गई है। इस संख्या को पुरानी पद्धति से लिखा गया है अर्थात् इसे लिखने में क्रमश: 200, 50 और 6 के संकेतों का इस्तेमाल किया गया है। यदि यह संख्या नई दाशमिक स्थानमान अंक-पद्धति में लिखी गई होती तो 2, 5 और 6 के अंकों की ही जरूरत पड़ती।

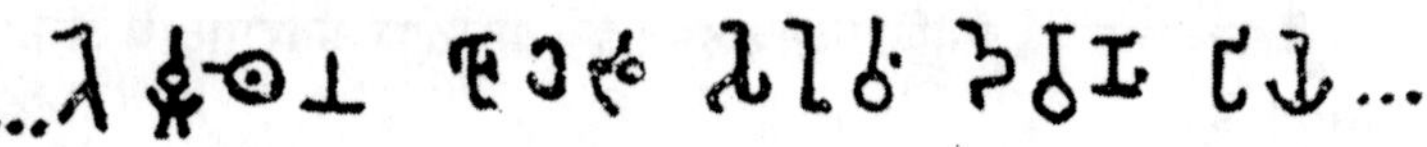

ते बू थे न २०० ५० ६ से हे बं दे वा नं पि ये

अशोक के ब्रह्मगिरि (कर्नाटक) के लेख में पुरानी पद्धति से लिखी गई संख्या 256

अशोक के और कुछ कालांतर के भारत तथा मध्य-एशिया के खरोष्ठी लेखों में भी हमें नई अंक-पद्धति के दर्शन नहीं होते। सारांश यह कि ईसा की आरंभिक सदियों तक हमारे देश में नई दाशमिक स्थानमान अंक-पद्धति ने जन्म नहीं लिया था।

वैदिक काल और अशोक के समय में तो नई अंक-पद्धति की खोज नहीं ही हुई थी, शकों और कुषाणों के लेखों में भी नई अंक-पद्धति की संख्याएं नहीं हैं। नाणेघाट, नासिक आदि स्थलों की गुफाओं में ईसा की दूसरी-तीसरी सदियों के सातवाहनों के जो लेख मिले हैं उनमें बड़ी-बड़ी संख्याओं के उल्लेख तो हैं, पर ये संख्याएं भी नई स्थानमान अंक-पद्धति में नहीं लिखी गईं।

और इससे भी अधिक दिलचस्प बात यह है कि तथाकथित स्वर्णयुगीन गुप्तकाल के किसी भी लेख में हमें नई अंक-पद्धति के दर्शन नहीं होते। किसी भी गुप्त या वाकाटक नरेश के लेख में नई पद्धति की संख्याओं का इस्तेमाल नहीं हुआ है। पुरानी पद्धति में 1 से 9 और 10, 20, 100, 1000 आदि के लिए अलग-अलग स्वतंत्र संकेत थे और इन्हीं के मेलजोल से संख्याएं लिखी जाती थीं। नई अंक-पद्धति का अर्थ है—शून्य का संकेत और 1 से 9 तक के संकेत। इन्हीं दस संकेतों से सारी संख्याएं लिखी जा सकती हैं।

स्वयं गुप्तों के अभिलेखों में, संभवत: पुरातन के मोह के कारण, भले ही नई अंक-पद्धति का इस्तेमाल न हुआ हो, पर स्पष्ट जानकारी मिलती है कि गुप्तकाल तक हमारे देश में शून्ययुक्त एवं दाशमिक स्थानमान अंक-पद्धति की खोज हो चुकी थी। **आर्यभट** (499 ई.) और उन्हीं के लगभग समकालीन **वराहमिहिर** की कृतियों से यह बात स्पष्ट हो जाती है। गणित-ज्योतिष की ये कृतियां पद्य में हैं

इसलिए इनमें अक्षरांकों या शब्दांकों का ही प्रयोग हुआ है। आर्यभट ने संस्कृत वर्णमाला के अक्षरों को संख्यामान देकर एक नई अक्षरांक पद्धति को जन्म दिया था। अन्य गणितज्ञ-ज्योतिषियों ने भिन्न प्रकार की अक्षरांक पद्धतियां बनाईं या शब्दांकों का प्रयोग किया। संख्या-सूचक शब्दों का प्रयोग काफी पहले से होता आ रहा था, जैसे–'शून्य' के लिए ख या आकाश, 'एक' के लिए चंद्र या पृथ्वी, 'दो' के लिए चक्षु या कर्ण, 'छह' के लिए रस या ऋतु इत्यादि। स्थानमान अंक-पद्धति की खोज होने पर इन्हें **अंकानां वामतो गति** नियम के अनुसार लिखा गया है। जैसे **ख-पंच-इंद्रिय** का अर्थ है 550।

गणित-ज्योतिष के पद्य ग्रंथों में संख्या तो नहीं हैं, पर अंकगणित की **भक्षाली हस्तलिपि** में शून्य सहित दस अंक-संकेत हैं और इनका स्थानमान के अनुसार उपयोग हुआ है। उपलब्ध भक्षाली हस्तलिपि ईसा की दसवीं सदी के बाद की है, पर कई विद्वानों का मत है कि मूल भक्षाली हस्तलिपि ईसा की तीसरी-चौथी सदी की रचना है। जो भी हो, ईसा की पहली-दूसरी सदी तक हमारे देश में दाशमिक स्थानमान अंक-पद्धति की खोज हो चुकी थी। किस महापंडित ने, किस स्थान पर और ठीक किस समय यह महान खोज की, इसके बारे में आज हमें कोई जानकारी नहीं मिलती।

गणितज्ञों और ज्योतिषियों के लिए ही नई अंक-पद्धति का ज्यादा महत्त्व था, इसलिए उन्होंने इसे जल्दी अपना लिया। अभिलेख प्रायः पुरानी पद्धति के अनुसार लिखे जाते थे, इसलिए उनमें नई अंक-पद्धति को कुछ बाद में और धीरे-धीरे अपनाया गया।

सर्वप्रथम एक गुर्जर राजा के दानपत्र में हमें नई पद्धति के संख्यांक देखने को मिलते हैं। संखेड़ा से प्राप्त यह दानपत्र 594 ई. का है। इस दानपत्र में दी गई तिथि है–**संवत्सरशतत्रयं (ये) षट्चत्वारिशो (शदु) त्तरके (346)**, यहां शब्दों और अंक-संकेतों, दोनों में तिथि दी गई है। जिस संवत् का इस्तेमाल हुआ है वह कलचुरी (चेदि) संवत् है। कलचुरी संवत् का आरंभ 248-49 ई. से माना जाता है। अतः कलचुरी संवत् 346 का अर्थ हुआ 594 ई.। दानपत्र में यह संख्या क्रमशः 3, 4 और 6 के अंकों में लिखी गई है। यदि पुरानी अंक-पद्धति का उपयोग किया जाता तो यही संख्या क्रमशः 300, 40 और 6 के अंकों से लिखी जाती। दानपत्र में संख्या 346 गुप्तकालीन ब्राह्मी के 3, 4 और 6 के अंकों में लिखी गई है। अतः स्पष्ट है कि नई अंक-पद्धति को अपनाने पर 1 से 9 तक के पुराने ब्राह्मी संकेतों को ही कायम रखा गया। संखेड़ा के दानपत्र की संख्या में शून्य नहीं है। राघोली (बालाघाट जिला, मध्य प्रदेश) से प्राप्त शैलवंशी राजा जयवर्धन-द्वितीय के एक दानपत्र (आठवीं सदी) में हमें पहली बार शून्य का संकेत (एक छोटा लघुवृत्त)

देखने को मिलता है। इसके बाद अनेक लेखों में नई पद्धति की संख्याएं देखने को मिलती हैं लेकिन इसका मतलब यह नहीं है कि पुरानी पद्धति का प्रचलन एकदम बंद हो गया। वस्तुतः पुरानी और नई, दोनों ही पद्धतियों का प्रयोग हमारे देश में ईसा की दसवीं सदी तक जारी रहा। अक्षरांकों और शब्दांकों का भी व्यवहार होता रहा।

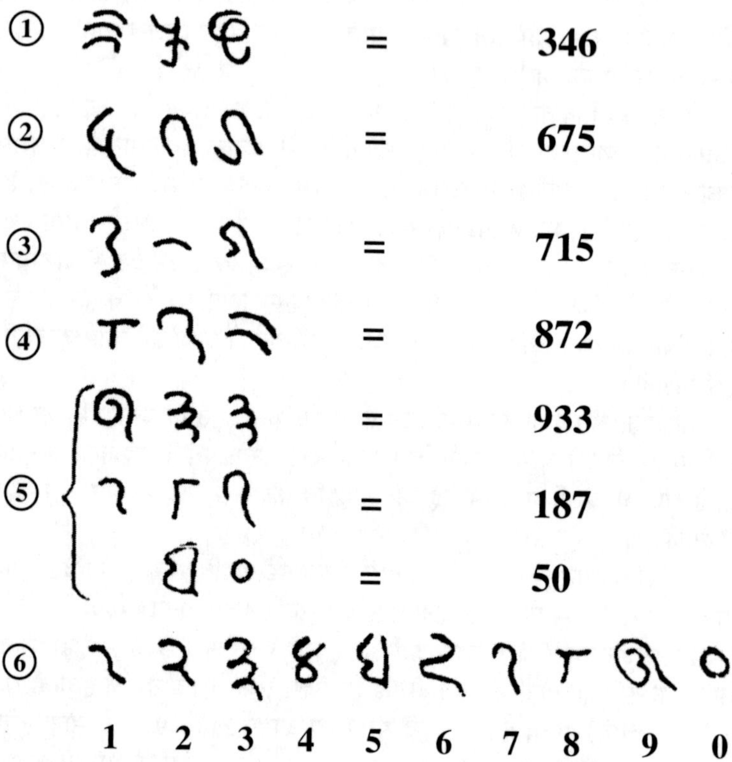

आरंभिक भारतीय अभिलेखों में नई अंक-पद्धति की संख्याएं

(1) संखेड़ा से प्राप्त किसी गुर्जर राजा के दानपत्र से (594 ई.)
(2) राष्ट्रकूट शासक दंतिदुर्ग के दानपत्र से (753 ई.)
(3) राष्ट्रकूट शासक शंकरगण के दानपत्र से (793 ई.)
(4) प्रतीहार शासक नागभट के लेख से (815 ई.)
(5) प्रतीहार शासक भोजमिहिर के समय के एक लेख से (876 ई.)
(6) प्रतीहार शासक भोजमिहिर की ग्वालियर-प्रशस्ति से (870 ई.)

लेकिन ईसा की दसवीं सदी तक इस नई भारतीय अंक-पद्धति की ख्याति पूर्व में जावा-सुमात्रा-कंबोडिया तक और पश्चिम में स्पेन तक फैल चुकी थी। इस नई अंक-पद्धति के साथ शून्य और ब्राह्मी के 1 से 9 तक के अंक भी दूर-दूर के देशों तक पहुंचे। दक्षिण-पूर्व एशिया के देशों में भारतीय भाषाएं (संस्कृत और पालि) और भारतीय लिपि (ब्राह्मी) पहुंच चुकी थी। छठी-सातवीं सदी में नई भारतीय अंक-पद्धति भी वहां पहुंच गई। कंबुज देश से मिले एक संस्कृत लेख में शक-संवत् 605 नई पद्धति के अंक-संकेतों में दिया गया है। इस प्रकार के और भी कई लेख मिले हैं जिनमें शकाब्द की संख्याएं नई अंक-पद्धति में और भारतीय मूल के अंक-संकेतों में दी गई हैं।

ईसा की आरंभिक सदियों में रोम और सिकंदरिया के साथ भारत के व्यापक व्यापारिक संबंध स्थापित हो चुके थे। लगता है कि व्यापारियों के जरिए नई भारतीय अंक-पद्धति की ख्याति पांचवीं सदी में ही सिकंदरिया तक पहुंच चुकी थी। सिकंदरिया से भारतीय अंक-पद्धति की ख्याति भूमध्यसागर-तटवर्ती यूरोप के देशों में और पश्चिमी एशिया के देशों में फैली। पश्चिमी एशिया से इसके स्पष्ट सबूत भी मिलते हैं। इस्लाम के उदय के समय, ईसा की सातवीं सदी में, सीरियाई पंडितों ने अपनी भाषा को काफी समृद्ध बना लिया था। हम देखते हैं कि फरात नदी के तट पर एक ईसाई मठ में रहने वाला सीरियाई पंडित **सेवेरस सेबोख्त** 662 ई. में रचित अपनी एक पुस्तक में नौ अंकों (शून्य को प्राय: अंक नहीं माना जाता) से की जाने वाली भारतीय अंक-पद्धति की भूरि-भूरि प्रशंसा करता है। अत: स्पष्ट है कि ईसा की सातवीं सदी के मध्यकाल तक नई भारतीय अंक-पद्धति और अंक-संकेत, न केवल दक्षिण-पूर्व एशिया के देशों में फैल चुके थे, बल्कि पश्चिम एशिया के देशों में भी पहुंच चुके थे। इस्लाम का उदय होने तक अरबी में कोई साहित्य नहीं था। अरबी पंडितों ने सबसे पहले, संस्कृत और यूनानी ग्रंथों से परिचित होने के पहले, सीरियाई ग्रंथों का अनुवाद करके ही अपनी भाषा को समृद्ध बनाया था। इसलिए, जान पड़ता है कि अरबों को पहली बार भारतीय अंक-पद्धति की जानकारी सीरियाई स्रोतों से ही मिली होगी।

ईसा की सातवीं सदी के मध्यकाल तक इस्लामी शासन पूर्व में सिंध प्रांत तथा मध्य-एशिया तक और पश्चिम में स्पेन तक फैल चुका था, अब्बासी खलीफा **अल्-मंसूर** (754-775 ई.) ने दजला नदी के पश्चिमी तट पर 762 ई. में राजधानी बगदाद की स्थापना की थी। बगदाद का वैभव तेजी से बढ़ता गया। अल्-मंसूर के शासनकाल में ही पहली बार गणित-ज्योतिष के संस्कृत ग्रंथों का अरबी में अनुवाद-कार्य शुरू हुआ।

जानकारी मिलती है कि सिंध से एक दूत-मंडली **अल्-मंसूर** के दरबार में पहुंची थी। इस मंडली में **कंक** या **मंक** नाम के एक भारतीय पंडित भी थे, जो अपने साथ भारतीय गणित-ज्योतिष के कुछ ग्रंथ बगदाद ले गए थे। **अल्-मंसूर** के आदेश से अरबी में इन ग्रंथों का अनुवाद किया गया। यह 772-73 ई. की घटना है।

अरबी में गणित-ज्योतिष के **सिंदहिंद** और **अल्-अरकंद** नामक ग्रंथों की बड़ी ख्याति रही है, हालांकि ये ग्रंथ अब उपलब्ध नहीं हैं। ये ग्रंथ महान भारतीय गणितज्ञ-ज्योतिषी **ब्रह्मगुप्त** (628ई.) के क्रमशः **ब्राह्मस्फुट-सिद्धांत** और **खंड-खाद्यक** के अरबी अनुवाद थे। पता चलता है कि भारतीय पंडितों के सहयोग से फारस के विद्वान याकूब इब्न तारिक और अरब के इब्राहिम अल्-फजारी तथा उनके बेटे मुहम्मद ने ब्रह्मगुप्त के इन ग्रंथों का अरबी में अनुवाद किया था। बाद में ब्रह्मगुप्त के इन ग्रंथों के अरबी में कई अनुवाद हुए। अल-बेरूनी (973-1048) ने भी ब्रह्मगुप्त के ग्रंथों का अनुवाद किया था।

इस प्रकार, पहली बार ब्रह्मगुप्त के ग्रंथों से ही अरबी पंडितों को भारतीय गणित और ज्योतिष सिद्धांतों की जानकारी मिली थी। अरबी में तालेमी के ज्योतिष-ग्रंथ का और यूक्लिड की ज्यामिति के ग्रंथ का अनुवाद कुछ बाद में हुआ। अल-बेरूनी के 'भारत' के अंग्रेजी अनुवादक **डा. एडवर्ड सी. साचाउ** ने भी लिखा है-'ब्रह्मगुप्त की दोनों कृतियों ने अरबी विद्वानों को बड़ा प्रभावित किया और उन्होंने इनका खूब इस्तेमाल किया। इन ग्रंथों से अरबों को पहली बार ज्योतिष के वैज्ञानिक सिद्धांतों की जानकारी मिली। उन्हें तालेमी के ग्रंथ की जानकारी मिलने के पहले ब्रह्मगुप्त ने गणित-ज्योतिष सिखाया।'

भारतीय अंकों की जानकारी अरबों को शायद पहले ही मिल गई थी पर ब्रह्मगुप्त के ग्रंथों के साथ उन्होंने भारतीय अंक-पद्धति को पूरी तरह अपना लिया। भारतीय अंक-पद्धति के साथ उन्होंने भारतीय अंक-संकेतों को भी स्वीकार कर लिया। इन भारतीय अंकों को वे **हरूफ अल्-गुबार** कहते थे।

ब्रह्मगुप्त पहले भारतीय गणितज्ञ हैं जिन्होंने बीजगणित को अंकगणित से पृथक् किया और इसे **कुट्टक-गणित** का नाम दिया। भारतीय गणित-ग्रंथों में अंकगणित के लिए प्रायः **पाटीगणित** शब्द का प्रयोग हुआ है, लेकिन लगता है कि यह पाटी शब्द संस्कृत मूल का नहीं है। तख्ती या जमीन पर धूल बिछाकर गणनाएं की जाती थीं, इसलिए अंकगणित को कभी-कभी धूलिकर्म भी कहा जाता था। पाटीगणित और धूलिकर्म शब्दों के आधार पर ही अरबी के क्रमशः **इल्म-हिसाब अल्-तख्त** और हिसाब अल्-गुबार शब्द बने हैं। धूलिकर्म में जिन भारतीय अंकों का इस्तेमाल होता था उन्हें अरबी में **हरूफ अल्-गुबार** कहा गया। अनेक अरबी

गणितज्ञों ने हिंद के इन गुबार अंकों की भूरि-भूरि प्रशंसा की है पर भारतीय मूल के इन गुबार अंकों का पहले पश्चिमी एशिया में और बाद में यूरोप के देशों में प्रचार-प्रसार करने में सबसे बड़ी भूमिका अदा की महान इस्लामी गणितज्ञ **अल्-ख्वारिज्मी** ने।

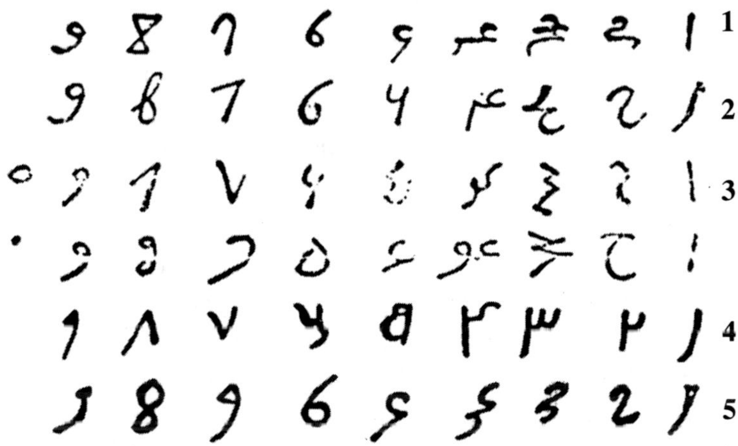

अरबी हस्तलिपियों में दाएं से बाएं लिखे गए भारतीय मूल के गुबार अंक

अब्बासी खलीफा अल्-मंसूर, हारू अल्-रशीद (786-809) और अल्-मामू (813-33) का काल इस्लामी शासन का स्वर्णयुग माना जाता है। ये खलीफा ज्ञान-विज्ञान के प्रेमी थे। इनके समय में भारतीय और यूनानी ग्रंथों के अनुवादों से अरबी भाषा ज्ञान-विज्ञान के मामले में खूब समृद्ध बनी। खलीफा अल्-मामू ने बगदाद में एक विद्यापीठ (बैत अल्-हिकमत) की स्थापना की और वहां देश-विदेश के अनेक पंडितों को आमंत्रित किया। उन्होंने बगदाद में एक अच्छी वेधशाला बनवाई और एक ग्रंथालय भी स्थापित किया। अल्-ख्वारिज्मी बगदाद के इस ग्रंथालय के ग्रंथपाल थे।

लेकिन अल्-ख्वारिज्मी, जिनका पूरा नाम **मुहम्मद इब्न-मूसा अल्-ख्वारिज्मी** था, अरब नहीं थे। उनका जन्म मध्य-एशिया में ख्वारेज्म प्रदेश के खीवा नगर (वर्तमान सोवियत उजबेकिस्तान) में 783 ई. में हुआ था। उनके करीब दो सौ साल बाद अल-बेरूनी ख्वारेज्म ही पैदा हुए थे। अल्-ख्वारिज्मी के केवल सात दशक पहले ही ख्वारेज्म प्रदेश पर खलीफाओं का शासन स्थापित हुआ था। अल्-ख्वारिज्मी के दादा या परदादा शायद बौद्ध ही रहे होंगे। इस्लाम के पहले सोवियत

मध्य-एशिया में बौद्धों का भौतिकवादी वैभाषिक संप्रदाय काफी फैला हुआ था। अब्बासी खलीफाओं के **बरामिक** परिवार के मंत्री, जिन्होंने बगदाद को एक महान विद्या केंद्र बनाने में बड़ा योग दिया, मूलतः मध्य-एशिया के थे। अरबी का यह 'बरामिक' (या 'ब्रमुक') शब्द 'प्रमुख' से बना है। इस्लाम में दीक्षित होने के पहले इस परिवार के व्यक्ति मध्य-एशिया के बौद्ध विहारों के प्रमुख या संरक्षक थे। अल्-ख्वारिज्मी के पूर्वज भी शायद बौद्ध ही रहे होंगे। अल्-मामू का मध्य-एशिया में कई साल तक निवास रहा। वहीं पर उन्हें अल्-ख्वारिज्मी की प्रतिभा का परिचय मिला था। पता चलता है कि 819 ई. में अल्-मामू जब बगदाद लौटने लगे तो अपने साथ अल्-ख्वारिज्मी को भी ले गए। अल्-ख्वारिज्मी का शेष जीवन बगदाद में ही बीता। वहीं पर इस्लामी साम्राज्य की राजभाषा अरबी में उन्होंने अंकगणित, बीजगणित, ज्योतिष, भूगोल और इतिहास से संबंधित अपने ग्रंथों की रचना की।

अल्-ख्वारिज्मी को भारतीय अंक-पद्धति और अंक-संकेतों की जानकारी शायद मध्य-एशिया में ही मिल गई थी। उस समय के भारत की पश्चिमोत्तर सीमा से ख्वारेज्म प्रदेश (अरब सागर का दक्षिणी क्षेत्र) ज्यादा दूर नहीं था। अल्-ख्वारिज्मी के समय तक लिखी जा चुकी अंकगणित की **भक्षाली हस्तलिपि**, जिसमें नई अंक-पद्धति का प्रयोग हुआ है, पेशावर के पास के भक्षाली गांव से मिली है। इसलिए असंभव नहीं कि अल्-ख्वारिज्मी मध्य-एशिया के अपने निवास-काल में ही नई भारतीय अंक-पद्धति और अंक-संकेतों का परिचय प्राप्त कर चुके थे।

बगदाद पहुंचने पर अल्-ख्वारिज्मी ने भारतीय अंकगणित और अंक-पद्धति के बारे में एक ग्रंथ लिखा। इस ग्रंथ का अरबी नाम था–**हिसाब अल्-हिंद** या **किताब अल्-जामः** व **तफरीक बि हिसाब अल्-हिंद** (हिंद के हिसाब में जोड़ और घटा की पुस्तक)। इस पुस्तक में शून्य पर आधारित दाशमिक स्थानमान अंक-पद्धति में अंकगणित को समझाया गया है। इस अंक-पद्धति का आविष्कार भारत में हुआ था, इसीलिए अल्-ख्वारिज्मी तथा अन्य अनेक अरबी गणितज्ञों ने इसे **हिसाब अल्-हिंद** कहा है। अल्-ख्वारिज्मी ने अपनी पुस्तक में भारतीय मूल के गुबार अंकों का ही इस्तेमाल किया था। इस पुस्तक ने भारतीय अंक-पद्धति और अंक-संकेतों को पहले इस्लामी देशों में और बाद में यूरोप के देशों में फैलाने में बड़े महत्त्व की भूमिका अदा की है।

हिंद के हिसाब के बारे में अल्-ख्वारिज्मी की यह पुस्तक मूल अरबी में आज उपलब्ध नहीं है, पर इसका लैटिन अनुवाद प्राप्त है। इंग्लैंड के **बाथ-निवासी एदेलार्ड** ने 1125 ई. के आसपास स्पेन के एक अरबी विद्या केंद्र में बैठकर इस पुस्तक का अनुवाद किया था। लैटिन में इसका नाम है–**लिबेर अल्गोरिज्मी दे न्यूमेरो इंदोरम्** (हिंद के अंकों के बारे में अल्-ख्वारिज्मी की पुस्तक)। इस पुस्तक ने यूरोप के

गणितज्ञों को इतना अधिक प्रभावित किया कि वहां नई भारतीय अंक-पद्धति से की जाने वाली गणनाओं के लिए अल्-ख्वारिज्मी का नाम ही प्रचलित हो गया। अल्-ख्वारिज्मी का अपभ्रंश हो गया **अल्गोरिज्म** या **अल्गोरिथम**, और इन शब्दों का अर्थ हो गया शून्य पर आधारित दाशमिक स्थानमान अंक-पद्धति से की जाने वाली गणनाएं। आज भी गणित में यह शब्द प्रचलित है। अब अलगोरिथम शब्द का अर्थ है—गणितीय गणनाओं के लिए उपयोगी बनने वाले व्यापक संबंध-सूत्र। आधुनिक कंप्यूटरों के गणितीय प्रोग्रामों के लिए अल्गोरिथमों का बुनियादी महत्त्व है।

मूरों (अरबों) के जरिए भारतीय अंक-पद्धति और अंक-संकेत पहले स्पेन में पहुंचे और बाद में यूरोप के अन्य देशों में फैले। यह भी संभव है कि व्यापारियों के जरिए भारतीय अंक इटली आदि भूमध्यसागरीय देशों में कुछ पहले ही पहुंच गए थे। जो भी हो, भारतीय अंकों की स्पष्ट चर्चा करने वाले पहले यूरोपीय विद्वान हैं **झेरबार** (लगभग 975 ई.), जो बाद में पोप सिल्वेस्टर-द्वितीय बने। यूरोप की जिस प्राचीनतम हस्तलिपि में पहली बार भारतीय मूल के नौ अंक-संकेत देखने को मिलते हैं वह स्पेन में 976 ई. में लिखी गई थी। स्पेन के यहूदी **रब्बी बेन एजरा** (1095-1167) ने भी भारतीय अंक तथा अंकगणित की जानकारी देने के लिए एक पुस्तक लिखी थी लेकिन यूरोप में भारतीय अंकों के प्रचार-प्रसार का प्रभावकारी काम **इटली के पिसा** नगर के गणितज्ञ **लियोनार्दो 'फिबोनकी'** (लगभग 1170-1245) ने किया। फिबोनकी एक व्यापारी का बेटा था और उसने भूमध्यसागर के अनेक द्वीपों तथा देशों की यात्राएं की थीं। उसने देखा कि भारतीय गणना-पद्धति की तुलना में अन्य सभी गणना-पद्धतियां निकृष्ट हैं। इसलिए उसने 1202 ई. में लिबेर एबैकी नामक एक ग्रंथ लिखा और उसमें अंकगणित और बीजगणित की जानकारी दी। पंद्रह प्रकरणों में विभाजित इस ग्रंथ के पहले प्रकरण में उसने नौएम फिगुरे इंदोरम यानी हिंद की पद्धति में लिखे और पढ़े जाने वाले नौ अंकों की जानकारी दी। उस समय तक अल्-ख्वारिज्मी के अंकगणित के ग्रंथ का लैटिन में अनुवाद हो चुका था। अल्-ख्वारिज्मी और लियोनार्दो 'फिबोनकी' के ग्रंथों ने यूरोप में भारतीय अंक-पद्धति और अंक-संकेतों के प्रचार-प्रसार में बड़े महत्त्व की ऐतिहासिक भूमिका अदा की है।

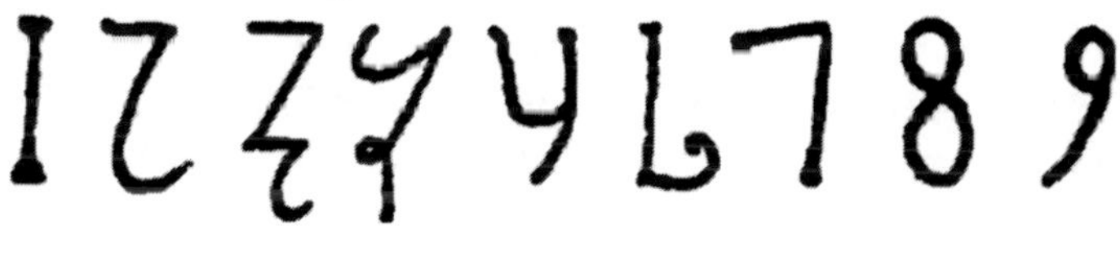

स्पेन में 976 ई. में लिखी गई एक यूरोपीय हस्तलिपि में भारतीय मूल के अंक-संकेत।

उस समय यूरोप में रोमन अंकों का प्रचलन था। गणित के ग्रंथों में यूनानी अक्षरांकों (अल्फा, बीटा, गामा आदि) का भी प्रयोग होता था। रोमन अंकों को ईसाई चर्च का भी प्रश्रय मिला हुआ था। इसलिए आरंभ में यूरोप के सभी लोग भारतीय अंक-पद्धति और अंक-संकेतों को अपनाने के लिए तैयार नहीं थे। पुरातन का मोह आसानी से नहीं छूटता। इसलिए जब इटली के व्यापारी अपने बहीखाते भारतीय अंकों में लिखने लगे तो आरंभ में उनका विरोध हुआ। 1299 ई. में फ्लोरेंस नगर की बैंकों के नाम आदेश जारी किया गया था कि वे नए भारतीय अंकों का इस्तेमाल न करें। कारण शायद यह बताया गया था कि इन नए अंकों में शून्य (0) को बड़ी आसानी से 6 या 9 में बदला जा सकता है। सन् 1348 में इटली के पदुआ विश्वविद्यालय के अधिकारियों ने भी आदेश जारी किया था कि पुस्तकों की सूचियां नए अरबी भारतीय अंकों में न तैयार की जाएं। पर इन आदेशों से ही पता चलता है कि चौदहवीं सदी में यूरोप में बड़ी तेजी से भारतीय अंकों का प्रसार हो रहा था। गणितज्ञ और व्यापारी बड़ी खुशी से भारतीय अंक-पद्धति और अंकों को अपना रहे थे क्योंकि इनसे गणनाएं करने में उन्हें बड़ी सुविधा होती थी, फिर भी यूरोप के स्कूलों और बैंकों में 1600 ई. तक रोमन अंकों का इस्तेमाल होता रहा। उसके बाद प्राय: सभी क्षेत्रों में भारतीय अंकों को अपना लिया गया।

ईसा की बारहवीं सदी से अनेकानेक यूरोपीय हस्तलिपियों में हमें भारतीय मूल के अंक देखने को मिलते हैं। पंद्रहवीं सदी में छापाखाने स्थापित हुए, पुस्तकें छपने लगीं, तो इन भारतीय अंकों के स्वरूपों में स्थिरता आई। तब से इन अंकों में नगण्य परिवर्तन हुआ है। अब हमारे समय में ही इलेक्ट्रॉनिक टेक्नोलाजी की सुविधा के लिए इन अंक-संकेतों के स्वरूप में थोड़ा-सा परिवर्तन हुआ है।

इस प्रकार, आज सारी दुनिया में जिस अंक-पद्धति का प्रचलन है वह भारतीय प्रतिभा की खोज है और यूरोप, अमेरिका आदि महाद्वीपों में आज प्रचलित 1, 2, 3, 4, 5, 6 आदि अंक-संकेत भी भारतीय मूल के हैं, जो ब्राह्मी अंकों से विकसित हुए हैं। अंग्रेजी के साथ ये अंक पुन: भारत में आए। यूरोप के लोग इन्हें प्राय: 'अरबी अंक' कहते हैं। पर ये अरबी अंक नहीं हैं, अरबी अंक भिन्न किस्म के हैं। यूरोप के कुछ लोग इन्हें 'इंडो-अरबिक' अंक भी कहते हैं पर असलियत में ये भारतीय मूल के अंक हैं। अरबों ने इन्हें हिंद के गुबार अंक कहा था और आरंभ में यूरोप के पंडितों ने भी इन्हें हिंद के अंक (न्यूमेरो इंदोरम्) ही कहा है। अत: आज सारी दुनिया में प्रचलित अंक-पद्धति तो भारत की खोज है ही, अंक-संकेत भी भारतीय हैं। विज्ञान के क्षेत्र में यह संसार को भारत की सबसे

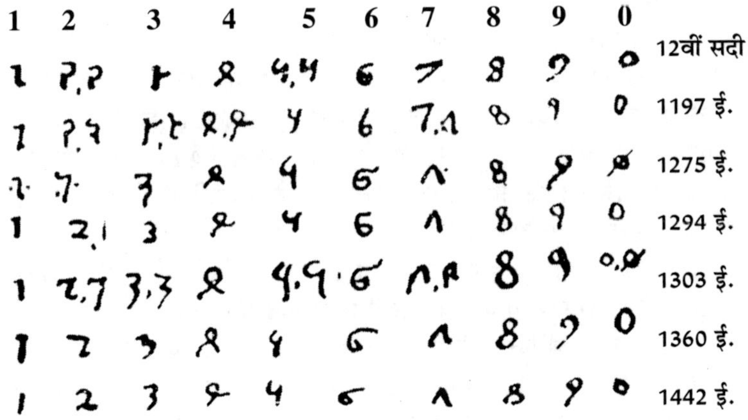

बड़ी देन है।

यूरोप में बारहवीं से पंद्रहवी सदी तक भारतीय अंक-संकेतों का विकास-क्रम

यह समझना भी गलत है कि यूरोप का समूचा आधुनिक गणित प्राचीन यूनानी गणित से विकसित हुआ है। भारत और इस्लामी देशों में जब आर्यभट, ब्रह्मगुप्त, महावीराचार्य, भास्कराचार्य और अल्-ख्वारिज्मी जैसे महान गणितज्ञ गणित के अनुसंधान में जुटे हुए थे, तब यूरोप में ज्ञान-विज्ञान के अंधकार का लंबा दौर चल रहा था। अरबी ग्रंथों से यूरोप वालों को भारतीय और यूनानी विज्ञान की जानकारी मिली, तभी बारहवीं सदी से वहां बौद्धिक नवजागरण का युग शुरू हुआ। यूरोप वालों को सबसे पहले अरबी ग्रंथों से ही यूक्लिड, आर्किमिडीज, तालेमी आदि यूनानी वैज्ञानिकों का परिचय मिला था। मूल यूनानी ग्रंथों से उनका साक्षात्कार बाद में हुआ। इसी प्रकार, यूरोप वालों को भारतीय गणित और ज्योतिष के अनेक सिद्धांतों की जानकारी अरबी ग्रंथों से ही मिली। अरबी गणितज्ञों ने भारतीय गणित की अनेक विधियों को अपनाया था। ब्रह्मगुप्त के ग्रंथों का अरबी में अनुवाद हुआ था। आर्यभट (499 ई.) के **आर्यभटीयम्** ग्रंथ का भी 800 ई. लगभग **जीज अल् अर्जबहर** (आर्यभट का ज्योतिष-सिद्धांत नाम से अरबी में अनुवाद हुआ था)। आर्यभट ने आगने ग्रंथ में अंकगणित के प्रमुख परिकर्मों के अलावा त्रिकोणमिति और बीजगणित के समीकरणें का, पहली बार प्रथम फात के अनिवार्य समीकरणों (कुट्टक-गणित) का भी, विवेचन किया है। भारतीय गणितज्ञों ने बीजगणित के अध्ययन को बहुत आगे बढ़ा दिया था, ब्रह्मगुप्त ने बीजगणित पर एक स्वतंत्र अध्याय ही लिरवा था। भारतीय बीजगणित की ये विधियां पहले अरब देशों में

पहुंचीं और फिर यूरोप में फैलीं।

अल्-ख्वारिज्मी ने बीजगणित पर भी एक पुस्तक लिखी थी, जिसमें उन्होंने भारतीय बीजगणित की विधियों का भी समोवश किया था। अल्-ख्वारिज्मी की इस पुस्तक का नाम है : **किताब अल्-जब्र व अल्-मुकाबिलः**। यहां '**जब्र**' का अर्थ है 'पुनर्स्थापना' और मुकाबिलः का अर्थ है 'समान करना'। ये समीकरणों की रचना (न्याय) से संबंधित क्रियाएं हैं। अल्-ख्वारिज्मी ने बीजगणित की अपनी पुस्तक बगदाद में 825 ई. के आसपास लिखी थी।

अल्-ख्वारिज्मी की इस पुस्तक का इंग्लैंड के **चेस्टर-निवासी रॉबर्ट** ने 1145 ई. के लगभग स्पेन के एक अरबी विद्या केंद्र में बैठकर लैटिन में अनुवाद किया था। अल्-ख्वारिज्मी की मूल अरबी पुस्तक और इसका लैटिन अनुवाद, दोनों ही आज उपलब्ध हैं। लैटिन में बीजगणित पर यह पहली पुस्तक थी, इसलिए इसके अरबी नाम का 'अल्-जब्र' शब्द अलजब्रा बनकर यूरोप की भाषाओं में बीजगणित के अर्थ में प्रचलित हो गया। हम देख ही चुके हैं कि अल्-ख्वारिज्मी का नाम भारतीय अंक-पद्धति से की जाने वाली गणनाओं के अर्थ में प्रचलित हो गया था। अरबी मूल के इन्हीं दो नामों से स्पष्ट हो जाता है कि अंकगणित और बीजगणित के आरंभिक विकास के लिए यूरोप अरबी और भारतीय गणितज्ञों का कितना ऋणी है।

एक और शब्द पर विचार करने पर यह तथ्य अधिक स्पष्ट हो जाता है। पाश्चात्य त्रिकोणमिति का एक बुनियादी शब्द है **साइन**। यह 'साइन' शब्द संस्कृत के 'जीवा' शब्द के आधार पर बना है। वृत्त के दो बिंदुओं को जोड़ने वाली सीधी रेखा को जीवा कहते हैं। जीवा को 'ज्या' भी कहते हैं। आर्यभट ने **अर्धज्याओं** को आधार बनाकर अपनी त्रिकोणमिति की रचना की थी।

भारतीय गणित के ग्रंथ बगदाद पहुंचे और इनका अरबी में अनुवाद होने लगा तो 'जीवा' शब्द को देखकर अरबी पंडित थोड़े सोच में पड़ गए। उन्हें अरबी में 'जीवा' का कोई समानार्थी शब्द नहीं सूझा, तो उन्होंने इसे ज्यों-का-त्यों अपना लिया। अरबी में स्वराक्षर नहीं लिखे जाते, इसलिए उन्होंने '**जीवा**' को 'ज-ब' के रूप में लिखा।

स्पेन के अरबी विद्या केंद्रों में जब गणित के अरबी ग्रंथों का लैटिन में अनुवाद होने लगा तो यूरोप के पंडित इस 'ज-ब' शब्द को देखकर चक्कर में पड़ गए। वे जानते थे कि यह त्रिकोणमिति का एक पारिभाषिक शब्द है, पर उन्हें पता नहीं था कि यह वस्तुतः संस्कृत का 'जीवा' शब्द है। उन्होंने 'ज-ब' में स्वराक्षर स्थापित करके अनुमान लगाया कि यह अरबी का 'जेब' शब्द होगा। अरब लोग अपने कुरतों में छाती के ऊपर जेब बनाते थे। इसलिए 'ज-ब' का लैटिन में अनुवाद किया

गया–'सिनुस' यानी छाती। यही 'सिनुस' शब्द बाद में 'साइन' में बदल गया। 'जीवा' से बना हुआ यह 'साइन' शब्द स्पष्ट जानकारी देता है कि यूरोप वालों को आरंभ में त्रिकोणमिति का परिचय भारतीय गणित पर आधारित अरबी ग्रंथों से मिला था। आज भी सारी दुनिया में त्रिकोणमिति आर्यभट के मूल ढांचे के अनुसार ही पढ़ाई जाती है, तालेमी के ढांचे के अनुसार नहीं।

ब्रह्मगुप्त संसार के पहले गणितज्ञ हैं जिन्होंने अनिर्धार्य वर्ग-समीकरण अ $य^2 + 1 =$ $र^2$ का हल प्रस्तुत किया था। इस हल के लिए उन्होंने दो प्रमिकाएं (लेमाज) खोजी थीं। ब्रह्मगुप्त के उपर्युक्त समीकरण को आयलर ने ही **पेल समीकरण** का नाम दिया था। पर जाने पेल (1668) के एक हजार साल पहले ब्रह्मगुप्त इस समीकरण का हल प्रस्तुत कर चुके थे। बाद में भास्कराचार्य (1150 ई.) ने इस समीकरण का एक बेहतर हल प्रस्तुत कर दिया था।

इस प्रकार, हम देखते हैं कि अरबी ग्रंथों के माध्यम से भारतीय गणित की अनेक विधियां यूरोप में पहुंची थीं। भास्कराचार्य के समय (बारहवीं सदी) तक भारत गणितीय अनुसंधान में दुनिया के किसी भी देश से पीछे नहीं था। भास्कराचार्य के बाद भी केरल में गणितीय अनुसंधान का थोड़ा बहुत सिलसिला जारी रहा परंतु नया बहुत कम खोजा गया। टीकाएं ही ज्यादा लिखी गईं। भास्कर की **लीलावती** पर 30 से भी अधिक टीकाएं उपलब्ध हैं। इस बीच यूरोप में गणित का खूब तेजी से बहुमुखी विकास हुआ। यूरोप में अनेक महान गणितज्ञ पैदा हुए। गणित में अनेक नए उपांग अस्तित्व में आए। तब गणित का प्रवाह पश्चिम से पूर्व के देशों की ओर बहने लगा।

अंग्रेजों के शासनकाल में भारत यूरोप के उन्नत गणित के संपर्क में आया। यूरोप के इस उन्नत गणित के संपर्क में आने पर जिस भारतीय गणितज्ञ ने अपनी प्रतिभा का चमत्कार दिखाया, वह थे–**श्रीनिवास रामानुजन्**। गणित के इतिहासकार हर्बर्ट टर्नबुल ने लिखा है–'रामानुजन् की गवेषणाओं ने गणित में एक नए युग का सूत्रपात किया। भारत ने समय-समय पर महान प्रतिभा वाले गणितज्ञों को जन्म दिया है... लेकिन यदि महानता के निरपेक्ष मानदंड से परखा जाए तो पूर्व के देशों के सभी गणितज्ञों में रामानुजन् की प्रतिभा सर्वश्रेष्ठ सिद्ध होती है।'

रामानुजन् (1887-1920) की कुंभकोणम् से कैंब्रिज तक की जीवन-यात्रा आधुनिक गणित के इतिहास की एक रोमांचक गाथा है। एक निर्धन ब्राह्मण परिवार में उनका जन्म हुआ। जीवन के आरंभिक सोलह साल कुंभकोणम् में ही गुजरे। इंटर प्रथम वर्ष तक वहीं पढ़ाई की, पर दो बार प्रयास करने पर भी इंटर पास नहीं कर पाए। हालांकि उस समय तक वह गणित में इतना कुछ खोज चुके थे कि उन्हें सहज ही 'डाक्टरेट' की उपाधि मिल सकती थी। उसके बाद उन्होंने पढ़ाई छोड़ दी पर

गणित का अपना स्वतंत्र अनुसंधान जारी रखा, उनकी कापियों में गणित के नए-नए फार्मूले नमूद होते गए। अंत में उन्हें नौकरी मिली, उनकी प्रतिभा को भी पहचाना गया, उन्हें सुविधाएं मिलीं और 1914 में वह डा. हार्डी के सान्निध्य में कैंब्रिज विश्वविद्यालय पहुंच गए। इंग्लैंड के पांच साल के निवास-काल में उनके दो दर्जन से ज्यादा शोध-निबंध प्रकाशित हुए। उन्हें लंदन की प्रख्यात रॉयल सोसायटी का फेलो चुना गया। तपेदिक के मरीज होकर 1919 में भारत लौटे। अगले वर्ष केवल 32 साल की छोटी आयु में मद्रास में उनका देहांत हुआ।

रामानुजन् की अधिकांश गवेषणाएं **संख्या-सिद्धांत** के क्षेत्र की हैं। उनकी ये गवेषणाएं इतनी उच्च कोटि की हैं कि उनकी तुलना यूरोप के महान गणितज्ञ **गौस, आयलर** और **याकोबी** के साथ की जाती है। रामानुजन् की गवेषणाओं पर देश-विदेश के दर्जनों गणितज्ञ आज भी शोधकार्य कर रहे हैं। यह आगे कई दशकों तक जारी रहेगा। यही कारण है कि रामानुजन् को 'गणितज्ञों का गणितज्ञ' समझा जाता है।

अतीत में भारतीय अंक-पद्धति, भारतीय अंक-संकेत और आर्यभट तथा ब्रह्मगुप्त-जैसे महान भारतीय गणितज्ञों की विधियां अरबी ग्रंथों के माध्यम से यूरोप में पहुंची थीं और इनसे वहां गणित के विकास को तेज गति मिली थी। रामानुजन् की प्रतिभा ने सिद्ध कर दिया है कि आधुनिक भारत भी महान गणितज्ञों को पैदा कर सकता है और गणित के क्षेत्र में पुनः गौरव का स्थान प्राप्त कर सकता है।

भारतीय गणित की यूरोप-यात्रा (2)

चमत्कारों या करिश्मों में, सच हो या झूठ, एक सहज आकर्षण होता है। चमत्कारों के दावे ही आदमी को संत-महात्मा, योगी या पैगंबर बना देते हैं। कभी-कभी चमत्कारों का सहारा लेकर विज्ञान की उपलब्धियों को नकारने के भी प्रयत्न होते हैं।

पर असली चमत्कार तो विज्ञान की उपलब्धियां ही हैं। ये वे चमत्कार हैं, जिन्हें हर कोई देख सकता है, हर कोई अनुभव कर सकता है, हर कोई करके दिखा सकता है। एक उदाहरण लीजिए–हमारी वर्तमान अंक-पद्धति में शून्य सहित केवल दस संकेत हैं। इन दस संकेतों में कोई भी बड़ी-से-बड़ी संख्या व्यक्त की जा सकती है। मानव प्रतिभा का यह क्या कोई मामूली चमत्कार है?

अबू अब्दुल्ला मुहम्मद इब्न-मूसा अल्-ख्वारिज्मी

इतना ही नहीं, इनमें से किसी भी एक अंक को लीजिए, जैसे–'2' को। इस अंक का अपना एक निजी मान है। साथ ही, संख्या में स्थान के अनुसार इसके मान बदलते रहते हैं : बीस, दो सौ, दो हजार इत्यादि। इसी प्रकार, शून्य का अर्थ

है, कुछ नहीं। पर किसी भी संख्या के साथ जुड़कर यही शून्य उसे दशगुणित बना देता है।

है न चमत्कार! लेकिन आज हम उस महापंडित का नाम नहीं जानते, जिसने इस चामत्कारिक अंक-पद्धति की खोज की है। इतना निश्चित है कि वह कोई वैदिक ऋषि नहीं था। सम्राट अशोक के समय तक भारत में इस नई अंक-पद्धति की खोज नहीं हुई थी। शुंग, कुषाण और गुप्त शासकों के अभिलेख भी पुरानी अंक-पद्धतियों में ही हैं। दाशमिक स्थानमान अंक-पद्धति के बारे में पहली बार स्पष्ट जानकारी हमें एक गुर्जर राजा के 594 ई. के एक दानपत्र में मिलती है।

परंतु अन्य प्रमाणों से पता चलता है कि ईसा की आरंभिक सदियों में इस नई अंक-पद्धति का आविष्कार हो चुका था, लेकिन लगता है कि असली और उपयोगी बौद्धिक चमत्कार हमें सहज प्रभावित नहीं कर पाते। आज हमें शून्य पर आधारित दाशमिक स्थानमान अंक-पद्धति के महान आविष्कारक का नाम, स्थान और समय कुछ भी पता नहीं है। भारत में ही इस नई अंक-पद्धति को पूरी तौर पर अपनाने में सदियों का समय लगा।

गुबार अंक

आज संसार के सारे देशों में, मानव-समाज के प्रायः सभी व्यापारों में इसी भारतीय अंक-पद्धति का इस्तेमाल होता है। इतना ही नहीं, जिन्हें हम भूल से 'अंग्रेजी या विदेशी अंक' कहते हैं, वे भी भारतीय मूल के हैं, ब्राह्मी अंकों से विकसित हुए हैं। अरबी-जगत में पहुंचकर ये गुबार अंक कहलाए और स्पेन तक पहुंच गए थे। यूरोप व अन्य देशों में प्रचलित आज के अंक भारतीय मूल के इन्हीं गुबार (धूलि) अंकों से बने हैं। इन्हें ही भारतीय अंतरराष्ट्रीय अंकों का नाम देकर हमने पुनः अपना लिया है।

है ऐसी कोई अन्य भारतीय या विदेशी चीज जो संसार के कोने-कोने में फैल गई हो, संसार के प्रायः हर व्यक्ति के सामाजिक जीवन और बौद्धिक चिंतन का अभिन्न अंग बन गई हो। गणित के विकास में इस भारतीय अंक-पद्धति ने जो महान भूमिका अदा की है उसका सहज ही अनुमान लगाया जा सकता है।

घर की चीज के महत्त्व को समझने में प्रायः दिक्कत होती है, लेकिन विदेशी व्यापारियों ने, पंडितों ने, गणितज्ञों ने नई भारतीय अंक-पद्धति के महत्त्व को समझा, इसे अपनाया। कुछ विदेशी पंडित और गणितज्ञ तो भारतीय अंक-पद्धति से इतने अभिभूत हुए कि उन्होंने इसके प्रचार-प्रसार में अपनी सारी शक्ति लगा दी। ऐसे ही एक पंडित थे आज के सोवियत मध्य-एशिया के उजबेकिस्तान के

ख्वारेज्म क्षेत्र में 1200 वर्ष पहले पैदा हुए **अबू अब्दुल्ला मुहम्मद इब्न-मूसा अल्-ख्वारिज्मी**। इनके करीब दो सौ साल बाद **अल-बेरूनी** भी ख्वारेज्म में ही पैदा हुए थे।

इस्लाम की आरंभिक सदियों में जिन अरबी पंडितों ने भारतीय ज्ञान-विज्ञान के बारे में ग्रंथ लिखे हैं, उनमें से अधिकांश का संबंध ईरान और मध्य-एशिया से रहा है। अल्-ख्वारिज्मी, इब्नसिना, अल-बेरूनी, उमर खैयाम आदि ऐसे ही पंडित थे। इस्लाम के उदय के काफी पहले से फारस और मध्य-एशिया के साथ भारत के गहरे सांस्कृतिक संबंध रहे हैं—कुषाण-काल में भारत मध्य-एशिया के साथ पूरी तरह जुड़ गया था। इस्लाम के पहले मध्य-एशिया में बौद्ध धर्म काफी फैला हुआ था।

पता चलता है कि अल्-ख्वारिज्मी का जन्म ख्वारेज्म प्रदेश के **खीवा** नगर में 783 ई. में हुआ था। इसके केवल सात दशक पहले ही ख्वारेज्म पर उमैया खलीफाओं का शासन स्थापित हुआ था। अल्-ख्वारिज्मी के दादा या परदादा संभवतः बौद्ध ही रहे होंगे। अल्-ख्वारिज्मी को भारतीय अंक-पद्धति की जानकारी संभवतः ख्वारेज्म में ही मिल गई थी। अरब सागर के दक्षिणी भाग का यह ख्वारेज्म प्रदेश काबुल या उत्तरी भारत से बहुत दूर नहीं है।

बगदाद में ग्रंथ-रचना

अल्-ख्वारिज्मी के ख्वारेज्म प्रदेश के आरंभिक जीवन के बारे में हमें कोई ठोस जानकारी नहीं मिलती। उन्होंने अपने ग्रंथों की रचना बगदाद पहुंचने के बाद की है।

अब्बासी खलीफा **अल्-मंसूर** (754–75) ने दजला नदी के पश्चिमी तट पर 762 ई. में राजधानी बगदाद की स्थापना की थी। तब तक इस्लामी साम्राज्य सिंध से लेकर स्पेन तक फैल चुका था। मंसूर के शासनकाल में बगदाद में पूर्व के देशों के ज्ञान-विज्ञान के, विशेषतः चिकित्सा और ज्योतिष के, ग्रंथों के अरबी में अनुवाद शुरू हुए। बगदाद का वैभव बढ़ाने में **बरामिक** परिवार के मंत्रियों ने बड़ी भूमिका अदा की है। यह बरामिक परिवार मूलतः मध्य-एशिया का था। अरबी का यह **बरामिक** (या ब्रमुक) शब्द **प्रमुख** से बना है। इस्लाम में दीक्षित होने के पहले इस परिवार के लोग मध्य-एशिया के बौद्ध-विहारों के प्रमुख या संरक्षक थे। इस्लाम के पहले सोवियत मध्य-एशिया में बौद्धों का भौतिकवादी वैभाषिक संप्रदाय काफी फैला हुआ था। संभव है कि अल्-ख्वारिज्मी के दादा-परदादा इस्लाम में दीक्षित होने के पहले इसी बौद्ध संप्रदाय के अनुयायी रहे हों।

जो भी हो, अब्बासी खलीफा **अल्-मंसूर, हारूं अल्-रशीद** (786-809) और **अल्-मामू** (813-33) का काल इस्लामी शासन का स्वर्णयुग माना जाता है। इनमें खलीफा मामू का मध्य-एशिया से विशेष संबंध रहा है। खलीफा हारूं के शासन काल में मामू, पूर्वी प्रांत (ईरान, पश्चिमी भारत और मध्य-एशिया) के गवर्नर थे। सन् 813 में खलीफा घोषित किए जाने पर भी वह मध्य-एशिया के मेर्व स्थान पर पांच-छह साल टिके रहे। मामू एक बुद्धिवादी खलीफा थे और उन्हें दार्शनिक चर्चा में बड़ी दिलचस्पी रहती थी। मेर्व के निवास के दौरान ही मामू को अल्-ख्वारिज्मी की प्रतिभा का परिचय मिला होगा और, 819 में खलीफा मामू जब बगदाद पहुंचे तब अपने साथ अल्-ख्वारिज्मी को भी वहां ले गए होंगे।

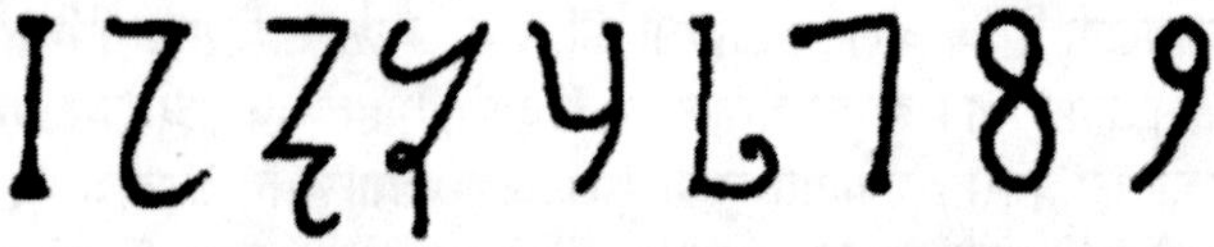

स्पेन में 976 ई. में लिखी गई एक हस्तलिपि में पाए जाने वाले भारतीय उत्पत्ति के गुबार अंक-संकेत

जानकारी मिलती है कि खलीफा मामू ने बगदाद में जिस **बैने अल्-हिकमत** (विद्यापीठ) की स्थापना की थी उसमें एक भव्य ग्रंथालय भी खड़ा किया था। अल्-ख्वारिज्मी यहां के ग्रंथपाल बनाए गए थे। अल्-ख्वारिज्मी ने 825 के आसपास लिखी अपनी बीजगणित की पुस्तक खलीफा मामू को ही भेंट की है।

भारतीय ज्योतिष-सिद्धांतों का अरबी अनुवाद

अक्सर यह समझा जाता है कि अरबों ने सबसे पहले यूनानी से अरबी में अनुवाद करवाए, किंतु वस्तुस्थिति कुछ भिन्न है। सिकंदरिया के महान विद्या केंद्र की अवनति के बाद पश्चिमी एशिया में ज्ञान-विज्ञान की प्रमुख भाषा यूनानी नहीं, सीरियाई थी। नेस्तोरी ईसाई पंडितों ने **जुंद-ई-शापुर** (दक्षिण-पश्चिम ईरान) के विद्या केंद्र में छठी-सातवीं सदी में प्रायः सभी प्रमुख यूनानी ग्रंथों का सीरियाई में अनुवाद कर डाला था। आरंभ में यूनानी ग्रंथों का इसी सीरियाई भाषा से अरबी में अनुवाद हुआ था। जब अब्बासी काल में बगदाद की स्थापना हुई, तभी जाकर सीधे यूनानी और संस्कृत से अनुवाद का कार्य शुरू हुआ। अल्-ख्वारिज्मी के जन्म के करीब दस साल पहले, 773 ई. में ही अल्-फाजारी के प्रयासों से कुछ भारतीय ज्योतिष-सिद्धांतों का अरबी में अनुवाद हो चुका था। इनमें संभवतः **सूर्य-सिद्धांत** और **ब्रह्मगुप्त के ब्राह्म-स्फुट-सिद्धांत** और **खंड-खाद्य** ग्रंथ थे।

अल्-ख्वारिज्मी ने अंकगणित, बीजगणित, ज्योतिष, भूगोल और इतिहास के बारे में ग्रंथों की रचना की। ये सभी ग्रंथ उन्होंने अरबी भाषा में लिखे हैं।

अल्-ख्वारिज्मी ने अंकगणित के बारे में जो ग्रंथ लिखा, उसका अरबी नाम था **हिसाब अल्-हिंद** या **किताब अल्-जामः** व **तफरीक बि हिसाब अल्-हिंद** (हिंद के हिसाब में जोड़ व घटा की पुस्तक)। मूल अरबी में आज यह पुस्तक उपलब्ध नहीं है, पर इसका लैटिन अनुवाद प्राप्त है। इंग्लैंड के **बाथ-निवासी एदेलार्ड** ने 1125 ई. के आसपास स्पेन के एक विद्या केंद्र में इस पुस्तक का अनुवाद किया था। लैटिन में इसका नाम है–**लिबेर अल्गोरिज्मी दे न्यूमेरो इंदोरम्** (हिंद के अंकों के बारे में अल्-ख्वारिज्मी की पुस्तक)। स्पष्ट है कि इस पुस्तक में भारतीय अंकों और अंकगणित का विवेचन किया गया है।

भारतीय यूनानियों से आगे

दरअसल, अल्-ख्वारिज्मी के बगदाद पहुंचने के पहले ही भारतीय अंक-पद्धति की जानकारी सिकंदिया और पश्चिमी एशिया में पहुंच चुकी थी। ईसा की सातवीं सदी में **सेवेरस सेबोख्त** नामक एक सीरियाई विद्वान हुए। 662 ई. में रचित अपनी एक पुस्तक में उन्होंने (शून्य के अलावा) नौ चिह्नों से होने वाली भारतीय गणना पद्धति की प्रशंसा की है और कहा है कि इस मामले में भारतीय यूनानियों से आगे हैं।

अतः स्पष्ट होता है कि पश्चिमी एशिया के सीरिया आदि देशों में छठी सदी में ही भारतीय अंकों की जानकारी पहुंच गई थी। आरंभ में अरबों को सीरिया से ही इन अंकों की जानकारी मिली होगी। अल्-ख्वारिज्मी मध्य-एशिया से आए थे, इसलिए उन्हें यह जानकारी सीधे भारत से या काबुल के रास्ते मिली होगी। जो भी हो, अल्-ख्वारिज्मी ने अपनी पुस्तक में जिन भारतीय अंकों का इस्तेमाल किया है उन्हें गुबार (हरूफ अल्-गुबार) कहा गया है। ये अंक भारतीय हैं, ब्राह्मी अंकों से विकसित हुए हैं। मूरों के साथ यही गुबार अंक स्पेन में पहुंचे और बाद में यूरोप में फैले। स्पेन में लिखी गई 976 ई. की एक हस्तलिपि में पहली बार हमें भारतीय मूल के ये गुबार अंक देखने को मिलते हैं। दसवीं सदी के एक यूरोपीय विद्वान झेरबार ने भारतीय अंकों के प्रचार का बड़ा काम किया है। स्पेन के यहूदी विद्वान **रब्बी बेन एज़रा** (1095–1167) ने भी भारतीय अंक तथा अंकगणित की जानकारी देने के लिए एक पुस्तक लिखी थी, पर यूरोप में भारतीय अंक-पद्धति के प्रचार का सबसे अधिक काम किया इतालवी गणितज्ञ लियोनार्दो 'फिबोनकी' (लगभग 1170–1245) ने।

लेकिन लगता है कि यूरोप के गणितज्ञों पर सबसे व्यापक प्रभाव अल्-ख्वारिज्मी की अंकगणित की पुस्तक का ही पड़ा है। इतना अधिक कि दाशमिक स्थानमान अंक-पद्धति पर आधारित गणना के अर्थ में **अल्गोरिज्म** शब्द ही यूरोप में रूढ़ हो गया और कंप्यूटर की गणना के लिए तैयार किए जाने वाले गणितीय प्रोग्राम के लिए आज भी **अल्गोरिथम** शब्द का प्रचलन है।

अल ख्वारिज्मी की बीजगणित से संबंधित पुस्तक है–**किताब अल्-जब्र व अल्-मुकाबिलः, यहां जब्र का अर्थ है पुनर्स्थापना और मुकाबिलः** का अर्थ है **समान बनाना।** ये समीकरणों की अव्यक्त राशियों से संबंधित क्रियाएं हैं। इस पुस्तक में अल्-ख्वारिज्मी ने भारतीय बीजगणित की अनेक विधियों को अपनाया है। ब्रह्मगुप्त ने ब्राह्मस्फुट-सिद्धांत के कुट्टकाध्याय में बीजगणित की जानकारी दी है। भारतीय गणितज्ञ वर्ग-समीकरण का हल जानते थे और ऋण संख्याओं से भी भलीभांति परिचित थे। अल्-ख्वारिज्मी ने भी इनकी जानकारी दी है।

बीजगणित की पहली स्वतंत्र पुस्तक

अल्-ख्वारिज्मी की इस पुस्तक का इंग्लैंड के **चेस्टर निवासी राबर्ट** ने 1145 के आसपास स्पेन में अरबी से लैटिन में अनुवाद किया। अल्-ख्वारिज्मी की यह पुस्तक, न केवल अरबी में बल्कि लैटिन में भी, बीजगणित की पहली स्वतंत्र पुस्तक थी। यह इससे भी स्पष्ट है कि **अल्-जब्र** (पुनर्स्थापना) शब्द सीधे लैटिन में पहुंचकर बीजगणित (अलजिब्रा) के अर्थ में यूरोप में रूढ़ हो गया। दरअसल

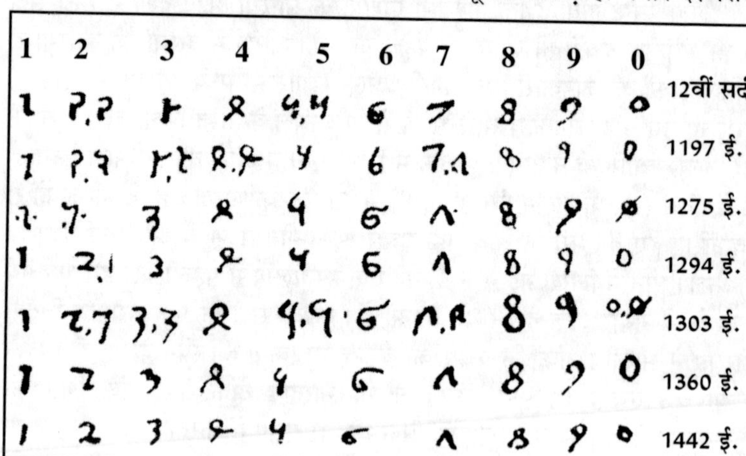

यूरोप में 16वीं सदी तक भारतीय

ज्योतिष, रसायन और **गणित** से संबंधित दर्जनों अरबी शब्द यूरोप की भाषाओं में रूढ़ हो गए हैं। **जीरो** (शून्य) शब्द अरबी के **सिफर** से बना है। अल्-ख्वारिज्मी की बीजगणित की मूल अरबी पुस्तक और इसका लैटिन अनुवाद, दोनों ही आज उपलब्ध हैं।

अल्-ख्वारिज्मी ने ज्योतिष-सारणियों के बारे में जो पुस्तक लिखी उसमें उन्होंने भारतीय त्रिकोणमिति का उपयोग किया था। हम जानते हैं कि **सूर्य-सिद्धांत** में और आर्यभट के **आर्यभटीय** ग्रंथ में त्रिकोणिमिति का विवेचन है और यह टालमी की **त्रिकोणमिति** से भिन्न है। आज जो त्रिकोणमिति पढ़ाई जाती है वह आर्यभट की अर्द्ध-ज्याओं की विधि पर ही आधारित है। **साइन** शब्द **जीवा** से बना है।

अल्-ख्वारिज्मी ने भूगोल में भी एक पुस्तक लिखी थी–**सूरत अल्-अर्ज** (धरती का विवरण)। यह पुस्तक पिछली सदी के उत्तरार्द्ध में मिली है। इसमें 38 मानचित्र थे, जिनमें से केवल चार बचे हैं। इस पुस्तक में दो हजार से भी अधिक भौगोलिक स्थलों का उल्लेख है।

अज-ख्वारिज्मी ने इतिहास के बारे में भी एक पुस्तक लिखी थी–**किताब अल्-तारीख**। आज यह पुस्तक उपलब्ध नहीं है, पर मध्ययुग के अन्य अरबी ग्रंथों में इस पुस्तक के हवाले मिलते हैं।

अतीत की हर चीज का गुणगान और कोरा अभिमान कोई बहुत अच्छी बात नहीं है, पर जिस अतीत के साथ आज हम ही नहीं, सारा संसार जुड़ा हुआ है, उसके बारे में सही जानकारी हम सबको अवश्य होनी चाहिए। यूरोप के विद्वान भी मुक्त कंठ से स्वीकार करते हैं कि भारतीय अंक-पद्धति ने यूरोप के वैज्ञानिक विकास में बहुत बड़ी भूमिका अदा की है और आधुनिक अंकगणित, बीजगणित व त्रिकोणमिति भारतीय विधियों पर आधारित है। जब हम भारतीय अंक-पद्धति के आज सार्वभौमिक होने का गर्व अनुभव करें, तो हमें इसमें अल्-ख्वारिज्मी जैसे विदेशी पंडितों के योगदान को अवश्य स्मरण कर लेना चाहिए।

भारतीय अंक-पद्धति : विदेशी विद्वानों के विचार

* जो लोग यूनानी भाषा के जानकार होने के कारण यह समझते हैं कि वे विज्ञान के शिखर पर पहुंच चुके हैं, वे यदि हिंद वालों की इस अंक-पद्धति को जानें तो उन्हें यकीन हो जाएगा कि उनके अलावा दुनिया में और भी लोग हैं जो कुछ जानते हैं।

–सेवेरस सेबोख्त (662 ई.)

* शून्य के आविष्कार और इसके महत्त्व की जितनी भी स्तुति की जाए, कम है। कुछ नहीं वाले इस शून्य को, न केवल एक स्थान, नाम, चिह्न या संकेत प्रदान करना, बल्कि इसमें उपयोगी शक्ति भरना, उस भारतीय मस्तिष्क की एक विशेषता है जिसने इसे जन्म दिया है। यह निर्वाण को विद्युत-शक्ति में बदलने जैसा है। गणित के किसी भी अन्य आविष्कार ने मानव-बुद्धि एवं शक्ति को इतना अधिक बलशाली नहीं बनाया है।

–प्रो. हालस्टीड

* अरबों ने ही सबसे पहले स्पेन में भारतीय अंक-पद्धति का प्रचार किया। यह एक नई और क्रांतिकारी अंक-पद्धति थी। इसी अंक-पद्धति ने आधुनिक विज्ञान और इंजीनियरी का पथ प्रशस्त किया है।

–अल्फ्रेड हूपर (गणित के निर्माता)

* केवल दस संकेतों से सभी संख्याओं को व्यक्त करने की यह अद्भुत विधि हमें भारत से प्राप्त हुई है। यह गहन धारणा आज हमें इतनी सरल प्रतीत होती है कि हम इसके महत्त्व पर विचार ही नहीं करते। जब हम स्मरण करते हैं कि प्राचीन जगत के दो महान गणितज्ञों–आर्किमीदीज और एपोलोनियम–की प्रतिभाएं भी इस धारणा के बारे में सोच नहीं पाईं तब हमारी दृष्टि में इस आविष्कार का महत्त्व और भी अधिक बढ़ जाता है।

–लापलास (1749–1827)

* दरअसल, हिंदुस्तान के पंडित ही बीजगणित के सच्चे आविष्कारक हैं।

–हरमान हेकेल

नए गणित का आतंक

एक जमाना था जब पढ़े-लिखे माता-पिता अपने बच्चों को गणित की पढ़ाई में मदद करने में समर्थ थे लेकिन अब स्कूलों में जिस ढंग से गणित पढ़ाया जाता है, उसमें ज्यादातर माता-पिता अपने बच्चों की कोई मदद नहीं कर सकते। जिन अध्यापकों ने पुरानी पद्धति से गणित पढ़ा है उन्हें भी नया गणित पढ़ाने में काफी कठिनाई होती है।

बड़ी विकट समस्या है। अधिकांश परिवार अपने बच्चों की गणित की पढ़ाई से परेशान हैं, आतंकित हैं। चंद सुखी परिवार बच्चों के लिए ट्यूशन की व्यवस्था कर देते हैं, परंतु सरकारी स्कूलों में पढ़ने वाले देश के अधिकांश बालक नए गणित के ठोस अध्ययन से वंचित ही रह जाते हैं। विद्यार्थी का गणित यदि कच्चा हो तो फिर आगे की विज्ञान की पढ़ाई के दरवाजे भी उसके लिए बंद हो जाते हैं।

वैज्ञानिक अध्ययन और अनुसंधान में गणित का बुनियादी महत्त्व है। टेक्नोलाजी के विकास के लिए भी गणित का व्यापक अध्ययन जरूरी है। अनेक मामलों में उन्नत टेक्नोलाजी के लिए हम दूसरे देशों के मुहताज हैं और भारी कीमत देकर इसे हमें खरीदना पड़ता है, लेकिन गणित को कहीं से खरीदने की जरूरत नहीं है। गणित के विकास के लिए न तो भव्य प्रयोगशालाएं चाहिए, न ही भारी खर्च की जरूरत है, फिर भी गणित के अनुसंधान के मामले में हमारा देश आज संसार के दूसरे अनेक देशों से पिछड़ा हुआ है। इसके बुनियादी कारण हैं हमारी शिक्षा-प्रणाली की कमजोरियां और आरंभ में ही तथाकथित नए गणित का आतंक।

गणित के अध्ययन पर अधिक ध्यान दिया जाए तो वैज्ञानिक जगत में हमें काफी प्रतिष्ठा मिल सकती है और टेक्नोलाजी के क्षेत्र में भी काफी कुछ हासिल किया जा सकता है। एक उदाहरण लीजिए : कंप्यूटर विज्ञान के दो प्रमुख अंग हैं—कठोरांग (हार्डवेयर) और कोमलांग (साफ्टवेयर)। कंप्यूटर के कल-पुर्जे, इलेक्ट्रॉनिक उपकरण, सिलिकन चिप्पड़ आदि ठोस चीजें कठोरांग हैं। कंप्यूटर के प्रोग्राम और इनकी विविध भाषाएं कोमलांग कहलाती हैं।

कंप्यूटर के कठोरांग के मामले में आत्मनिर्भर होने में हमें अभी काफी समय लगेगा, परंतु कोमलांग के मामले में हम तेजी से आत्मनिर्भर हो सकते हैं। अब कठोरांग से कोमलांग की कीमतें भी अधिक हैं। कोमलांग के विकास के लिए बुनियादी आवश्यक चीजें हैं–गणित और गणितीय तर्कशास्त्र का व्यापक अध्ययन।

कंप्यूटर के स्विचों की केवल दो स्थितियां हैं–चालू और बंद। इसलिए कंप्यूटर में सारी गणनाएं केवल दो अंकों 1 और 0 से होती हैं। इसी प्रकार सारे तार्किक कथनों को दो संकेतों के एक बीजगणित में प्रस्तुत किया जा सकता है। उसे बूलीय बीजगणित कहते हैं। कंप्यूटरों के लिए प्रोग्राम तैयार करने में और नई मात्राएं गढ़ने में द्वि-आचारी अंक-पद्धति और बूलीय बीजगणित की अच्छी जानकारी होना जरूरी है। कंप्यूटरों के प्रोग्रामों और भाषाओं को समझने के लिए भी इन विषयों को जानना जरूरी है।

दिलचस्प बात यह है कि द्वि-आधारी अंक-पद्धति और बूलीय बीजगणित 'नए गणित' के विषय हैं और स्कूलों में पढ़ाए जाते हैं। चूंकि ये चीजें पहले स्कूलों में नहीं पढ़ाई जाती थीं, इसलिए आज के अधिकांश अभिभावक और अनेक अध्यापक भी, इन्हें समझ नहीं पाते। नए गणित की पढ़ाई से माता-पिता आतंकित हैं–अपने देश में ही नहीं, दूसरे देशों में भी।

दरअसल, जिसे 'नया गणित' कहा जाता है, वह नया गणित नहीं है। द्वि-आधारी अंक-पद्धति को लीजिए। आज से करीब तीन सौ साल पहले लाइबनिट्ज के जमाने के गणितज्ञ यूरोप की इस अंक-पद्धति से परिचित थे। चीन के गणितज्ञ तो तीन हजार साल पहले जान गए थे कि सारी गणनाएं केवल दो अंकों से की जा सकती हैं। तार्किक चिंतन को संकेतों के गणित में ढालने के उद्देश्य से इंग्लैंड के गणितज्ञ जार्ज बूले ने आज से करीब 130 साल पहले एक नए किस्म के बीजगणित को जन्म दिया था।

तात्पर्य यह है कि जिसे हम नया गणित कहते हैं, वह पुराना ही गणित है। बहुत-सा पुराना गणित जब विज्ञान और टेक्नोलाजी के लिए उपयोगी सिद्ध हो रहा है, इसलिए इसे अब स्कूलों में पढ़ाना आवश्यक हो गया है। साथ ही, गणित के अन्य उपांगों को भी नए ढंग से नए संकेतों तथा नई शब्दावली में प्रस्तुत किया जा रहा है। इस समूचे प्रयास का ही नाम है नया गणित।

नए गणित का शोर 1958 में अमेरिका में उठा। इसके पीछे एक दिलचस्प किस्सा है। सोवियत संघ ने 4 अक्तूबर, 1957 को अपना पहला स्पूतनिक अंतरिक्ष में स्थापित किया। इस घटना ने अमेरिकी जन-मानस को जोर से झकझोर दिया। अमेरिका के गणितज्ञ और शिक्षाशास्त्री गणित की पढ़ाई में आमूल परिवर्तन करने

की मांग पहले से ही कर रहे थे, लेकिन इसके लिए शासन की ओर से पर्याप्त डालर 1957 के बाद ही प्राप्त हुए। अमेरिका ने इस तथ्य को बड़ी तीव्रता से एकाएक महसूस किया कि आज की दुनिया विज्ञान पर आधारित है और गणित विज्ञान का मूलाधार है। गणित की रटंतू पढ़ाई के स्थान पर ऐसे नए गणित की आवश्यकता महसूस की गई जो कंप्यूटरों और स्वचालित यंत्र-उपकरणों के संचालन में उपयोगी हो और आपेक्षिकता सिद्धांत, क्वांटम सिद्धांत आदि नए विषयों तथा जटिल सामाजिक समस्याओं को सुलझाने में योग दे। अमेरिका में नए गणित के अध्ययन का दौर शुरू हो गया।

'नया गणित' नया खोजा हुआ गणित नहीं है। जो विषय पहले कालेजों में पढ़ाए जाते थे, उनमें से कुछ विषयों का सरल तरीके से स्कूल के विद्यार्थियों से परिचय करा देना आवश्यक समझा गया। साथ ही, गणित के परंपरागत विषयों को नए संकेतों में और तार्किक ढंग से पेश किया गया। गणित की भाषा को संदिग्धता से मुक्त करने के लिए यह कदम आवश्यक भी था। इसके अलावा, स्कूलों की गणित की पढ़ाई में कुछ नए विषय जोड़ने थे, तो कुछ पुराने विषयों की समुचित छंटनी भी करनी थी।

पहले स्कूलों की पढ़ाई में अंकगणित का प्राधान्य था। अब बीजगणित पर अधिक बल दिया जाता है। भास्कराचार्य 1150 ई. के जमाने से चले आ रहे अंगणित का अब कोई खास महत्त्व नहीं रह गया है। आधुनिक अंकगणित एक काफी जटिल विषय है और इसे बीजगणित की सहायता से ही ठीक से समझा जा सकता है।

अब माध्यमिक स्कूलों के विद्यार्थियों को एक-एक करके बढ़ते क्रम में विभिन्न किस्म की संख्याओं का परिचय कराया जाता है। पहले प्राकृतिक संख्याएं, फिर पूर्ण संख्याएं, जिनमें ऋण संख्याएं भी शामिल हैं, फिर परिमेय संख्याओं के बड़े समुदाय का परिचय कराया जाता है। चूंकि परिमेय संख्याओं में भिन्न भी आ जाते हैं, इसलिए अब विद्यार्थी पहले की तरह भिन्नों से घबराते नहीं हैं, फिर विद्यार्थियों को समझाया जाता है कि ऐसी भी अनगिनत संख्याएं हैं जिन्हें ठीक-ठीक मापा नहीं जा सकता, जो अपरिमेय हैं। परिमेय और अपरिमेय संख्याओं के मेल से वास्तविक संख्याओं का समुदाय बनता है। पहले ये सारी चीजें उच्च कक्षाओं में पहुंचने पर स्पष्ट होती थीं। अब आठवीं कक्षा में पढ़ाई जाती हैं।

समुच्चय सिद्धांत (थ्योरी आफ सेट्स) को लीजिए। इस सिद्धांत का और इसके विशिष्ट संकेतों का आधुनिक गणित के लिए बुनियादी महत्त्व है। आज से करीब सौ साल पहले जर्मनी के महान गणितज्ञ कांतोर ने इस सिद्धांत को जन्म दिया

था, इसलिए यह भी नया गणित नहीं है। पहले उच्च कक्षाओं में पहुंचने पर समुच्चय सिद्धांत की जानकारी मिलती थी। अब आठवीं कक्षा के विद्यार्थी इससे परिचित हो जाते हैं। इसे समझने में कोई कठिनाई नहीं है, परंतु विद्यार्थियों के माता-पिता के लिए समुच्चय सिद्धांत और इसके नए संकेत काफी उलझन पैदा कर सकते हैं।

पिछले करीब बाईस सौ वर्षों से यूक्लिड की ज्यामिति संसार भर की पाठशालाओं में ज्यों-की-त्यों पढ़ाई जाती रही है, लेकिन अब हम जानते हैं यूक्लिड की ज्यामिति परिपूर्ण नहीं है और यह भी जानते हैं कि एक नहीं अनेक ज्यामितियां हैं। इसलिए अब ज्यामिति को कुछ नए ढंग से पढ़ाया जा रहा है। यही बात बीजगणित की है। स्कूल के विद्यार्थियों को अब स्पष्ट हो जाता है कि बीजगणित एक नहीं, अनेक प्रकार का है।

हमारे देश में नए ढंग के गणित की पढ़ाई 1970 के आस-पास शुरू हुई। अमेरिकी और यूरोपीय पाठ्यक्रमों की तुलना में भारतीय स्कूलों के पाठ्यक्रम में नए संकेतों और नई धारणाओं पर आधारित काफी कम गणित रखा गया है। यह संधिकाल का एक संतुलित प्रयास है फिर भी इतना ही नया गणित अनेक भारतीय परिवारों के लिए परेशानी का विषय बन गया है।

यूरोप और अमेरिका में खासतौर से अभिभावकों के लिए नए गणित के बारे में दर्जनों सरल पुस्तकें प्रकाशित की गई हैं। पत्र-पत्रिकाओं में भी नए गणित के बारे में लेखमालाएं प्रकाशित होती रहती हैं। इतना ही नहीं, नया गणित समझाने के लिए अमेरिका के विश्वविद्यालय अभिभावकों के लिए अल्पावधि के वर्ग भी चलाते रहते हैं। हमारे देश में दिल्ली विश्वविद्यालय ने पिछले वर्ष इस तरह का एक आयोजन किया था।

हमारे देश में नए गणित का आतंक अभी बरकरार है। अभिभावकों को नए गणित की जानकारी देकर और इसके महत्त्व को समझाकर ही इस आतंक को दूर किया जा सकता है। देश में नई शिक्षा-नीति लागू करने की बात जोर-शोर से चल रही है। हमारे शिक्षाविदों को स्कूलों में नए गणित की पढ़ाई की समस्या पर विशेष ध्यान देना होगा। भारत को विज्ञान और टेक्नोलाजी के मामले में उन्नत बनाने के लिए गणित की आधारशिला को सुदृढ़ बनाना अत्यावश्यक है।

नए गणित का आतंक : कितना वास्तविक, कितना काल्पनिक (1)

दो पीढ़ियों के बीच की खाई दिनोदिन अधिकाधिक गहरी होती जा रही है। माता-पिता अपनी ही संतान के आचरण को समझने में कठिनाई महसूस कर रहे हैं। आजकल के बच्चों की, विशेषत: शहरों में रहने वाले बच्चों की, वेशभूषा निराली है, बोलचाल का ढंग निराला है, मेल-मिलाप और मनोरंजन के तरीके भी निराले हैं। अनेक अभिभावक नई पीढ़ी के इस निरालेपन से निश्चय ही परेशान हैं, पर बहुतों ने नई पीढ़ी के साथ एक प्रकार का समझौता भी कर लिया है। वास्तविकता भी यही है।

संतति के पालन-पोषण का एक महत्त्वपूर्ण अंग है–शिक्षण। शिक्षण के क्षेत्र में भी दो पीढ़ियों का अंतर दिनोदिन अधिकाधिक गहरा होता जा रहा है। पांचवें दशक के मध्यकाल की बात है। मैं जब चौथी कक्षा में पहुंचा, तब मेरे पिताजी, जो स्वयं केवल चौथी तक पढ़े थे, मुझे चौथी कक्षा का गणित, भूगोल, इतिहास आदि पढ़ाने में पूरी तरह समर्थ थे। कारण यह था कि जो पुस्तकें उनके समय में पाठ्यक्रम में थीं, वही पुस्तकें हमें पढ़नी थीं।

आज स्थिति भिन्न है। मेरी लड़की चौथी में पहुंच गई है, लेकिन अब पाठ्यक्रम वह नहीं है जो हमारे जमाने में था। इसलिए उसकी पाठ्यपुस्तकों को पहले पढ़े बिना मैं उसका समुचित मार्गदर्शन नहीं कर सकता। हालांकि मैंने उच्च गणित पढ़ा है, फिर भी पहले उसकी पुस्तक को पढ़ने के बाद ही मैं उसे चौथी कक्षा का गणित पढ़ा पाता हूं।

यह कठिनाई आज सभी माता-पिता महसूस करते हैं। उपाधिधारी माता-पिता भी महसूस करते हैं। इतिहास, भूगोल, समाज-विज्ञान जैसे कुछ विषयों को समझाने में अब भी बहुत-से माता-पिता को विशेष कठिनाई नहीं होती, पर गणित का मामले आते ही पढ़े-लिखे माता-पिता भी भौचक्के रह जाते हैं। माध्यमिक स्कूलों में पढ़ने वाले अपने बच्चों को वे गणित के मामले में कोई मदद नहीं कर सकते।

ऐसे समय, अभिभावकों की दो प्रकार की प्रतिक्रियाएं होती हैं। कुछ माता-पिता साफ-साफ कह देते हैं–"तुम्हारा यह 'नया गणित' हमारे बस की बात नहीं है। अपने अध्यापक से ही पूछ लो।" संपन्न पालक ट्यूशन की व्यवस्था कर देते हैं।

दूसरे प्रकार की प्रतिक्रिया यह होती है कि "आजकल की पढ़ाई बड़ी बोझिल हो गई है। बच्चों को इतनी अधिक किताबें-कापियां ले जानी पड़ती हैं कि बस्ता भी मुश्किल से उठा पाते हैं। यह भी कोई पढ़ाई है और इतने सारे विषय? गणित तो समझ में ही नहीं आता। इस गणित की पढ़ाई का भी कोई लाभ है? किताबें बनाने वाले यह भी नहीं सोचते कि बच्चे समझ पाएंगे या नहीं!"

किताबें किस प्रकार के लोग बनाते हैं, किस प्रकार बनाते हैं, इसका मुझे थोड़ा अनुभव है। मैं कुछ अरसे तक राष्ट्रीय शैक्षिक अनुसंधान और प्रशिक्षण परिषद् द्वारा गठित हिंदी पाठ्यपुस्तक संपादन मंडल का सदस्य रहा हूं। उस गोरखधंधे की चर्चा करना विषयांतर होगा।

रही अध्यापकों की बात। 'नया गणित' पढ़ाने में बहुत-से अध्यापक भी कठिनाई महसूस करते हैं, तो इसमें उनका दोष नहीं है। हमारे देश में स्कूल के पाठ्यक्रम में नए गणित का समावेश 1970 से किया जा रहा है। इसलिए बहुत से अध्यापकों के लिए भी यह 'नया गणित' नया है।

अमेरिका और यूरोप के देशों में 1960-65 से नए गणित का स्कूल के पाठ्यक्रम में समावेश किया गया। वहां भी नए गणित को लेकर इसी तरह की कठिनाई महसूस की गई, आज भी की जा रही है, पर वहां नए गणित के बारे में जो भ्रम पैदा हो रहे थे, उन्हें दूर करने के लिए बड़े प्रयत्न हुए हैं। मिसाल के लिए, स्कूल के अध्यापकों को नया गणित समझाने की व्यापक योजनाएं बनाई गईं। इतना ही नहीं, अनेक गणितज्ञों ने विद्यार्थियों, अध्यापकों और माता-पिता को नया गणित समझाने के लिए अनेकानेक नई पुस्तकें लिखीं। पत्र-पत्रिकाओं में भी नए गणित की उपयोगिता के बारे में खूब चर्चा हुई। अमेरिका और यूरोप के अनेक प्रसिद्ध समाचार-पत्रों में नए गणित के बारे में लेखमालाएं प्रकाशित हुईं। सम्मेलन आयोजित करके अभिभावकों को भी 'नए गणित' का महत्त्व समझाने के प्रयत्न हुए हैं।

नए गणित की पढ़ाई का आरंभ हुए दस वर्ष गुजर गए हैं पर हमारे देश में नए गणित के बारे में ऐसी व्यापक चर्चा बिलकुल नहीं हुई। विज्ञानों के लिए गणित का अध्ययन तो परमावश्यक है ही, आज इतिहास, अर्थशास्त्र, समाजशास्त्र, भाषाशास्त्र आदि विषयों के व्यापक अध्ययन के लिए भी गणित का ज्ञान

आवश्यक है। इतना ही नहीं, तर्कशास्त्र और गणित का चोली-दामन का संबंध है। नए गणित के अध्ययन का अर्थ है तर्क-प्रणालियों का अध्ययन।

बावजूद इस बुनियादी तथ्य के, आम चर्चा में, पत्र-पत्रिकाओं की चर्चाओं में, सर्वाधिक उपेक्षा होती है तो गणित की ही। अधिकतर लोग यही समझते हैं कि गणित की चर्चा केवल गणितज्ञों का विषय है लेकिन वास्तविकता यह नहीं है। गणित, विशेषतः नया गणित, अब अपनी सीमाओं से बाहर आकर लगभग सभी अन्य विषयों में व्याप्त हो रहा है। जीव-विज्ञान के अध्ययन के लिए गणित की जरूरत है। भाषाओं के गहन अध्ययन के लिए गणित की जरूरत है। संक्षेप में, सही ढंग से सोचने के लिए गणित के अध्ययन की जरूरत है।

गणित को समझने का अर्थ है ज्ञान-विज्ञान की सभी उपलब्धियों को समझने में समर्थ होना, इनके अन्वेषण को आगे बढ़ाने में समर्थ होना। गणित से मुंह मोड़ने का अर्थ है ज्ञान-विज्ञान के किसी भी अंग को ठीक से न समझ पाना। गणित की यह स्थिति देर-सबेर निश्चय ही मानव-समाज को दो स्पष्ट वर्गों में विभक्त करेगी। प्रख्यात लेखक व विचारक सी.पी. स्नो ने इसी को 'दो संस्कृतियों के संकट' का नाम दिया है।

नया गणित : कितना नया ?

इसी प्रयोजन से यहां 'नए गणित' की यह थोड़ी चर्चा। दरअसल, फिलहाल स्कूलों के पाठ्यक्रम में जो और जितना नया गणित सम्मिलित किया गया है, उसमें नया गणित बहुत थोड़ा है। अधिकांश गणित पुराना ही है। बहुतों को पुराना गणित भी नया ही लगता है, तो इसका कारण यह है कि अब सोलह आने का एक रुपया, चालीस सेर का एक मन, बारह इंचों का एक फुट और आठ फर्लांग का एक मील नहीं होता। हालांकि हमारे दैनंदिन जीवन में अब मीटर, लिटर, ग्राम आदि का व्यवहार रूढ़ हो चला है, फिर भी पुरानी पीढ़ी को अभी पुराने पैमानों का स्मरण है। पुरानी पीढ़ी ने गणित पुराने पैमानों में ही पढ़ा है। इस पुरानी पीढ़ी को नए पैमानों पर आधारित सवाल भले ही नए लगें, पर यह नया गणित नहीं है।

दरअसल, भारतीय स्कूलों में फिलहाल बहुत थोड़ा 'नया गणित' सम्मिलित किया गया है। बाकी सारा गणित पुराना ही है। आज से करीब तेईस सौ साल पहले यूक्लिड ने रेखागणित की अपनी पुस्तक तैयार की थी। स्कूलों में रेखागणित आज भी लगभग यूक्लिड की पद्धति से ही पढ़ाया जाता है, इसमें जहां-तहां थोड़ा बहुत परिवर्तन किया गया है।

वस्तुतः आज की दृष्टि से यूक्लिड की ज्यामिति में अनेक न्यूनताएं हैं। यूक्लिड की स्वयंसिद्धियां यूक्लिड की ज्यामिति के लिए ही परिपूर्ण नहीं हैं। वर्तमान सदी के आरंभ में डेविड हिलबर्ट, ओसवाल्ड वेबलेन आदि गणितज्ञों ने सिद्ध कर दिया है कि यूक्लिड की उपपत्तियां पूर्णतः उनकी स्वयंसिद्धियों और निगमन प्रणाली पर आधारित नहीं हैं।

यूक्लिड की ज्यामिति की मूल अभिधारणाएं भी परिपूर्ण नहीं हैं। समांतर रेखाओं से संबंधित यूक्लिड की पांचवीं अवधारणा की सत्यता के बारे में गणितज्ञों को सदियों से संदेह रहा है। इसी संदेह से कई सारी अ-यूक्लिडीय ज्यामितियों का निर्माण हुआ है। हमारे निकट परिचय के त्रिविमितीय विश्व में यूक्लिडीय त्रिज्यामिति भले ही उपयोग की हो परंतु आज हम जानते हैं कि ब्रह्मांडीय विस्तार के गहन अध्ययन के लिए यूक्लिडीय ज्यामिति पर्याप्त नहीं है। सापेक्षवाद के चार आयाम वाले दिक् के अध्ययन में एक निराली अ-यूक्लिडीय ज्यामिति का इस्तेमाल होता है। गणित के सैद्धांतिक अध्ययन में आयामों या विमितियों की कोई सीमा नहीं है। सारांश यह कि ज्यामिति अब केवल एक नहीं है, बहुत सारी है। दिलचस्प बात यह है कि यूक्लिड की ज्यामिति व्यापक विश्व की ज्यामिति नहीं है, पर अभी स्कूलों के पाठ्यक्रम में नई ज्यामितियों के अध्ययन को सम्मिलित नहीं किया गया है। केवल यूक्लिड को ही कुछ बेहतर ढंग से पेश किया जा रहा है।

यही स्थिति बीजगणित की है। बहुत से लोगों का अब भी यह ख्याल है कि बीजगणित माने समीकरणों को हल करना, पर अब बीजगणित बहुत व्यापक विषय हो गया है। इसमें अब परिकर्मों को सर्वाधिक महत्त्व दिया जाता है। ज्यामितियों की तरह अब बीजगणित भी अनेक है। फिलहाल, स्कूलों की पढ़ाई में 'नए बीजगणितों' का बहुत थोड़ा अंश सम्मिलित किया गया है।

स्कूलों में गणित की पढ़ाई आरंभ होती है अंकगणित से 1, 2, 3...के प्राकृत संख्याक्रम से और योग, घटाना, गुणा, भाग आदि के मूल परिकर्मों से और गणित की इसी प्राथमिक पढ़ाई में कुछ 'नए गणित' का समावेश किया गया है, नए चिह्नों को प्रस्तुत किया गया है। यही थोड़ा सा नया गणित न केवल विद्यार्थियों के लिए, बल्कि अध्यापकों और माता-पिता के लिए भी सिरदर्द बन गया है।

समुच्चय सिद्धांत

आठवीं या नौवीं-दसवीं कक्षाओं की गणित की पुस्तकें देखिए। इनमें पहला ही प्रकरण उलझनें पैदा करता है क्योंकि यह सचमुच ही 'नया गणित' है। इस

पहले ही प्रकरण में समुच्चय सिद्धांत (थ्योरी आफ सेट्स) की प्रारंभिक जानकारी दी गई है। पुराने गणित में प्राकृत संख्याएं, भिन्न और दो-चार अपरिमेय संख्याओं का ही परिचय कराया जाता था लेकिन अब नए गणित में बाकायदा स्पष्ट किया जाता है कि संख्याएं नाना प्रकार की हैं—परिमेय और अपरिमेय संख्याएं।

परिमेय संख्याएं, अपरिमेय संख्याएं, काल्पनिक संख्याएं आदि। इन संख्याओं के साथ अनंत की धारणा जुड़ी हुई है। अनंत की धारणा से जुड़कर ये संख्याक्रम अनेक पहलीनुमा स्थितियों को जन्म देते हैं। इसलिए भी इनका विवेचन कुछ विचित्र लगता है।

इसके अलावा समुच्चय सिद्धांत में कुछ नए चिह्नों का भी इस्तेमाल होता है। इन चिह्नों के अपने सुनिश्चित अर्थ हैं, पर प्रथम परिचय में ये बहुतों को परेशानी में डालते हैं। समुच्चयों के बीच संबंधों को स्पष्ट करने के लिए इन चिह्नों का प्रयोग होता है और समुच्चय समूचे गणित की बुनियादी धारणा है। समुच्चयों से संबंधित प्रश्नों और परिकर्मों को समझाने के लिए समुच्चय आकृतियों का, जिन्हें **बेन आकृतियां** भी कहते हैं, इस्तेमाल होता है।

समुच्चय सिद्धांत सचमुच ही 'नया गणित' है, स्कूल के विद्यार्थियों के लिए नया गणित है। दार्शनिकों और तर्कशास्त्रियों की मान्यता रही है कि गणित तर्कशास्त्र का ही एक अंग है। चूंकि आधुनिक तर्कशास्त्र के लिए समुच्चय की धारणा बुनियादी है, इसलिए गणितीय तर्क के अध्ययन में भी समुच्चय की धारणा और इससे संबंधित नए चिह्नों का प्रवेश हुआ। इस प्रकार, समुच्चय सिद्धांत तर्कशास्त्र का भी विषय है और गणित का भी।

इससे भी आगे बढ़कर अब अनेक गणितज्ञों की मान्यता है कि तर्कशास्त्र वस्तुतः गणित का ही अंग है, गणित तर्कशास्त्र से भी अधिक व्यापक अध्ययन है और काफी हद तक वास्तविकता भी यही है। समुच्चयों की धारणा पर आधारित तर्कशास्त्र अब न केवल अनेक प्राकृतिक घटनाओं की बल्कि अनेक सामाजिक व्यापारों की भी गणितीय व्याख्या करने में समर्थ है। सारांश यह कि समुच्चय सिद्धांत आधुनिक गणित की आधारशिला है।

यही कारण है कि इस समुच्चय सिद्धांत को स्कूलों के पाठ्यक्रम में समाविष्ट करना अत्यावश्यक हो गया है। इतना ही नहीं, यूरोप, अमेरिका और सोवियत संघ के अनेक स्कूलों में नर्सरी की कक्षाओं से ही समुच्चय की धारणा को समझाया जाने लगा है। हमारे देश के कुछ स्कूलों में भी प्राथमिक कक्षाओं की गणित की पुस्तकों में समुच्चयों और बेन आकृतियों के जरिए गणित को समझाया जाता है। यही है 'नया गणित'। दरअसल, इसे नया गणित कहने की

अपेक्षा गणित को प्रस्तुत करने की नई दृष्टि, नई पद्धति कहना अधिक बेहतर होगा। गणित का यही नयापन विद्यार्थियों, अध्यापकों और माता-पिता के लिए उलझन बन गया है।

यह तथाकथित 'नया गणित' बहुतों के लिए सिरदर्द बन गया है, तो इसका प्रमुख कारण है गणित के बारे में हमारी कुछ परंपरागत भ्रांतियां। आज स्कूलों में पढ़ाए जाने वाले नए गणित के कुछ प्रमुख विषयों की संक्षिप्त जानकारी हम आगे देंगे। यहां सबसे पहले हम यही देखेंगे कि गणित क्या चीज है, आधुनिक गणित किस स्वरूप का है, और किस सीमा तक पहुंच चुका है।

विभिन्न धारणाएं

गणित की कोई सर्वमान्य परिभाषा नहीं है, संभव भी नहीं है क्योंकि आज गणित के बारे में अनेक संप्रदाय प्रचलित हैं। हर संप्रदाय, कट्टरपंथी धार्मिक संप्रदायों की तरह ही, गणित की अलग-अलग तरह से व्याख्या करता है और तदनुरूप इसके विकास में जुटा हुआ है। इस वस्तुस्थिति से इतना तो स्पष्ट हो ही जाता है कि गणित एक जड़बद्ध विषय नहीं है बल्कि एक विकासशील अध्ययन है। गणित के स्वरूप, इसकी विषयवस्तु और इसके आधारतत्वों के बारे में स्वयं गणितज्ञों में बड़ा मतभेद है।

नए गणित के प्रमुख नए चिह्न

$\Rightarrow$ **का तात्पर्य है**
$\Leftrightarrow$ **समतुल्य है...के**
$\wedge$ **और**
$\vee$ **या**
$\forall$ **समस्त के लिए**
$\exists$ **कम से कम एक का अस्तित्व है।**
$\in$ **घटक या सदस्य है...का**
$\notin$ **सदस्य नहीं है...का**
$\supset$ **समाविष्ट है।**
$\subseteq$ **में समाविष्ट है या उप-समुच्चय है...का**
$\subset$ **वास्तविक उप-समुच्चय है**
$\cap$ **प्रतिच्छेद**
CA **'ए' का संपूरक**
$\emptyset$ **रिक्त समुच्चय**
$\cup$ **संयोजन**

आज भी अधिकांश लोगों की यही समझ है कि गणितीय हल पत्थर की लकीर होते हैं, अटल होते हैं। बहुतों के दिमाग में यह धारणा दृढ़बद्ध हो गई है कि दो और दो का योग हमेशा चार ही होता है, कि अ और ब का गुणनफल सदैव ब और अ के गुणनफल के बराबर ही होगा, लेकिन वास्तविकता यह है कि सदैव ऐसा नहीं होता। हमारी एक परंपरागत धारणा यह भी है कि गणितीय सत्य ही वास्तविक सत्य है पर वास्तविकता यह है कि निरपेक्ष सत्य जैसी कोई

चीज तो है ही नहीं, गणितीय सत्य जैसी भी कोई चीज नहीं है। अंततोगत्वा हमारी सभी तर्क-प्रणालियां पुनरुक्तियां ही प्रमाणित होती हैं।

गणित के विकास पर एक सरसरी नजर डालने से काफी हद तक स्पष्ट हो जाता है कि गणित वस्तुतः क्या चीज है। काफी हद तक गणित का विकास मानव-समाज के विध क्रिया-कलापों की जरूरतों के जरिए ही हुआ है। प्रारंभिक रेखागणित का विकास प्राचीन मिस्र में भूमि-मापन की आवश्यकता को लेकर हुआ, तो भारत में वेदियों की रचना की जरूरतों को लेकर। यूक्लिड ने ज्यामितीय ज्ञान को अभिधारणाओं, स्वयंसिद्धियों और निगमन की प्रणाली पर सुस्थिर खड़ा कर दिया, पर यूक्लिड के पहले ही गणित के क्षेत्र में पहला संकट पैदा हो गया था। पाइथोगोरस की मान्यता थी कि विश्व संख्यामय है तथा समस्त भौतिक वस्तुओं को प्राकृत संख्याओं में व्यक्त किया जा सकता है। पर जल्दी ही उन्हें स्पष्ट हो गया कि इस विश्व में अपरिमेय संख्याओं का भी अस्तित्व है। तब से आज तक ये अपरिमेय संख्याएं गणितज्ञों के लिए उलझन का विषय बनी हुई हैं। अब स्कूलों में पढ़ाए जाने वाले नए गणित में समुच्चय सिद्धांत के अंतर्गत इन अपरिमेय संख्याओं के साथ-साथ और भी कई प्रकार की संख्याओं का परिचय कराया जाता है। दरअसल, समूचे आधुनिक गणित में सर्वाधिक उलझन का सवाल यही है कि परिमेय और अपरिमेय अथवा अनंत के बीच क्या संबंध हैं।

ग्रुप सिद्धांत का संस्थापक–
रेवारिस गाल्बा (1811-1832 ई.)

आज हमें 1, 2, 3... का अनंत क्रम, शून्य की धारणा व चिह्न और शून्य की धारणा पर आधारित दाशमिक स्थानमान अंक-पद्धति सहज और सरल प्रतीत होती हैं। इनका आविष्कार भारत में हुआ है, ईसा की आरंभिक सदियों में, पर आरंभ में न केवल जनसाधारण को, बल्कि गणितज्ञों को भी, ये धारणाएं इतनी जटिल प्रतीत हुईं कि सदियों तक इनका सार्वजनिक प्रचलन नहीं हो पाया। यूरोप के देशों को नई अंक-पद्धति की जानकारी ग्यारहवीं सदी में ही मिल चुकी थी, पर इसका सार्वजनिक प्रचलन हुआ सत्रहवीं सदी के अनंतर ही। आज जिस

प्रकार समुच्चय की धारणा पर आधारित नया गणित हमें उलझन में डाल देता है, उसी प्रकार शून्य और स्थानमान की धारणाएं भी सदियों तक सिरदर्द बनी रहीं। यही हाल आज सरल प्रतीत होने वाले जोड़, घटा, गुणन और भाग के चिह्नों का रहा है।

सत्रहवीं सदी में न्यूटन और लाइबनिट्ज ने कलन-गणित का सृजन किया और गणित के क्षेत्र में दूसरा महान संकट पैदा हुआ। आगे की दो सदियों ने अनेक गणितज्ञों के प्रयास से जब इस गणित को विश्लेषण की मजबूत नींव पर खड़ा किया गया तभी जाकर इस गणित में कुछ सुस्थिरता आई।

गणित के आधारतत्वों को लेकर तीसरा महान संकट पिछली सदी के अंतिम वर्षों में उपस्थित हुआ और यह संकट आज भी गणित में कायम है। यह संकट उपस्थित हुआ जर्मन गणितज्ञ **ग्यार्ग कांतोर** द्वारा समुच्चय सिद्धांत प्रतिपादित किए जाने पर। इस समुच्चय सिद्धांत की कुछ पहेलियां हैं, कुछ अनिर्णीत सवाल हैं, जो प्राचीन तर्कशास्त्र की ऐसी ही कुछ पहेलियों से भी जुड़े हुए हैं। बावजूद इसके कि समुच्चय की धारणा लगभग सर्वव्याप्त है, हमारी चिंतन-प्रणाली में भी व्याप्त हैं, फिर भी समुच्चय-सिद्धांत की अपनी कुछ आधारभूत कठिनाइयां हैं, पहेलियां हैं। वस्तुस्थिति यह होने पर भी समुच्चय सिद्धांत की प्रारंभिक जानकारी स्कूल के विद्यार्थियों तक पहुंचाना जरूरी समझा जा रहा है और एकदम पहली कक्षा से ही समुच्चय की धारणा बच्चों के सामने पेश की जा रही है। है न दिलचस्प बात?

उपर्युक्त विवेचन से पाठकों को कम-से-कम इतना स्पष्ट हो ही जाना चाहिए कि गणित पत्थर की लकीर नहीं है, गणित परिपूर्णता या परम सत्य का द्योतक नहीं है। आज गणित के आधारभूत तथ्यों को लेकर प्रमुख रूप से तीन संप्रदाय प्रचलित हैं। गणितज्ञ प्रमुख रूप से इन तीन खेमों में बंटे हुए हैं। ये तीन संप्रदाय हैं—तर्कवाद, अंतर्दृष्टिवाद और आकारवाद।

प्रतीकात्मक तर्कवाद की मान्यता यह है कि गणित तर्कशास्त्र का ही एक अंग है। तर्कशास्त्र गणित का जनक है। सभी गणितीय धारणाओं को तार्किक धारणाओं में सूत्रबद्ध किया जा सकता है। फ्रेगे, पियानो, रसेल और व्हाइटहेड इस गणितीय संप्रदाय के संस्थापक हैं। आज भी अनेक गणितज्ञ इस संप्रदाय के अनुयायी हैं, पर यह सर्वमान्य नहीं है। रसेल का यह कथन प्रसिद्ध है कि 'गणित एक ऐसा विज्ञान है जिसमें हम कभी भी यह जान नहीं पाते कि हम क्या चर्चा कर रहे हैं और न ही यह जान पाते हैं कि जो चर्चा की जा रही है वह सच है या नहीं।'

अंतर्दृष्टिवाद की मान्यता यह है कि समूचे गणित की रचना अंतर्दृष्टि द्वारा प्रदत्त प्राकृतिक संख्याओं के क्रम पर ही आधारित होनी चाहिए। इस संप्रदाय के

संस्थापक डच गणितज्ञ **एल.ई. ब्राउएर** हैं। यह एक अतिवादी दृष्टिकोण है, फिर भी अनेक गणितज्ञ इस संप्रदाय के अनुयायी हैं। हालांकि इस मान्यता पर रचित गणित में असंगतियों के लिए गुंजाइश नहीं रह जाती पर समूचे गणित को इस दृष्टि से प्रस्तुत करने में अभी सफलता नहीं मिली है।

आकारवादी गणित मात्र आकारगत चिह्नों या संकेतों की प्रणालियों पर आधारित है। इसमें तर्कशास्त्र को सर्वोपरि नहीं माना जाता बल्कि तर्कशास्त्र को गणित का ही एक अंग माना जाता है। इसमें संकेत ही शब्द होते हैं। और इन संकेतों पर अंक आधारित हैं।

नए गणित का आतंक : कितना वास्तविक, कितना काल्पनिक (2)

गणित में पर्यायवाची शब्दों के लिए कोई स्थान नहीं है, प्रत्येक शब्द को एक ही निश्चित अर्थ में ग्रहण किया जाता है पर शब्दों के लचीलेपन से बच पाना सहज संभव नहीं है। इसीलिए आधुनिक गणित में अधिकतर चिह्नों का ही इस्तेमाल होता है, शब्दों का प्रयोग बहुत कम होता है। गणित विषयक किसी भी शोध-पत्रिका को उठाकर देख लीजिए, चिह्नों और संकेतों की भरमार दिखाई देगी। इस मामले में आधुनिक गणित चीनी लिपि से भी आगे बढ़ गया है। आधुनिक गणित को न केवल आप अपनी-अपनी भाषा में ग्रहण कर सकते हैं बल्कि बिना पढ़े-बोले भी सीधे आत्मसात् कर सकते हैं।

मुझे नए गणित के कुछ प्रमुख विषयों का थोड़ा परिचय देना है पर नए गणित के साथ कुछ नए चिह्न और संकेत भी हैं, जिनमें से कुछ आपने पिछले अंक में देखे होंगे। इसके अलावा भारतीय भाषाओं में आधुनिक गणित के पारिभाषिक शब्द अभी रूढ़ नहीं हुए हैं, बने भी नहीं हैं। स्कूलों में हिंदी माध्यम से जो थोड़ा नया गणित पढ़ाया जाता है, उसके पारिभाषिक शब्द भी बहुतों के लिए अपरिचित-से हैं। इसलिए भी नया गणित कुछ अधिक अटपटा-सा लगता है।

'समुच्चय' शब्द को ही लीजिए। जर्मन-यहूदी गणितज्ञ कांतोर ने पिछली सदी के अंतिम चरण में जिस 'समुच्चय सिद्धांत' का प्रतिपादन किया था, उसे उन्होंने 'मेंगेनलेहरे' नाम दिया था। इस जर्मन शब्द के लिए अंग्रेजी में 'थ्योरी आफ सेट्स' या क्लासेज या एग्रेगेट शब्द रूढ़ हुए। कांतोर ने प्रमुख रूप से अनंत समूहों का विवेचन किया है, पर मुझे लगता है कि हमारे इस 'समुच्चय' शब्द में अनंत की धारणा का कोई आभास नहीं मिलता लेकिन पारिभाषिक शब्दों की यह एक आम व्यथा है।

समूह या समुच्चय सभी के परिचय की एक सर्वव्यापक धारणा है, जैसे-गायों का झुंड, लोगों की भीड़, स्टैंपों का संग्रह इत्यादि। लगता है बड़ी आसान धारणा है लेकिन बात ऐसी नहीं है। जब हम बहुत बड़े अथवा प्राकृतिक संख्याक्रम-जैसे

अनंत समूहों पर विचार करते हैं तब यही धारणा बड़ा पेचीदा रूप धारण कर लेती है फिर भी न केवल वैज्ञानिक समुच्चय की इस धारणा को बुनियादी मानते हैं, बल्कि मानव-जीवन के दूसरे व्यापारों में भी यह बड़ी उपयोगी सिद्ध हो रही है। जीवन-बीमा कंपनियां एक व्यक्ति के बारे में नहीं सोचतीं, जन-समूहों के बारे में सोचती हैं। जन-गणना में भी व्यक्ति का नहीं, जन-समूहों का महत्त्व है। सारांश यह है कि अधिकांश गणितज्ञों की यह दृढ़ मान्यता है कि समूचा गणित समुच्चय की धारणा पर खड़ा किया जा सकता है, हालांकि अनंत समुच्चयों के बारे में अभी काफी झमेला है।

गणित के बारे में यह कितनी विडंबना है कि आज समुच्चय की धारणा का परिचय प्राथमिक कक्षाओं के विद्यार्थियों को कराया जाता है पर आज से करीब सौ साल पहले जब कांतोर 'समुच्चय सिद्धांत' को विकसित कर रहे थे तब अनेक समकालीन गणितज्ञों ने, विशेषत: क्रोनेखेर ने, उनका जबरदस्त विरोध किया था। कांतोर का इस हद तक विरोध हुआ कि उन्हें पागलखाने में शरण लेनी पड़ी और अंत में पागलखाने में ही उनका देहांत हुआ और हिटलरकालीन जर्मनी में इसी 'समुच्चय सिद्धांत' को महज इसलिए हेय समझा गया, अनार्य सिद्धांत समझा गया क्योंकि इसकी रचना एक यहूदी मस्तिष्क ने की थी।

'समुच्चय सिद्धांत' में कुछ बुनियादी 'स्वयंसिद्धियां' हैं, जो समुच्चयों के बीच के संबंधों को 'संयोजन' और 'प्रतिच्छेद' आदि के जरिए निर्धारित करती हैं। समुच्चय सिद्धांत में 'संयोजन' और 'प्रतिच्छेद' परिकर्म हैं और ये एक प्रकार से योग और गुणन के तुल्य हैं। इस सिद्धांत में 'संयोजन' और 'प्रतिच्छेद' जैसे परिकर्मों के लिए ही नए चिह्नों का प्रयोग होता है। वस्तुत: ये चिह्न भी जोड़ व गुणन के चिह्न की कोटि के ही हैं। समुच्चय की धारणा नई है, परिकर्म नए हैं और इनके चिह्न भी नए हैं, इसलिए यह विषय हमें शुरू में कुछ विचित्र-सा लगता है।

ग्यार्ग कांतोर (1845-1918)

अभी केवल पच्चीस साल पहले जब मैं गणित का विद्यार्थी था, तो हमें स्नातकोत्तर कक्षा में भी 'समुच्चय

सिद्धांत' या आधुनिक बीजगणित या अ-यूक्लिडीय ज्यामितियां नहीं पढ़ाई जाती थीं। हमें अधिकतर पिछली सदी के अंतिम दशकों में इंग्लैंड में तैयार हुई गणित की पुस्तकें ही पढ़ाई जाती थीं और कुछ अध्यापक बड़े गर्व के साथ यह भी कहते थे कि हमारा गणित का पाठ्यक्रम आई.ए.एस. के गणित के पाठ्यक्रम के तुल्य है।

प्रख्यात गणितज्ञ डा. बी.एन. प्रसाद हमें अनंत श्रेणियों का विशुद्ध गणित पढ़ाते थे। सत्र का आधा समय विदेशों में गुजारते थे और कापी के सड़े-गले कागजों पर बीस साल पहले तैयार किए गए नोट्स का वाचन करके बीस-पच्चीस लेक्चरों में इस विषय की पढ़ाई समाप्त कर देते थे। अनंत श्रेणियों के गणित में परिमेय, अपरिमेय, वास्तविक, काल्पनिक आदि संख्याक्रमों के बारे में जानकारी दी जाती है, पर मुझे स्मरण नहीं आता कि डा. बी.एन. प्रसाद ने हमें कांतोर के 'समुच्चय सिद्धांत' और इस सिद्धांत से संबंधित चिह्नों के बारे में कभी कोई जानकारी दी हो। यही हाल डा. गोरख प्रसाद का था। हमें खगोल विज्ञान पढ़ाते थे, उन्हीं की लिखी गोलीय त्रिकोणमिति की पुस्तक हमारे पाठ्यक्रम में थी, पर कक्षा में भी सवाल हल करते थे अपनी ही कुंजी की मदद से।

आम पाठकों को गणित के विषयों की जानकारी देने के लिए अंग्रेजी में अनेक ग्रंथ उपलब्ध हैं। हिंदी में केवल एक ग्रंथ मेरे देखने में आया है–'गणित जगत की सैर'। लेखक हैं डा. ब्रह्मदेव शर्मा, एक सरकारी अफसर। इस पुस्तक में केवल अंकगणित की जानकारी है। इसमें विभिन्न किस्म के संख्याक्रमों के बारे में भी जानकारी दी गई है लेकिन प्रस्तुतीकरण की पद्धति पुरानी ही है, 'समुच्चय सिद्धांत' के स्पष्टीकरण में भी नए चिह्नों का इस्तेमाल नहीं किया गया है। इसलिए हिंदी में उपलब्ध यह एकमात्र पुस्तक भी 'नए गणित' से आक्रांत अध्येताओं की विशेष सहायता नहीं कर सकती।

हमारे समय में गणित के विद्यार्थियों को इस बात की कतई कोई जानकारी नहीं दी जाती थी कि गणित और तर्कशास्त्र का चोली-दामन का संबंध है। अभिधारणाएं, स्वयंसिद्धियां और आगमन तथा निगमन की तर्क-प्रणालियां वस्तुतः क्या हैं और गणित में इनका क्या महत्त्व है–यह सब बिलकुल नहीं समझाया जाता था। हालांकि यूक्लिड की ज्यामिति में ही इन सब बातों का बड़ा महत्त्व है। संभवतः आज भी अधिकतर अध्यापक इन बुनियादी बातों को ठीक से समझा नहीं पाते। पर आधुनिक गणित में यही बातें महत्त्व की हैं।

माध्यमिक स्कूलों की गणित की नई पुस्तकों के पहले ही प्रकरण में साहचर्य नियम, क्रम-विनिमय नियम आदि की जानकारी दी जाती है। समूचे नए गणित में इन नियमों का बड़ा महत्त्व है। इन्हीं नियमों के लागू होने या न होने के आधार पर आधुनिक गणित में अनेक नए उपांगों की रचना की गई है। इसी तरह की एक अन्य

महत्त्व की धारणा है **एकैकी संबंध**, जिसका समुच्चयों के घटकों के परस्पर मापन में इस्तेमाल होता है।

द्वि-आधारी अंक पद्धति

हमारे दोनों हाथों की उंगलियां दस हैं, इसीलिए दशाधारी अंक-पद्धति या दशगुणोत्तर संख्याएं अस्तित्व में आई हैं। प्राचीन बेबीलोन के गणितज्ञ दस के अलावा साठ के आधार का भी इस्तेमाल करते थे। गणना के लिए दो, तीन, आठ, बारह, सोलह या अन्य किसी भी आधार का चयन किया जा सकता है। यदि किसी दूर के ग्रह के बुद्धिमान प्राणियों के दोनों हाथों की अंगुलियां 16 हैं, तो उनकी गणना का आधार 16 हो सकता है और सोलह का आधार दस के आधार से निश्चय ही बेहतर है। सारांश यह है कि हमारी दशाधारी अंक-पद्धति मात्र एक मानव-सापेक्ष साधन है।

कंप्यूटरों की गणना के लिए द्वि-आधारी अंक-पद्धति सुविधाजनक है। इसमें केवल दो अंकों, 0 और 1, से सारी गणनाएं की जाती हैं, सारे परिकर्म संपन्न होते हैं। उदाहरण के लिए, इस द्वि-आधारी अंक-पद्धति में 1101 का अर्थ होगा 13। आज विज्ञान व टेक्नोलाजी के अनेक क्षेत्रों में इसका बड़ा महत्त्व है। भाषाओं का इस्तेमाल होता है। दूर संचार-साधनों में इसका बड़ा महत्त्व है। भाषाओं को भी इस द्वि-आधारी अंक-पद्धति में रूपांतरित किया जाता है। इसीलिए माध्यमिक स्कूलों में आज इस द्वि-आधारी अंक-पद्धति का भी थोड़ा परिचय करा दिया जाता है।

लेकिन यह द्वि-आधारी अंक-पद्धति नया आविष्कार नहीं है। प्राचीन चीन के गणितज्ञ इससे परिचित थे। लाइबनिट्ज को इस अंक-पद्धति की जानकारी थी, और उन्होंने इसके जरिए ईश्वर के अस्तित्व को सिद्ध करने का भी प्रयत्न किया था। ईश्वर के दर्शन तो नहीं हुए, पर आधुनिक काल में इस द्वि-आधारी अंक-पद्धति की महती उपयोगिता अवश्य प्रमाणित हो गई। इसीलिए माध्यमिक स्कूलों के विद्यार्थियों को इसका थोड़ा परिचय करा देना आवश्यक है।

ग्रुप सिद्धांत

'समुच्चय सिद्धांत' की तरह ही आधुनिक गणित का एक अत्यंत महत्त्व का उपांग है 'ग्रुप सिद्धांत'। फिलहाल हमारे देश के माध्यमिक स्कूलों में इस सिद्धांत को सम्मिलित नहीं किया गया है, पर अमेरिका, यूरोप और सोवियत संघ के स्कूलों में इसकी पढ़ाई आरंभ हो गई है। अनेक गणितज्ञों का तो यहां तक मत है कि 'समुच्चय' की तरह 'ग्रुप' की धारणा भी प्राथमिक कक्षाओं में ही बच्चों को समझा देनी चाहिए। आज यह 'ग्रुप सिद्धांत' लगभग समूचे उच्च गणित में व्याप्त है। ग्रुप

स्वरूप का स्वल्प परिचय देने के लिए भी कुछ बुनियादी धारणाओं को स्पष्ट करना जरूरी है, कुछ विशिष्ट चिह्नों की जानकारी भी जरूरी है, जो यहां संभव नहीं है।

पर यहां ग्रुप सिद्धांत के बारे में कम-से-कम इतनी बात जान लेना अवश्य ही उपयोगी होगा कि इसका आविष्कार एक ऐसे गणितज्ञ ने किया जिसकी जीवनलीला 20 साल 7 महीने की अल्पायु में ही समाप्त हो गई। यह थे फ्रांस के महान गणितज्ञ गाल्बा। विद्रोही स्वभाव के तरुण थे। एक द्वंद्व युद्ध के चक्कर में फंसकर अपनी जान गंवा दी। यह 1832 की घटना है। मृत्यु के एक दिन पहले गाल्बा ने अपने समूचे अनुसंधान कार्य को करीब साठ कागजों पर उतार डाला। उनकी मृत्यु के बाद तीन-चार दशकों तक उनके इन कागजों की किसी ने कोई खोज-खबर भी नहीं ली, लेकिन पिछले करीब सौ वर्षों में गाल्बा द्वारा प्रस्थापित यह 'ग्रुप सिद्धांत' लगभग समूचे गणित में व्याप्त हो गया।

गाल्बा ने समीकरणों के हल के संदर्भ में 'ग्रुप सिद्धांत' की स्थापना की थी। पर आज प्रायः हर प्रकार के अनुसंधान के लिए 'ग्रुप सिद्धांत' एक प्रतिरूप प्रस्तुत करता है। पहले गणितज्ञ गणितीय प्रश्नों को हल करने के लिए युक्तियां खोजा करते थे। समझते थे कि आज नहीं तो कल जरूर कोई युक्ति निकल आएगी। समूचा प्राचीन भारतीय गणित भी लगभग इसी कोटि का है, पर 'गाल्बा सिद्धांत' सोचता है—क्या उपलब्ध साधनों से इस प्रश्न का हल संभव है? क्या इस प्रश्न को सरल प्रश्नों में विभक्त किया जा सकता है? किसी प्रश्न को हल करने की अनिवार्य शर्तें क्या हैं? इत्यादि। इस प्रकार 'ग्रुप सिद्धांत' प्रश्न की प्रकृति का विश्लेषण करता है।

अनेक शिक्षाशास्त्रियों का और कुछ गणितज्ञों का भी यह मत है कि स्कूल के विद्यार्थी नए गणित की आधारभूत धारणाओं को ग्रहण करने में, समझने में समर्थ नहीं हैं। बात कुछ हद तक सही हो सकती है, पर गणितीय अनुसंधान के बारे में एक अन्य वास्तविकता को भी हमें स्मरण रखना चाहिए। गणित का समूचा इतिहास इस ज्वलंत तथ्य का साक्षी है कि अधिकतर गणितज्ञों ने बीस और तीस साल की उम्र के बीच में ही गणित के क्षेत्र में नया कुछ खोजा है। इसलिए भी कम-से-कम गणित के मामले में विद्यार्थियों की उम्र का सवाल बाधक नहीं बनना चाहिए। समुच्चय या ग्रुप की धारणा शून्य की धारणा से निश्चय ही अधिक जटिल नहीं है। इतिहास में पहली बार आज ये धारणाएं छोटे बच्चों के सामने लाई जा रही हैं, इसलिए इस संक्रमण-काल में ये हमें जटिल प्रतीत होती हैं।

पाठ्यक्रम में नया गणित क्यों?

यहां मैंने पिछली सदी के महान गणितज्ञ कांतोर और गाल्बा के बारे में थोड़ी जानकारी दी है। ऐसी जानकारी से गणितीय सिद्धांतों को समझने में विद्यार्थियों को

कुछ आसानी होती है। नौवीं कक्षा की गणित की पुस्तक में आरंभ में ही साफ लिखा हुआ है कि 'अध्यापकों को चाहिए कि वे विद्यार्थियों को गणित के इतिहास और गणितज्ञों के बारे में भी कुछ जानकारी दें।'

पर यह एक सर्वविदित बात है कि स्कूलों में और कालेजों में भी अध्यापक गणित के इतिहास के बारे में आमतौर पर प्रायः कुछ भी जानकारी नहीं दे पाते। किस सिद्धांत का आविष्कार किस गणितज्ञ ने किया, कब किया और वह सिद्धांत किस प्रकार विकसित होता रहा है, यह सब बिलकुल नहीं बताया जाता। परिणामतः विद्यार्थियों के दिमाग में यह धारणा दृढ़ हो जाती है कि गणित एक अनादिकालीन, अटल और अश्मीभूत विषय है। वस्तुतः अन्य विषयों की तरह गणित भी एक विकासशील विषय है। 'समुच्चय सिद्धांत' के संस्थापक कांतोर के शब्दों में कहें तो 'यह एक पूर्णतः मुक्त विषय है।'

नए गणित के अनेक विषय अब कालेजों में भी पढ़ाए जाने लगे हैं। वहां भी इसी प्रकार की कठिनाइयां उपस्थित हो रही हैं। मिसाल के लिए, आनर्स का पाठ्यक्रम लीजिए। एक तरफ आधुनिक बीजगणित पढ़ाया जाता है, तो दूसरी तरफ यांत्रिकी के अंतर्गत गति-विज्ञान की पढ़ाई करीब सौ साल पहले कैंब्रिज में तैयार हुए लोनी के ग्रंथ के आधार पर ही होती है। वस्तुतः आज समूची यांत्रिकी, भौतिक विज्ञान के विषय भी, वैक्टर विश्लेषण के जरिए पढ़ाए जाते हैं। पिछले करीब सौ वर्षों में गणित में इतने अधिक नए विषय अस्तित्व में आए हैं कि कालेज के पाठ्यक्रम में किन नए विषयों का समावेश किया जाए, यह एक बड़े मतभेद का पेचीदा सवाल बन गया है। अ-यूक्लिडीय ज्यामितियों को और टापोलाजी-जैसे अत्यंत महत्त्वपूर्ण विषयों को अभी भी पाठ्यक्रम में सम्मिलित कर पाना संभव नहीं हुआ है।

आखिर क्या कारण है कि 1950 के आसपास से जागतिक स्तर पर गणितज्ञों और शिक्षाविदों ने एकाएक नए गणित के विषयों को स्कूल-कालेजों के पाठ्यक्रम में सम्मिलित करने की जबरदस्त आवश्यकता महसूस की?

जिसे हम आज नया गणित कहते हैं वह पिछले करीब दो-ढाई सौ वर्षों की उपलब्धि है। कलन-गणित का आविष्कार न्यूटन व लाइबनिट्ज ने किया था, पर इसका परिष्कार किया यूरोप के गणितज्ञों ने, पिछले दो सौ वर्षों में। लोबाचेवस्की, आबेल, रीमान आदि ने अ-यूक्लिडीय ज्यामितियों का सृजन किया। 'समुच्चय सिद्धांत' और 'गुप सिद्धांत' जैसे महत्त्वपूर्ण विषयों की स्थापना पिछली सदी में हुई। चिंतन के नियमों के बीजगणित या आधुनिक बीजगणित बूले ने पिछली सदी के पूर्वार्द्ध में प्रतीकात्मक तर्कशास्त्र की नींव रखी। यही अध्ययन आगे जाकर बूलीय अन्वेषण के रूप में आंग्ल गणितज्ञ के विषयों में रूपांतरित हो गया।

दिलचस्प बात यह है कि आज प्रतीकात्मक तर्कशास्त्र ही गणित का एक अत्यंत उपयोगी अंग बन गया है।'

पिछले दो सौ वर्षों में ही संख्या-सिद्धांत और संभाविता या प्रायिकता सिद्धांत के अधिकतर विषयों का सृजन हुआ है, काफी हद तक अक्षरशः खेल-खेल में हुआ है। वर्तमान सदी के आरंभ काल तक यह सारा गणितीय अन्वेषण लगभग विशुद्ध कोटि का बना रहा। उपयोगी गणित और विशुद्ध गणित के बीच का अंतर बहुत अधिक स्पष्ट हो गया। कुछ गणितज्ञ तथाकथित विशुद्ध गणित के इस महती संचय से इतने अधिक अभिभूत हो गए कि इसे मानव-मस्तिष्क की एक विशिष्ट सृष्टि मानने लगे। कुछ गणितज्ञ तो उपयोगी गणित को कुछ हेय दृष्टि से भी देखने लगे। रसेल के गुरु और सहयोगी व्हाइटहेड और रामानुजन् के गुरु और सहयोगी जी.एच. हार्डी लगभग इसी विचार के गणितज्ञ थे।

परंतु वर्तमान सदी के आरंभ से पासे पलटने शुरू हो गए। गणित के जिन अनेक विषयों को विशुद्ध समझा जाता था, वे शनैः-शनैः उपयोगी सिद्ध होने लगे। आइंस्टाइन ने रीमान की अ-यूक्लिडीय ज्यामिति का उपयोग करके इसे वास्तविक दिक्काल की उपयोगी ज्यामिति में रूपांतरित कर दिया। धीरे-धीरे सारा तथाकथित विशुद्ध बीजगणित उपयोगी बीजगणित में बदल गया। समूचे संभाविता सिद्धांत के विषय क्वांटम सिद्धांत की आधारशिला बन गए और आज यह गणित अर्थशास्त्र, सांख्यिकी, इतिहास आदि अनेक सामाजिक अध्ययनों का आधारभूत विषय बन गया है। प्रो. दामोदर कोसंबी ने मौर्यकालीन सिक्कों का नया विश्लेषण और भर्तृहरि के शतकों का पाठ-संपादन सांख्यिकीय गणित के बल पर ही किया है। रामानुजन् का 'विशुद्ध' गणित भी अब बहुत कुछ उपयोगी बन गया है।

दूसरे महायुद्ध के समय तक जितना भी सारा विशुद्ध गणित था उसका अधिकांश भाग उपयोगी गणित में रूपांतरित हो गया। गणितज्ञ चकित रह गए। विशुद्ध गणित के पुजारी अनेक गणितज्ञों को इससे बड़ा धक्का भी लगा, जैसे जमींदार की जमींदारी ही किसानों ने लूट ली हो।

और जो उपयोगी बन गया है, आधुनिक टेक्नोलाजी और विज्ञानों का, सामाजिक विज्ञानों का भी, आधारभूत अंग बन गया है, उसे पाठ्यक्रम में शामिल करना अत्यावश्यक हो गया है। प्रमुख रूप से यही कारण है कि पिछले करीब तीन दशकों से अब नए गणित को विद्यार्थियों तक पहुंचाने के प्रयास हो रहे हैं।

कुछ गणितज्ञों ने इस प्रयास के विरोध में यह भी तर्क पेश किया है कि, नए गणित के 'समुच्चय सिद्धांत' जैसे अनेक विषय अभी मजबूत नींव पर खड़े नहीं हुए हैं, इनके मामले में अभी अनेक पहेलियां हैं, इसलिए फिलहाल आरंभिक कक्षाओं

में इनका परिचय देना समीचीन नहीं है लेकिन यह तर्क युक्तिसंगत नहीं है। जनसाधारण को भले ही इस बात का भ्रांति हो कि गणित परिपूर्ण होता है, गणितीय सिद्धांत परम सत्य होते हैं पर यथार्थ में ऐसा कुछ नहीं है। तार्किक दृष्टि से 'समुच्चय सिद्धांत' लगभग उतना ही पूर्ण है, उतना ही अपूर्ण है, जितनी कि आज सारे संसार में प्रचलित शून्य की धारणा पर आधारित हमारी चिरपरिचित दाशमिक स्थानमान अंक-पद्धति।

नए गणित की ही नहीं, समूचे नए ज्ञान-विज्ञान की भी एक और नियति है। अब आगे नए, और नए, और नए की समस्याएं निरंतर बनी रहेंगी। यही है वास्तविकता।

भारतीय अंतरराष्ट्रीय अंक

ज्ञान-विज्ञान के क्षेत्र में भारत की संसार को सबसे बड़ी देन है शून्य पर आधारित दाशमिक स्थानमान अंक-पद्धति। आज सारे संसार में इसी अंक-पद्धति का प्रयोग होता है। पाश्चात्य विद्वानों ने भी भारत के इस महान आविष्कार की मुक्त कंठ से प्रशंसा की है। प्रो. हैल्सटैड ने कहा है, 'शून्य के आविष्कार के महत्त्व की जितनी भी स्तुति की जाए, कम है। निरर्थक शून्य को केवल स्थान, संज्ञा, आकृति एवं संकेत ही नहीं बल्कि एक उपयोगी शक्ति प्रदान करना हिंदू जाति की, जहां से इसकी उत्पत्ति हुई है, एक विशेषता है। यह निर्वाण को विद्युतशक्ति में परिवर्तित करने के समान है। गणित-संबंधी कोई भी एक आविष्कार ज्ञान और शक्ति को आगे बढ़ाने में इतना प्रबल सिद्ध नहीं हुआ है।' ऑन द फाउंडेशन एंड टेकनीक आव अरिथमेटिक, शिकागो, 1912, पृ. 20।

न केवल भारत की सभी वर्तमान लिपियों की अपितु दक्षिण-पूर्व एशिया की अनेक लिपियां तथा श्रीलंका और तिब्बती लिपियों की जननी ब्राह्मी लिपि ही है। हमारे देवनागरी अंकों का विकास भी ब्राह्मी अंकों से ही हुआ है लेकिन आज हिंदी-जगत के कितने लोग यह मानने को तैयार होंगे कि अंग्रेजी तथा यूरोप की अन्य भाषाओं के साथ आज जिन अंक-संकेतों (1, 2, 3, 4, 5, 6, 7, 8, 9, 0) का प्रयोग होता है उनका विकास भी पुराने भारतीय अंक-संकेतों से ही हुआ है? अंग्रेजी के साथ इन अंक-संकेतों का इस्तेमाल होता है, इसलिए भ्रांतिवश कुछ लोग उन्हें 'अंग्रेजी अंक' कहते हैं। वस्तुत: 'अंग्रेजी अंक' नाम की कोई चीज है ही नहीं। कुछ लोग उन्हें 'रोमन अंक' कहते हैं किंतु रोमन-अंक असल में दूसरे ही प्रकार के अंक हैं। पाश्चात्य देशों के लोग प्राय: इन्हें 'अरबी अंकों' के नाम से जानते हैं। कुछ पाश्चात्य विद्वान कुछ अधिक उदारता का परिचय देकर इन्हें 'हिंदू-अरबी अंक' का नाम देते हैं।

परंतु तथ्य यह है कि देवनागरी अंकों की तरह इन अंकों का विकास भी प्राचीन भारत के ब्राह्मी अंकों से हुआ है। अंतर केवल इतना ही है कि यहां देवनागरी और अन्य भारतीय भाषाओं के साथ प्रयुक्त अंकों का विकास भारत-भूमि में हुआ। वहां इन अंक-संकेतों का विकास पहले अरब देशों में और बाद में यूरोप के देशों में

हुआ। ब्राह्मी अंकों से आज के भारतीय अंकों तक इनके विकास का अभिलेखों एवं हस्तलिपियों में जिस प्रकार एक सिलसिला मिलता है, उसी प्रकार का सिलसिला ब्राह्मी अंकों से लेकर इन 1, 2, 3, 4, 5, 6, 7, 8, 9, 0 अंकों तक मिलता है। अत: ये मूलत: 'भारतीय अंक' हैं। यूरोप के देशों में फैलने पर अब इन्होंने अंतरराष्ट्रीय अंकों का दर्जा प्राप्त किया है, इसलिए इन्हें अब 'भारतीय अंतरराष्ट्रीय अंक' कहना ही उचित है और हमारे संविधान में इन्हें यही नाम दिया गया है।

भारत की राष्ट्रभाषा हिंदी के साथ इन 'भारतीय अंतरराष्ट्रीय अंकों' को राष्ट्रीय अंक मानकर सारे भारत के लिए स्वीकार कर लेना चाहिए या नहीं, यह एक नितांत भिन्न स्तर का सवाल है। प्रस्तुत लेख में मैं यही प्रतिपादित करना चाहता हूं कि इन अंकों का मूल स्रोत भारत में ही है। वस्तुत: अंक-संकेत एक गौण चीज है, असली चीज है शून्य की धारणा और इस पर आधारित दाशमिक स्थानमान अंक-पद्धति। यही भारतीय अंक-पद्धति की विशेषता है। इसी विशेषता के कारण भारतीय अंक-पद्धति आज अंतरराष्ट्रीय अंक-पद्धति बन गई है। भारतीय अंक-पद्धति की इसी विशेषता के कारण आज संसार की सभी प्राचीन अंक-पद्धतियां केवल पुरालिपिविदों के अध्ययन का विषय बनकर रह गई हैं। भारत में भी आदिकाल से शून्य एवं स्थानमान अंक-पद्धति का अस्तित्व देखने को नहीं मिलता। अतएव, भारत के इस महान आविष्कार के यथार्थ मूल्यांकन के लिए अन्य प्राचीन अंक-पद्धतियों पर एक सरसरी नजर डाल लेना उपयोगी ही सिद्ध होगा।

आदिम-मानव ने लिपि-संकेतों के पहले ही सरल से अंक-संकेतों को जन्म दिया था। धरती पर या किसी भी अन्य वस्तु पर एक-एक वस्तु के लिए खींची गई लकीरें मानव के आदिम अंक-संकेत थे। आजकल के कई आदिवासी समाजों में हम अंकों के लिए इसी प्रकार की खड़ी या आड़ी लकीरों का प्रयोग बहुधा देखते हैं। लेकिन आदिम-समाज बड़ी-बड़ी संख्याओं की गिनती नहीं जानता था। उसके शब्द-भंडार में संस्थाओं के लिए केवल चंद शब्द ही थे। अधिकतर दोनों हाथों की दस उंगलियों पर गणना होती थी। हथेली या पंजे में पांच उंगलियां होती हैं, इसीलिए 'पांच' के लिए संस्कृत में 'पंच', यूनानी में पेंटे, जर्मन में 'फिंफ' आदि शब्द अस्तित्व में आए। हमारी वर्तमान अंक-पद्धति दस अंक-संकेतों पर आधारित है, यह दाशमिक या दशगुणोत्तर है, इसका एकमात्र कारण है हमारे दोनों हाथों की उंगलियां दस होना। हमारे दोनों हाथों की उंगलियां 12 या 16 होतीं, तो गणना का आधार भी 12 या 16 ही होता। इससे कोई यह नहीं समझ ले कि यह दाशमिक अंक-पद्धति ही सबसे बेहतर अंक-पद्धति है। वस्तुत: अंक-पद्धति का आधार कोई भी संख्या हो सकती है। आजकल के विद्युत गणक-यंत्रों की गणना-पद्धति का आधार केवल दो अंक-संकेत ही हैं—0 और 1। सभी प्राचीन सभ्यताओं की

गणना-पद्धतियों में गणना का आधार दस ही रहा हो, ऐसी भी बात नहीं है। मध्य-अमेरिका की मय-सभ्यता की अंक-पद्धति का आधार 20 था, तो सुमेरी-बेबीलोनी अंक-पद्धति 60 पर आधारित थी।

सुमेरी-बेबीलोनी अंक-पद्धति

संसार की सबसे प्राचीन अंक-पद्धति सुमेरी अंक-पद्धति है। मेसोपोटामिया की दजला-फरात नदियों के मुहाने के प्रदेश में बसे हुए इन सुमेरी लोगों ने ई.पू. 3000 के पहले ही इस अंक-पद्धति को जन्म दिया था। बाद में सुमेरी लिपि की तरह सुमेरी अंक-पद्धति को भी बेबीलोनी और असीरी लोगों ने अपना लिया। सुमेरी अंक-पद्धति 60 पर आधारित थी। इसमें 1 से 9 तक के अंक इतनी ही खड़ी लकीरों से लिखे जाते थे। 10 के लिए एक आड़ी लकीर थी। इस प्रकार 1 से 59 तक की संख्याएं इन्हीं आड़ी (दहाई) और खड़ी (इकाई) की लकीरों के योग से लिखी जाती थीं। 60 के लिए, और 60 के किसी भी पात के लिए, पुनः 1 का चिह्न अर्थात् एक खड़ी लकीर का इस्तेमाल होता था। इस प्रकार, सुमेरी अंक-पद्धति में 60 का वही महत्त्व था जो कि हमारी अंक-पद्धति में 10 का है। सुमेरी लोगों ने गणना के लिए 60 का यह आधार ही क्यों चुना, यह प्रश्न बड़ा विवादास्पद है, इसलिए हम इस वाद-विवाद में नहीं उतरेंगे। वस्तुतः सुमेरी लोगों की यह देन आज भी हमारे बीच विद्यमान है। आज भी हम घंटे को 60 मिनटों में, मिनट को 60 सेकंडों में, वृत्त को 360 डिग्रियों में, डिग्री को 60 मिनटों में और मिनट को 60 सेकंडों में विभाजित करते हैं।

बेबीलोनी लोग मिट्टी के फलकों पर नुकीली कलम से लिखते थे और तदनंतर इन फलकों को धूप या भट्ठी में पका लेते थे। इसलिए उनके अंक-संकेत और लिपि-संकेत भी, खड़ी या आड़ी रेखाएं न रहकर तिकोनी खापें बनती थीं। इसीलिए उनकी लिपि को 'कीलाक्षर' लिपि कहते हैं। कीलाक्षर लिपि और अंक-संकेतों का इस्तेमाल ईसा के समय तक थोड़ा बहुत होता रहा किंतु इसके बाद यह लिपि और इसके अंक-संकेत मर गए। सुमेरी-बेबीलोनी-असीरी अंक-पद्धति में शून्य के लिए कोई संकेत नहीं था।

मिस्त्री अंक-पद्धति

प्राचीन मिस्र के गणितज्ञों को भी शून्य का ज्ञान नहीं था। ई.पू. 3000 के आसपास मिस्त्री लिपि—हाइरोग्लिफिक लिपि—और इसके अंक-संकेत अस्तित्व में आ चुके थे। इसमें 1 से 9 तक के अंक इतनी ही खड़ी लकीरों से व्यक्त किए जाते थे। 10 के लिए अंग्रेजी 'यू' के उलटे आकार (∩) का चिह्न था। 99 तक की संख्याएं इन्हीं दो चिह्नों को दोहराते हुए लिखी जाती थीं। इसी प्रकार, 100, 1000, 10000 तथा 100000 के लिए स्वतंत्र संकेत थे। 1000000 (दस लाख) के लिए दोनों हाथ

ऊपर उठाए हुए एक बैठे हुए आदमी का संकेत था। ऊपर उठाए हुए हाथ मानो व्यक्त करते थे कि यह एक बहुत बड़ी संख्या है। असल में मिस्री लोगों के पास इससे बड़ी संख्या के लिए कोई संकेत नहीं था। स्पष्ट ही है कि प्राचीन मिस्री अंक-पद्धति 10 पर आधारित अर्थात् दशगुणोत्तर थी और इसमें कुल 7 अंक-संकेतों का प्रयोग होता था। इसमें स्थानमान के लिए भी गुंजाइश नहीं थी और इसमें शून्य की धारणा या उसके लिए कोई संकेत नहीं था। मिस्री अंक-पद्धति के दो नमूने हैं :

20000 + 7000 + 500 + 20 + 9 = 27529.

मिस्र पर टालमी राजाओं के शासन-काल ईसा के पहले की तीन शताब्दियों तक अभी मिस्र की प्राचीन लिपियों का और उसके अंक-संकेतों का इस्तेमाल होता था। लेकिन इसके बाद इनका ज्ञान धीरे-धीरे लुप्त हो गया। कुछ पुरालिपिविदों की मान्यता है कि मिस्री लिपि की 'व्यंजनमाला' ने सेमेटिक लिपियों की व्यंजनमाला को प्रभावित किया है लेकिन मिस्री अंक-पद्धति ने किसी भी अन्य अंक-पद्धति को प्रभावित नहीं किया।

यूनानी अंक-पद्धति

इस शताब्दी के आरंभ में सर आर्थर इवांस ने जब क्रीट की प्राचीन सभ्यता का उद्घाटन किया था तो उन्होंने वहां से दो प्रकार की लिपियों के पुरावशेष प्राप्त किए। इन लिपियों को उन्होंने नाम दिए-'रैखिक-अ' और 'रैखिक-ब'। रैखिक-अ लिपि संभवतः क्रीट के मूल निवासियों की लिपि है। इस लिपि का तथा इसमें निहित भाषा का अभी तक उद्घाटन नहीं हुआ है, किंतु रैखिक-ब लिपि का 1952 में उद्घाटन करने का महान श्रेय है इंग्लैंड के दिवंगत पुरालिपिविद् माइकेल वेन्ट्रिस को। इन रैखिक-ब लिपि की भाषा है आद्य-यूनानी। 1400 ई.पू. के आसपास यूनानियों का क्रीट द्वीप पर अधिकार हो जाने पर उन्होंने अपनी भारोपीय परिवार की भाषा के लिए रैखिक-अ लिपि के आधार पर एक नई लिपि—रैखिक-ब—का निर्माण किया था। इस रैखिक-ब लिपि की अंक-पद्धति दाशमिक तो है परंतु इसमें स्थानमान एवं शून्य के लिए कोई स्थान नहीं है। इसमें खड़ी रेखाएं इकाइयों को, आड़ी रेखाएं दहाई को, छोटा-सा शून्य सैकड़े को, किरणों वाला शून्य सहस्र को और किरणों वाले शून्य के भीतर एक आड़ी लकीर खींचने पर यह दस हजार को व्यक्त करता था, जैसे—

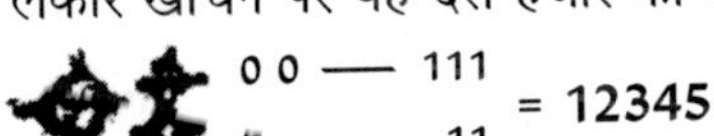

ई.पू. 1200 के आसपास यूनानियों ने अपनी भाषा के लिए क्रीट की रैखिक-ब लिपि का प्रयोग त्याग दिया था। 1000 ई.पू. के आसपास उन्होंने पश्चिमी एशिया की उत्तरी सेमेटिक अर्थात् फिनीशियन लिपि की 'वर्णमाला' के आधार पर अपनी भारोपीय परिवार की भाषा के लिए एक नई लिपि का निर्माण किया। अपनी इस नई लिपि के लिए उन्होंने फिनीशियन लिपि के संकेत तो लिए ही, इन संकेतों के नाम (अल्फा, बीटा, गामा आदि) भी अपना लिए। अतः यह एक निर्विवाद तथ्य है कि यूनानी लिपि का निर्माण उत्तरी सेमेटिक लिपि की 'वर्णमाला' (वस्तुतः 'व्यंजनमाला') के आधार पर हुआ है लेकिन यूनानी अंक-संकेत? यूनानी लोगों ने इस समस्या का हल खोज निकाला अपनी इस नई वर्णमाला के अक्षरों को ही संख्याओं के मान देकर।

यूनानी अंक-पद्धति वस्तुतः अक्षरांक-पद्धति थी। यूनानी लिपि में कुल 24 अक्षर थे। इनमें से प्रथम 9 अक्षरों को उन्होंने 1 से 9 तक की संख्याओं के मान दिए, 10, 20, 30...90 के लिए आगे के 9 अक्षर निर्धारित किए और 100, 200, 300,...900 के लिए शेष 9 अक्षर। इस प्रकार अपनी अंक-पद्धति के लिए उन्हें 27 अक्षरों की जरूरत थी, अतः उन्होंने 3 अक्षर और गढ़े। लिपि-संकेतों से अंक-संकेतों को स्पष्ट करने के लिए उनके ऊपर प्रायः एक आड़ी लकीर खींच दी जाती थी। 1000, 2000,... 9000 संख्याएं वर्णमाला के प्रथम 9 अक्षरों की बाईं ओर एक तिरछी लकीर खींचकर व्यक्त की जाती थीं। 10,000 के लिए यूनानी अंक-पद्धति में रोमन 'एम' (M) जैसा चिह्न था। यह 'मिरियड' (=10000) शब्द का आद्य अक्षर था। दश-सहस्त्र वाली संख्याएं इसी संकेत के ऊपर इकाई के संकेत रखकर व्यक्त की जाती थीं।

यही थी यूनानी अंक-पद्धति। वस्तुतः यह एक अक्षरांक पद्धति थी और इसमें शून्य के लिए कोई स्थान नहीं था। आगे हम देखेंगे कि भारत में भी कई अक्षरांक पद्धतियों का अस्तित्व रहा है। यूनानियों का अनुकरण करते हुए हिब्रू यहूदी लोगों ने भी अपनी हिब्रू लिपि के आधार पर एक अक्षरांक-पद्धति को जन्म दिया था।

रोमन अंक-पद्धति

शून्य एवं स्थानमान युक्त भारतीय अंक-पद्धति के सामने संसार की कोई भी अंक-पद्धति टिक नहीं पायी परंतु आज भी थोड़ी बहुत मात्रा में हम रोमन अंक-पद्धति का यत्र-तत्र प्रयोग होता देखते हैं। रोमन अंक-पद्धति के संकेत हैं :

I	V	X	L	C	D	M
1	5	10	50	100	500	1000

रोमन-काल के आरंभ में ही ये अंक-संकेत अस्तित्व में आ गए थे। रोमन साम्राज्य के विस्तार के साथ ही सारे यूरोप में इन अंकों का प्रचार व प्रसार हुआ था। ईसा की आरंभिक शताब्दियों में अलेक्जेंड्रिया वाले भारतीय अंकों के बारे में सुन

चुके थे। अंत में अरबों मूरों के माध्यम से दक्षिण-पश्चिम यूरोप के देश भी 9वीं शताब्दी में भारतीय अंक-पद्धति से परिचित हो गए थे, फिर भी यूरोप में अभी रोमन अंक-पद्धति का ही बोलबाला था। बहुत पहले पश्चिमी रोमन साम्राज्य का अंत और 15वीं शताब्दी में पूर्वी रोमन साम्राज्य का अंत हो जाने पर भी ये अवैज्ञानिक रोमन अंक-पद्धति, ईसाइयत की छत्रच्छाया में, अभी जीवित थी। वस्तुतः यूरोप से इस रोमन अंक-पद्धति को हटाने के लिए भारतीय अंक-पद्धति को 17वीं शताब्दी के अंत समय तक संघर्ष करना पड़ा। इस संघर्ष के बारे में अधिक हम आगे बतलाएंगे ही।

संक्षेप में, यही थीं पुरातन जगत की अंक-पद्धतियां। चीनी अंक-पद्धति भी शून्य रहित थी लेकिन कितने लोग जानते हैं कि मध्य-अमेरिका में यूरोपवासियों के आगमन के पहले एक ऐसी विकसित सभ्यता का अस्तित्व रहा है जिसकी अंक-पद्धति में शून्य के लिए एक संकेत था और यह यूरोप की प्राचीन अंक-पद्धतियों से कई गुना बेहतर थी।

मय सभ्यता की अंक-पद्धति

स्पेनिश लोगों के आगमन के पहले की मध्य-अमेरिका की मय सभ्यता की वैज्ञानिक उपलब्धियों की चर्चा तो यहां संभव नहीं है किंतु इतना बता देना जरूरी है कि मय लोगों का पंचांग ग्रेगोरी-पंचांग से कई गुना बेहतर था। मय पुरोहित काल-निर्धारण की समस्या को काफी सफलता से सुलझा चुके थे। असल में उनके सभी व्यापार काल-निर्धारण से व्याप्त थे। इसी सूक्ष्म काल-निर्धारण के लिए उन्होंने शून्य संकेत युक्त एक वैज्ञानिक अंक-पद्धति को जन्म दिया था। शून्य का आविष्कार करने का श्रेय केवल भारतीय पंडितों को ही नहीं है, स्वतंत्र रूप से मय-सभ्यता के पंडित-पुरोहित भी शून्य को जन्म दे चुके थे।

लेकिन मय सभ्यता की अंक-पद्धति 20 पर आधारित थी। इसमें कोई आश्चर्य की बात नहीं है। बहुत-सी सभ्यताओं ने दोनों हाथों की 10 उंगलियों के आधार पर दाशमिक अंक-पद्धतियों को जन्म दिया, तो मय लोगों ने हाथों की 10 उंगलियों के साथ दोनों पैरों की 10 उंगलियां और जोड़कर एक विंशतिमान अंक-पद्धति का निर्माण किया था।

इस अंक-पद्धति में कुल तीन ही संकेत हैं : 1 के लिए एक बिंदु (.), 5 के लिए एक आड़ी लकीर (-) और शून्य की धारणा के लिए एक कौड़ीनुमा चिह्न। इस प्रकार, 19 के लिए चिह्न बनता था। तीन समांतर आड़ी लकीरों के ऊपर एक पंक्ति में चार शून्य। 20 के लिए संकेत था शून्य (कौड़ीनुमा) के चिह्न के ऊपर एक बिंदु। इस अंक-पद्धति की 20 के आगे की उच्च इकाइयां थीं क्रमशः 360, 7200

और 144000। उच्च इकाइयां इस प्रकार लिखी जाती थीं कि सबसे बड़ी इकाई सबसे ऊपर रहती थी। उदाहरणार्थ–

1 ×	144000	=	144000
5 ×	7200	=	36000
14 ×	360	=	5040
4 ×	20	=	80
0 ×	1	=	0
कुल			1,85,120

लेकिन यह विकसित अंक-पद्धति भी अब पुराशास्त्र के अध्ययन की चीज बनकर रह गई है।

भारतीय अंक-पद्धति की महत्ता को समझने के लिए ही ऊपर संसार की प्रमुख अंक-पद्धतियों का संक्षिप्त परिचय दिया गया है। इनमें केवल रोमन अंक-पद्धति को छोड़कर शेष सभी अंक-पद्धतियां आज अतीत के गर्भ में विलीन हो गई हैं। रोमन अंक-पद्धति का आज घड़ियों के अंक-संकेतों तथा पुस्तकों के प्रकरणों आदि में ही थोड़ा बहुत इस्तेमाल होता है। वस्तुतः आज भारतीय अंक-पद्धति का ही सार्वभौम राज्य है। आइए, अब हम भारतीय अंक-पद्धतियों पर विचार करें।

भारतीय अंक-पद्धतियां

सिंधु लिपि के अंक

सिंधु सभ्यता का उद्घाटन हुआ 1920–22 में। यह सभ्यता उतनी ही प्राचीन है जितनी कि मिस्र और सुमेर की सभ्यताएं। इस बात के लिए भी प्रमाण मौजूद हैं कि ई.पू. तीसरी सहस्राब्दी के मध्यकाल में सिंधु सभ्यता और सुमेरी सभ्यता के बीच व्यापारिक संबंध थे। सुमेरी लोगों की तरह सिंधु जनों की भी अपनी लिपि थी। इस लिपि की हजारों अक्षरांकित मुद्राएं मोहेन-जोदड़ो, हड़प्पा तथा अन्य स्थानों की खुदाई से मिली हैं, लेकिन भारतीय पुरातत्वशास्त्र का यह दुर्भाग्य ही समझिए कि अभी तक इस लिपि का उद्घाटन नहीं हुआ है। अभी तो हम यह भी नहीं जानते कि सिंधु सभ्यता के लोगों की भाषा कौन सी थी? कई विद्वानों ने सिंधु लिपि के उद्घाटन के प्रयास किए हैं किंतु ये सारे प्रयास परिकल्पनाओं तक ही सीमित हैं। ऐसी स्थिति में सिंधु सभ्यता की अंक-पद्धति के बारे में क्या कहा जाए?

वैसे, किसी भी पुरालिपि की खोज करते समय सबसे पहले प्रायः इसकी अंक-पद्धति का ही उद्घाटन होता है, जैसे, कि मय सभ्यता की अंक-पद्धति और क्रीट की रैखिक-ब लिपि की अंक-पद्धति के बारे में हुआ है, लेकिन प्रयास करने पर भी सिंधु सभ्यता की अंक-पद्धति के बारे में वैसा संभव नहीं हो पाया है। सिंधु

लिपि के संकेतों के साथ जो खड़ी पाइयां मिलती हैं, उन्हें बहुत-से पुरालिपिविद् अंक-संकेत मानते हैं। 1 से 13 तक के अंकों को दरशाने वाली इस प्रकार की खड़ी पाइयों के संकेत हैं :

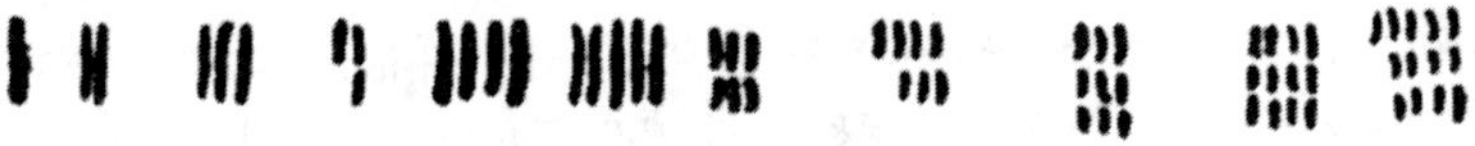

सिंधु सभ्यता के 1 से 13 तक के अंक-संकेत

20, 30 तथा सैकड़े की संख्याएं ठीक किस प्रकार लिखी जाती थीं, यह अभी जाना नहीं जा सका है लेकिन इतना निश्चित है कि सिंधु-सभ्यता वालों की अंक-पद्धति सुमेरी अंक-पद्धति से कम विकसित नहीं ही रही होगी। सिंधु सभ्यता के नगरों की तथा इनके मार्गों एवं गलियों की योजनाबद्ध व्यवस्था को देखकर कोई भी यह स्वीकार करेगा कि उन्हें रेखागणित का अच्छा ज्ञान था लेकिन जब तक सिंधु लिपि का उद्घाटन नहीं होता, तब तक इस सभ्यता के बारे में बहुत-सी बातें विचार-कोटि में ही रहेंगी।

वैदिक-कालीन अंक-पद्धति

सिंधु सभ्यता के अंत (लग. 1500 ई.पू.) के बाद और सम्राट अशोक (ई.पू. तीसरी शताब्दी) के धर्मलेखों के पहले के बीच के काल का भारत में कोई निर्विवादास्पद अभिलेख नहीं मिलता। अतः इस बीच अंकों के लिए संकेत रहे भी होंगे, तो वे किस प्रकार के थे, उसके बारे में हमारे पास कोई प्रमाण नहीं है लेकिन इस लंबे काल के साहित्य के अनुशीलन से इतना जरूर पता चलता है कि अंक-संकेतों का अस्तित्व रहा है।

भारत में आए आर्यों को आरंभ में लेखन-कला का ज्ञान न रहा हो, तो इसमें कोई आश्चर्य की बात नहीं है। ई.पू. दूसरी सहस्राब्दी के उत्तरार्ध में आर्यजनों की शाखाएं जिस देश में भी जाकर बसीं, उन्होंने उस-उस देश की लिपि को ही अपनाया है। यूनान और क्रीट में पहुंचे 'आर्यों' ने आरंभ में क्रीट की लिपि के आधार पर अपने लिए एक वर्णमालात्मक लिपि बनाई, बाद में उन्होंने उत्तरी सेमेटिक लिपि के आधार पर अपने लिए एक लिपि का निर्माण किया था। ई.पू. 14वीं शताब्दी में उत्तर-पश्चिम मेसोपोटामिया के हिती, मितानी आदि आर्य-शासकों ने बेबीलोन की कीलाक्षर लिपि के आधार पर अपने लिए एक लिपि बनाई थी। भारतीय आर्यों के ईरानी भाईबंदों के पास भी अपनी कोई मूल लिपि नहीं थी। ईरान के हखामनी शासन-काल (ई.पू. छठी शताब्दी) में ही पहली बार ईरानी आर्यों ने अपनी आर्य भाषा के लिए कीलाक्षरों के आधार पर एक 'पारसी कीलाक्षर-

माला' को जन्म दिया था। प्रसिद्ध हखामनी सम्राट दारयवुश (डैरियस) की वेहिस्तुन शिलालेख की तीन लिपियों में से एक यही लिपि है।

अतः आर्यों की जो शाखा या शाखाएं भारत पहुंचीं, उनके पास भी कोई लिपि न रही हो, तो इसमें कोई आश्चर्य की बात नहीं है। उनका लोक–साहित्य इसीलिए 'श्रुति' कहलाया। भारत में आकर बसने के पहले 'आर्य' मंगोलों की तरह घुमक्कड़ ही थे। ऐसे लोगों को लिपि की जरूरत भी क्या? लेकिन आदि–वासियों की तरह घुमक्कड़ जनों को भी अंकों की जरूरत पड़ती है। ऋग्वेद के अध्ययन से पता चलता है कि आर्यों के पास सरल–सी संख्याओं के लिए अंक–संकेत अवश्य थे। ऋग्वेद का एक ऋषि कहता है : 'सहस्रं मे ददतो अष्टकर्ण्यः' (10,62,7) अर्थात् 'मुझे ऐसी सहस्र (गायें) दो जिनके कानों में 8 लिखा हो'। गायों के साथ अपने मालिक का संबंध स्थापित करने के लिए वैदिक काल में गायों के कानों पर अंकों के या अन्य कोई निशान बनाने की प्रथा थी। अथर्ववेद में भी कानों पर 'मिथुन' बनाने का उल्लेख मिलता है और पाणिनि भी इस प्रथा का समर्थन करते हैं। अतः यह निश्चित है कि ऋग्वैदिककाल में आर्यों के पास अंकों के लिए संकेत थे, परंतु ये अंक–संकेत किस प्रकार के थे, यह जानने के लिए आज हमारे पास कोई साधन नहीं हैं।

ऋग्वेद में 'अयुत' (10,000) तक की संख्याओं के माप मिलते हैं। इससे बड़ी इकाई के लिए कोई संज्ञा नहीं मिलती। एकादश, त्रिंशत्, चतुःऽशत, पंच पंच, आदि शब्दों पर विचार करने से स्पष्ट हो जाता है कि उस समय भी गणना का आधार दस ही था लेकिन ऋग्वेद में 'शून्य' शब्द नहीं मिलता। ऋग्वेद में 'रक' शब्द आया है परंतु वहां इसका अर्थ 'सूराख' है।

यजुर्वेद संहिता (वाजसनेयी) में परार्ध तक की संख्याओं की एक लंबी सूची ही मिलती है, यथा–एक (1), दस (10), सहस्र (1000), अयुत (10,000), नियुत (100,000), प्रयुत (10,00,000), अर्बुद (10,000,000), न्यर्बुद (100,000,000), समुद्र (1,000,000,000), मध्य (10,000,000,000), अंत्य (100,000,000,000) और परार्ध (1,000,000,000,000)। यही सूची तैत्तिरीय संहिता में दो स्थलों पर और कुछ अंतर के साथ मैत्रायणी और काळक संहिताओं में भी मिलती है। इन सभी संज्ञाओं में आगे की संज्ञा पहले की संज्ञा से दस गुना बढ़कर है, इसीलिए इन्हें 'दशगुणोत्तर संखाएं' कहते हैं। यजुर्वेद के एक अन्य मंत्र में प्रथम, द्वितीय, तृतीय आदि शब्दों का एक क्रम में द्वादश तक प्रयोग देखने को मिलता है। यजुर्वेद के ही एक अन्य मंत्र में 4 को 4 से ही 12 बार इस प्रकार जोड़ा गया है, मानो 4 का 12 तक (4 × 12) पूरा पहाड़ा ही दिया गया हो।

वैदिक साहित्य में संख्याओं की संज्ञाओं से इस प्रकार के अनेकानेक उल्लेख मिलने पर भी हम नहीं ही जानते कि उस समय के अंक-संकेत किस प्रकार के थे।

सम्राट अशोक (ई.पू. तीसरी शताब्दी, उत्तरार्ध) के अभिलेखों के साथ पहली बार हम भारतीय अंक-संकेतों की ठोस भूमि पर पैर रखते हैं। अशोक के अधिकांश धर्मलेख ब्राह्मी लिपि में ही हैं परंतु उसके मानसेहरा और शाहबाज़गढ़ी ये दोनों स्थान अब पश्चिम पाकिस्तान में हैं वो लेख खरोष्ठी लिपि में हैं। अतः, ब्राह्मी अंकों का परिचय प्राप्त कर लेने के पहले हम खरोष्ठी के अंकों पर दृष्टिपात कर लेंगे।

खरोष्ठी अंक

खरोष्ठी लिपि की उत्पत्ति आरमेई लिपि से मानी जाती है। अशोक के समय में भारत के वायव्य प्रदेश (गंधार) में इस लिपि का प्रचार था, इसीलिए अशोक ने इस प्रदेश के अपने धर्मलेख इसी लिपि में खुदवाए थे। अशोक के बाद शक एवं कुषाण राजाओं ने भी अपने अभिलेखों तथा सिक्कों के लिए इसी लिपि का इस्तेमाल किया था। पूर्वी मध्य-एशिया के तरिम उपत्यका में भी इस लिपि का प्रचार था जहां से खरोष्ठी में लिखे हुए अनेक काष्ठ-फलक तथा हस्तलिपियां मिली हैं। सामान्य रूप से हम कह सकते हैं कि ई.पू. की चौथी शताब्दी से ईसा की चौथी-पांचवीं शताब्दी तक खरोष्ठी लिपि का उत्तर-पश्चिम भारत से लेकर मध्य-एशिया तक के प्रदेश में व्यवहार होता रहा।

अशोक के उपरोक्त दो शिलालेखों में 1, 2, 4 तथा 5 के लिए उतनी ही खड़ी पाइयों वाले अंक-संकेत मिलते हैं, लेकिन बाद के शक एवं कुषाण राजाओं के खरोष्ठी लेखों की अंक-प्रणाली कुछ भिन्न है। इसमें 1, 2 और 3 के लिए इतनी ही खड़ी पाइयां हैं किंतु 4 के लिए गुणन के चिह्न (×) जैसा संकेत है। 5, 6 और 7 को क्रमशः 4 के चिह्न की बाईं ओर इतनी ही खड़ी पाइयां रखकर व्यक्त किया गया है (××)। यहां हमें यह जान लेना चाहिए कि खरोष्ठी लिपि दाईं ओर से बाईं ओर को लिखी जाती थी, इसलिए 4 के आगे के इन अंकों की पाइयां इस चिह्न के बाईं ओर लिखी गयी हैं। 8 के लिए 4 के चिह्न को दो बार लिखा जाता था। 9 के लिए कोई चिह्न नहीं मिला है। 10 के लिए ऊपर से बाईं ओर मुड़ा हुआ हुक जैसा चिह्न था। इसी हुक के नीचे और एक हुक जोड़ने से 20 का चिह्न बनता था। 100 के लिए भी एक स्वतंत्र चिह्न था और इसी चिह्न की दाईं ओर एक, दो आदि अतिरिक्त पाइयां खींचकर 200, 300 आदि को व्यक्त किया जाता था। स्पष्ट है कि यहां गुणन सिद्धांत का सहारा लिया गया है। लेकिन 1 से 100 तक की संख्याओं को लिखने के लिए योग के सिद्धांत का ही उपयोग होता था।

एक उदाहरण से खरोष्ठी अंक पद्धति स्पष्ट हो जाएगी। 274 संख्या को, दाईं ओर से बाईं ओर को, क्रमशः 2, 100, 20, 20, 20, 10 और 4 (अर्थात् (2 × 100) + 20 + 20 + 20 + 10 + 4) के संकेतों से व्यक्त किया जाता था, यथा :

 = 274

स्पष्ट ही है कि खरोष्ठी अंक-पद्धति न तो स्थानमान-युक्त थी और न उसमें शून्य के लिए ही संकेत था।

ब्राह्मी अंक

अशोक के अभिलेखों के साथ कुछ अंक-संकेत तो मिले हैं किंतु यहां भी हमें स्थानमान पद्धति तथा शून्य के दर्शन नहीं होते। ब्राह्मी लिपि तथा इसके अंकों की उत्पत्ति के विशद विवेचन में हम यहां नहीं ही उतरेंगे। अशोक के शिलालेखों में निम्नलिखित ब्राह्मी अंक संकेत मिलते हैं :

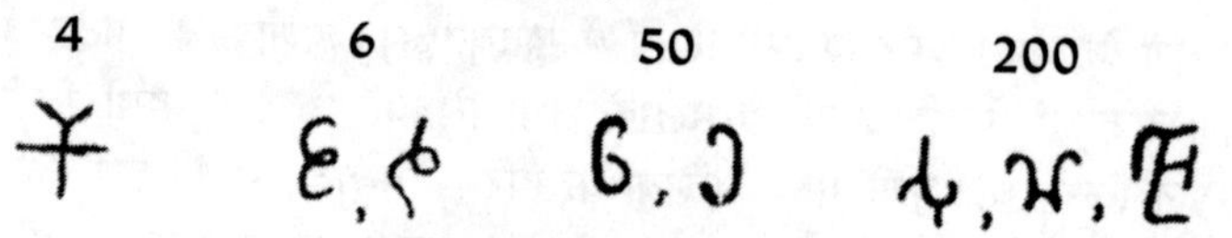

अशोक की ब्राह्मी लिपि के अंक-संकेत

अशोक के लगभग सौ साल बाद नासिक के पास की नानाघाट गुफा में जो लेख खोदा गया था, उसके ब्राह्मी संकेत हैं :

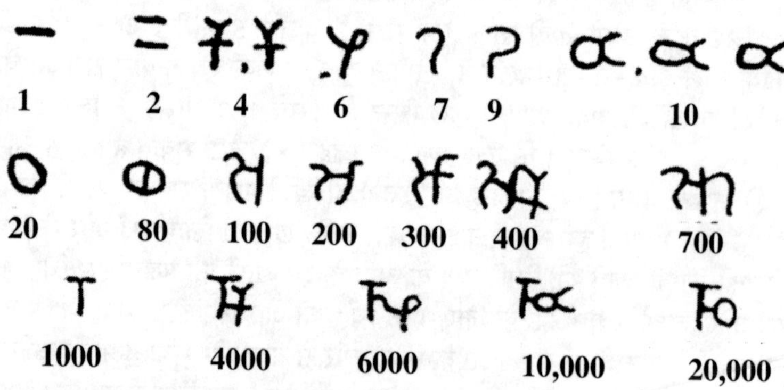

नाणेघाट लेखों के अंक-संकेत

अभी इन अंक संकेतों में शून्य के लिए कोई संकेत नहीं है और न यह अंक-पद्धति स्थानमान युक्त ही है। शून्य संकेत सहित किसी भी दाशमिक स्थानमान अंक-पद्धति का काम केवल दस अंक-संकेतों से ही चल जाता है। भारत में शून्य

तथा स्थानमान पद्धति का आविष्कार (जिसकी चर्चा हम आगे करेंगे) होने के बाद इन्हीं पुराने ब्राह्मी अंक-संकेतों से केवल 9 अंक-संकेत–1 से 9 तक के अंकों के संकेत–चुनना एक स्वाभाविक बात थी। शून्य युक्त स्थानमान अंक-पद्धति का आविष्कार किसी अन्य देश में हुआ होता तो हम इस आविष्कार के साथ-साथ दस अंक-संकेत भी बाहर से ले लेते, लेकिन जब आविष्कार देश में ही हुआ और 1 से 9 तक की संख्याओं के अंक-संकेत पहले से ही मौजूद थे, तो यही ब्राह्मी संकेत इस नए आविष्कार के लिए अपनाए गए। केवल यही एक प्रमाण शून्य एवं स्थानमान पद्धति की भारतीय उत्पत्ति के लिए एक ज्वलंत प्रमाण है।

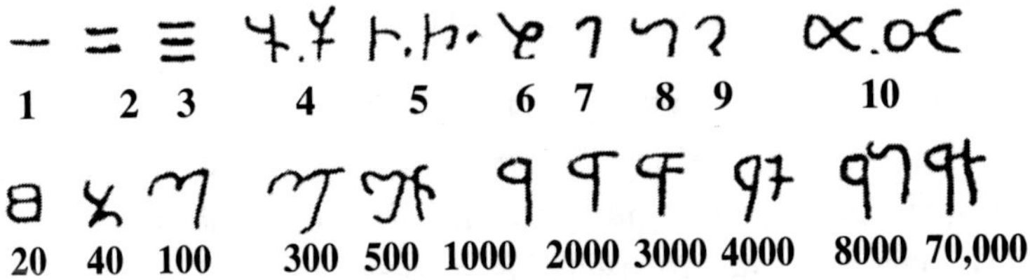

नासिक की गुफाओं के ब्राह्मी अंक-संकेत

दूसरी ओर आज यूरोप की भाषाओं के साथ जिन अंकों का इस्तेमाल होता है और जिन्हें आज हमने 'भारतीय अंतरराष्ट्रीय अंकों' का नाम दिया है, उनका स्रोत भी ईसा की आरंभिक शताब्दियों के ब्राह्मी अंक-संकेत ही हैं। इनके बारे में आगे विस्तार से बताया जाएगा।

शून्य तथा स्थानमान पद्धति का आविष्कार

अभिलेखों में स्थानमान पद्धति का सर्वप्रथम प्रयोग छठी शताब्दी के उत्तरार्ध का है परंतु भारतीय साहित्य में शून्य एवं स्थानमान पद्धति के उल्लेख उससे अधिक प्राचीन हैं। आचार्य पिंगल के छंदःसूत्र के एक उदाहरण में 'शून्य' शब्द का प्रयोग हुआ है किंतु उस समय यदि शून्य के लिए कोई संकेत रहा हो, तो वह कैसा था, यह जानने के लिए आज हमारे पास कोई साधन नहीं है।

पंजाब के यूसफजई जिले (पाकिस्तान) के भक्षाली गांव में गणित की एक हस्तलिपि मिली थी। इस हस्तलिपि में शून्य एवं स्थानमान-युक्त नवीन शैली के अंकों का प्रयोग हुआ है। इस हस्तलिपि के संपादक प्रसिद्ध विद्वान डा. हार्नले इस हस्तलिपि का रचना काल ईसा की तीसरी या चौथी शताब्दी मानते थे। कुछ अन्य विद्वान हार्नले के इस मत से सहमत नहीं हैं, इसीलिए डा. बूलर ने लिखा था, "यदि हार्नले का अंकगणित की इस कृति के रचना-काल के बारे में व्यक्त संभावित अनुमान सही है, तो इस नवीन अंक-पद्धति के आविष्कार का समय ईसा के आरंभ

काल या इससे भी पहले सिद्ध होता है।" (इंडियन पेलियोग्राफी, पृ. 125)। पाठकों की जानकारी के लिए हम नीचे इस भक्षाली हस्तलिपि के अंक-संकेत दे रहे हैं :

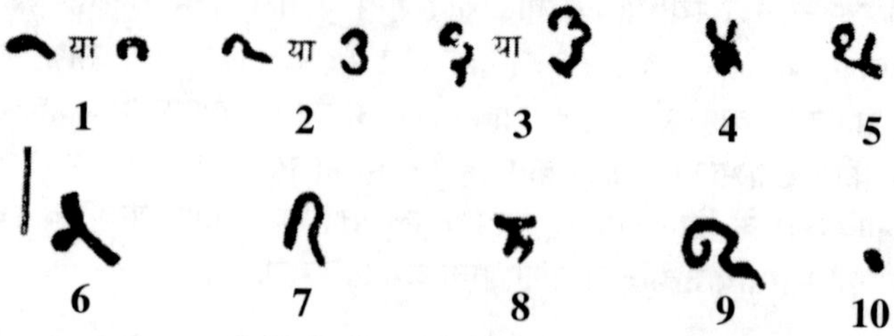

भक्षाली हस्तलिपि के अंक-संकेत

प्रसिद्ध ज्योतिषी वराहमिहिर ने अपने 'पंचसिद्धांतिका' (स. 550 ई.) ग्रंथ में शून्य का अनेक बार प्रयोग किया है। वराहमिहिर के समकालीन जैन लेखक जिनभद्र गणि ने भी शून्य युक्त संख्याओं के कई उदाहरण दिए हैं। महाकवि सुबंधु के काव्य-ग्रंथ वासवदत्ता में एक स्थान पर तारों की उपमा शून्य बिंदुओं से दी गई है। अत: यही संभव जान पड़ता है कि शुरू से ही शून्य के लिए बिंदु का चिह्न रहा है। भक्षाली हस्तलिपि में भी शून्य के लिए बिंदु ही मिलता है।

स्थानमान-युक्त दाशमिक अंक-पद्धति का सर्वप्रथम प्रयोग जिस अभिलेख में मिलता है, वह है संखेड़ा से प्राप्त किसी गुर्जरवंशी राजा का दानपत्र। यह दानपत्र कलचुरी संवत् 346 (ई.पू. 595) का है। इसमें तिथि लिखी है : 'संवत्सरशतत्रयंये षट्चत्वारिंशोशदुत्तरके। 346'। यहां स्थानमान शैली के अंकों का प्रयोग तो हुआ है किंतु इन अंकों में शून्य नहीं ही है।

सबसे पहले जिस पुरालेख में शून्य के लिए संकेत मिलता है वह है 8वीं शताब्दी का जयवर्धन द्वितीय का राघोली का दानपत्र। इस लेख में संख्या 30 दाशमिक पद्धति में है और शून्य के लिए एक लघुवृत्त का चिह्न है। भोजदेव के काल के लेख (870 ई.) में 1 से 26 तक श्लोकों की संख्या दशमलव संकेतों में दी गई है और यहां भी शून्य के लिए लघुवृत्त का ही संकेत है।

दाशमिक स्थानमान पद्धति के अंकों का प्रयोग सुदूर पूर्व के भारतीय उपनिवेशों में भी देखने को मिलता है। ये अभिलेख सातवीं शताब्दी के हैं और श्रीविजय, पालंबंग (सुमात्रा) तथा लंका द्वीप से मिले हैं। इनमें शकाब्द 605, 606 और 608 दाशमिक अंक-पद्धति में लिखे गए हैं। इनके अलावा कंबोडिया के संबोर नगर से एक पुरालेख मिला है, जिसमें शकाब्द 605 इन नवीन शैली के अंकों में है। उसी प्रकार, चंपा द्वीप के पौ नगर का एक पुरालेख, जो शकाब्द 735 का है, इन्हीं नए अंकों में है।

इन उदाहरणों से पता चलता है कि भारतीय अभिलेखों में पहली बार दाशमिक

अंकों का प्रयोग होने के बाद सौ साल के भीतर ही यह नई अंक-पद्धति भारतीय लोगों के साथ सुदूर पूर्व के देशों में फैल गई थी, लेकिन भारत में नवीन तथा प्राचीन दोनों ही अंक-प्रणालियों का प्रयोग 10वीं शताब्दी तक साथ-साथ चलता रहा। इसके बाद सर्वत्र नवीन शैली के अंकों का ही प्रयोग देखने को मिलता है।

उपरोक्त साहित्यिक एवं पुरालेख संबंधी प्रमाणों पर विचार करने से किसी को भी यह स्पष्ट हो जाता है कि ईसा की प्रथम शताब्दी में भारत में शून्य युक्त स्थानमान अंक-पद्धति का आविष्कार हो चुका था। इस आविष्कार के बाद भी चार-पांच सौ साल तक पुरानी शैली के ही अंकों पर प्रयोग होते रहना, एक स्वाभाविक बात है। पुरातन का मोह, भारत में ही नहीं, सभी देशों में देखने को मिलता है। यूरोप के देश 11वीं शताब्दी में भारतीय अंक-पद्धति से परिचित हो गए थे, किंतु फिर भी 17वीं शताब्दी तक उन्होंने अवैज्ञानिक रोमन अंक-पद्धति का मोह नहीं छोड़ा।

शून्य युक्त इस दाशमिक स्थानमान अंक-पद्धति का आविष्कार किस पंडित ने, किस स्थान पर और ठीक किस साल किया, इसके बारे में हमें कहीं भी कोई जानकारी नहीं मिलती।

एक नवीन भारतीय अंक-प्रणाली के साथ पहले अरब देशों की और बाद में यूरोप के देशों की सैर पर निकलने के पहले भारत की ही अन्य दो-तीन अंक पद्धतियों का अल्प परिचय प्राप्त कर लेना उचित होगा।

शब्दांक-पद्धति

प्राचीन भारत में गणित और ज्योतिष के ग्रंथ भी पद्य में लिखे जाते थे। इन ग्रंथों में अंक-संकेतों से काम नहीं चल सकता था, इसलिए ईसा की आरंभिक शताब्दियों में एक शब्दांक-पद्धति अस्तित्व में आई। इस पद्धति के अनुसार, संख्याओं को ऐसे शब्दों से सूचित किया जाता था जो शास्त्रों के अनुसार अंक-बोधक होते थे, जैसे– पृथ्वी, चंद्र आदि एक-एक होने के कारण, अंक 1 के बोधक होते थे, हाथ, आंख आदि जोड़े होने के कारण अंक 2 के बोधक थे इत्यादि।

स्पष्ट है कि इस पद्धति में एक संख्या को कई प्रकार से व्यक्त किया जा सकता है और इसीलिए कवियों के लिए यह अंक-पद्धति बड़ी सुविधाजनक थी। जैसे 1230 संख्या को निम्न प्रकारों से व्यक्त किया जा सकता है :

0 3 2 1
1. खगुणकरादि (ख-गुण-कर-आदि) = 1230

0 3 2 1
2. खलोककर्णचंद्र (ख-लोक-कर्ण-चंद्र) = 1230
3. आकाशकालनेत्रधरा (आकाश-काल-नेत्र-धरा), आदि।

इन उदाहरणों से यह भी पता चलेगा कि इस शब्दांक पद्धति में अंक दाईं ओर

से बाईं ओर को व्यक्त होते थे। साहित्य में और अभिलेखों में 1 से 49 तक की संख्याओं के लिए इस प्रकार के शब्दांक मिलते हैं। इन शब्दों का प्रयोग अधिकतर स्थानमान के साथ ही हुआ है। कंबोडिया के कुछ पुरालेखों में भी इस शब्दांक पद्धति का प्रयोग हुआ है।

अक्षरांक पद्धति

हम पहले बता चुके हैं कि यूनानी अंक-पद्धति वस्तुतः अक्षरांक पद्धति ही थी। भारत में भी 5वीं शताब्दी के आगे संस्कृत की वर्णमाला के आधार पर कई अक्षरांक पद्धतियों का निर्माण किया गया था, किंतु जहां यूनानी अक्षरांक पद्धति का प्रयोग जनसाधारण में भी होता था, वहां भारतीय अक्षरांक पद्धतियों का प्रयोग केवल पंडितों तक ही सीमित रहा।

सर्वप्रथम प्रसिद्ध ज्योतिषी आर्यभट ने अपने 'आर्यभटीय' ग्रंथ में, जिसकी रचना 499 ई. में हुई थी, एक अक्षरांक पद्धति को जन्म दिया था। यहां आर्यभट की इस अक्षरांक पद्धति का विवचेन संभव नहीं है, हम केवल दो उदाहरण देते हैं–

चयगियिङुशुछ्लृ		ङिशिबुण्लृरब्षृ	
च =	6	ङि =	500
य =	30	शि =	7000
गि =	300	बु =	230000
यि =	3000	ण्लृ =	1500000000
ङु =	50000	रब्षृ =	82000000
शु =	700000		1582237500
छ्लृ =	57000000		
	57753336		

इन दो उदाहरणों से ही स्पष्ट हो जाएगा कि आर्यभट की यह अक्षरांक पद्धति बड़ी जटिल थी। कुछ संख्याओं के शब्दों का तो उच्चारण करना भी संभव नहीं था।

अक्षरांक पद्धति का एक सुधरा हुआ प्रकार कटपयादि पद्धति के नाम से प्रसिद्ध है। इसमें वर्णमाला के व्यंजनों को 1 से 9 तक के अंकों के मान दिए गए हैं और शून्य के लिए ञ, न् एवं केवल स्वरों का प्रयोग होता था। यह पद्धति स्थानमान सिद्धांत पर आधारित थी और इसमें उतनी दिक्कत नहीं थी जितनी कि आर्यभट की अक्षरांक पद्धति में थी। इसमें शब्द प्रायः सार्थक और मधुर बनते हैं, जैसे–

2		4		4		1	
रा	–	घ	–	वा	–	य	= 1442
6		4		3		1	

त - त्वा - लो - के = 1346 इत्यादि

अक्षरपल्ली

प्राचीन हस्तलिपियों में पृष्ठों की संख्याओं को सूचित करने के लिए प्राय: उसी लिपि के अक्षरों का इस्तेमाल होता था जिसमें यह हस्तलिपि लिखी होती थी। अंकपल्ली (दाशमिक अंक-पद्धति) से इसे स्पष्ट करने के लिए जैनियों ने इसे यह अक्षरपल्ली नाम दिया था। अक्षरपल्ली अंक-पद्धति में अक्षरों के आकार-प्रकार के बारे में कोई तारतम्य नहीं था। वैसे यह पद्धति बहुत प्राचीन है और जैन हस्तलिपियों में 16वीं शताब्दी तक इसका प्रयोग देखने को मिलता है। मालाबार में तो अभी पिछली शताब्दी के अंत समय तक इस प्रकार की अक्षरपल्ली का प्रयोग होता रहा। कुछ हस्तलिपियों में अक्षरों के साथ-साथ दशमलव पद्धति के अंक-संकेतों का भी प्रयोग देखने को मिलता है, यथा :

ला सु सु
33 = 3 100 = 0, 131 = ला, आदि
0 1

संक्षेप में यही है भारतीय अंक-पद्धतियों का परिचय। इस परिचय से स्पष्ट हो जाता है कि भारत में कई प्रकार की अंक-पद्धतियों का प्रचलन रहा है। दाशमिक स्थानमान अंक-पद्धति का आविष्कार होने पर भी हमारे यहां पुरानी अंक-पद्धतियों का शताब्दियों तक इस्तेमाल होता रहा। इसे हम पुरातन के मोह के अलावा और क्या कहें ? खैर!

अब हमें भारतीय अंक-पद्धति और अंक-संकेतों के साथ अरब तथा यूरोप के देशों की यात्रा करनी है।

भूमध्यसागरीय देशों में भारतीय अंक

622 ई. में मुहम्मद साहब के मक्का से मदीना पलायन करने के साथ अरब लोगों का क्रमबद्ध इतिहास आरंभ होता है। अरब साहित्य एवं विज्ञान की नींव डाली गई 750 और 850 ई. के बीच जबकि यूनानी एवं भारतीय ग्रंथों का अरबी में अनुवाद हुआ। उसी समय अरब लोग भारतीय विज्ञान के साथ-साथ भारतीय अंकों के संपर्क में आए।

लेकिन अरबों के भी पहले अलेक्जेंड्रिया के निवासी भारतीय अंकों के संपर्क में आ चुके थे। अरबों के भी बहुत पहले पश्चिम एशिया के देशों में और भूमध्यसागरीय देशों में भारतीय अंकों की ख्याति फैल चुकी थी। ईसा की आरंभिक शताब्दियों में

अलेक्जेंड्रिया के साथ भारत के व्यापारी संबंध थे। भारतीय सामान और व्यापारियों के साथ वहां भारतीय अंकों का पहुंचना एक स्वाभाविक बात है। पाश्चात्य विज्ञान भी यह स्वीकार करते हैं कि ईसा की पहली-दूसरी शताब्दी में भारतीय अंक अलेक्जेंड्रिया पहुंच चुके थे, लेकिन ये अंक-संकेत शून्य सहित और स्थानमान-युक्त थे या नहीं, इस प्रकार को लेकर वाद-विवाद है।

एक यूरोपीय गणितज्ञ बोयेथियस (लग. 510 ई.) की क्षेत्रगणित के बारे में एक हस्तलिपि मिली है, जो दसवीं शताब्दी की मानी जाती है : इस पुस्तक की कई हस्तलिपियां उपलब्ध हैं। इनमें अनेक स्थानों पर भारतीय अंकों का प्रयोग हुआ है और कुछ हस्तलिपियों में शून्य भी मिलता है। ये हस्तलिपियां यदि मूल पुस्तक की प्रामाणिक प्रतियां हैं तो हमें स्वीकार करना पड़ेगा कि 500 ई. के पहले भारतीय अंक दक्षिण यूरोप में पहुंच गए थे।

अरबों के भी बहुत पहले पश्चिम एशिया के देशों में भारतीय अंकों की कीर्ति फैल गई थी, इसके लिए सशक्त प्रमाण है : सीरिया देश के एक विद्वान सेवेरस (662 ई.) का कथन। सेवेरस फरात नदी के तट पर बसे एक मठ में रहता था। यूनानी विद्वान सीरियाई ज्ञान को नीची निगाह से देखते थे। इससे सेवेरस बड़ा आहत था। वह कहता था—खल्दियन लोग यूनानियों के गुरु थे और सीरियाई लोग मूलतः खल्दियन ही हैं। इसी संदर्भ में वह, यूनानियों का घमंड चूर करने के लिए, हिंदू अंकों के बारे में कहता है :

'मैं हिंदुओं के शास्त्रों के सारे विवेचन को छोड़ देता हूं—उन हिंदुओं के जो सीरियाई लोगों से भिन्न हैं—न उनकी ज्योतिष विषयक विलक्षण गवेषणाओं के विषय में कहूंगा जो यूनानी लोगों की गवेषणाओं की अपेक्षा अधिक कौशलपूर्ण है और न उनकी वर्णनातीत गणना के विषय में ही। मैं केवल यही कहना चाहता हूं कि यह गणना नौ चिह्नों की सहायता से की जाती है। यदि ये लोग, जो केवल यूनानी भाषा सीखने के कारण ही यह समझते हैं कि वे विद्या की सीमा पर पहुंच गए हैं, इन बातों को जानें तो उन्हें विश्वास हो जाएगा कि उन लोगों के अतिरिक्त भी ऐसे लोग हैं जो कुछ जानते हैं।'

भारतीय अंकों के बारे में यह प्रामाणिक उल्लेख अत्यंत महत्त्व का है। सेवेरस ने यहां नौ अंकों की चर्चा की है। वैसे आज भी शून्य को प्रायः अंक-संकेत नहीं माना जाता, इसलिए सेवेरस ने नौ ही अंक-संकेत का उल्लेख किया है। नौ अंक-संकेतों का उल्लेख यह भी सिद्ध करता है कि सेवेरस को जिस भारतीय अंक-पद्धति का परिचय मिला था, वह दाशमिक स्थानमान अंक-पद्धति थी। भारत की यह वैशिष्ट्यपूर्ण अंक-पद्धति उसके सामने थी। इसीलिए उसने यूनानियों का गर्व चूर करने के लिए इसका उल्लेख किया है। अतः यह निर्विवाद सिद्ध होता है कि

ईसा की सातवीं शताब्दी के आरंभ में भारतीय अंक-पद्धति की ख्याति फरात नदी के तट पर पहुंच चुकी थी।

अरबों को सर्वप्रथम जिन भारतीय अंकों का परिचय मिला वे अलेक्जेंड्रिया और पश्चिमी एशिया में पहुंचे हुए भारतीय अंक-संकेत थे। बगदाद के खलीफाओं के दरबार में सीरियाई विद्वान अनुवाद का कार्य करते थे। इन्हीं के माध्यम से सर्वप्रथम अरबों में भारतीय अंकों का प्रचार हुआ था। अरब लोग इन भारतीय अंक-संकेतों को गोबार अंक (हरूफ अल्-गोबार) कहते थे। यही गोबार अंक-संकेत कालांतर में अरबों (मूरों) के साथ स्पेन में पहुंचे थे। गोबार का अर्थ है धूलि। धूलि पर इन अंक-संकेतों के साथ गणनाएं होती होंगी, इसीलिए यह नाम। हमारे देश में भी प्राचीन समय में जमीन या फलक पर धूल बिछाकर उंगली से अंक-संकेत लिखे जाते थे, इसीलिए प्राचीन गणित-साहित्य में पाटीगणित के लिए धूलिकर्म शब्द का भी प्रयोग मिलता है।

अरब में भारतीय अंक

अरब के खलीफाओं का मिस्र और पश्चिमी एशिया पर जब शासन आरंभ हुआ, तो उनके पास अपने कोई संतोषजनक अंक-संकेत नहीं थे। मिस्र में काप्टिक अंक और सीरिया में यूनानी अंकों का प्रचलन था। इसीलिए खलीफा वालिद (699 ई.) ने अपनी राजघोषणा में यूनानी लिपि का प्रयोग तो रुकवा दिया था, किंतु यूनानी अंकों को कायम रखा था। इसी समय सेवेरस जैसे विद्वानों से और अलेक्जेंड्रिया से अरबों को भारतीय अंकों का ज्ञान हुआ होगा किंतु भारतीय अंक-पद्धति को, इसकी अमूर्त धारणा के कारण, आरंभ में वे समझ नहीं पाए। इस बीच अरबों के अपने अवजद अंक-संकेत भी अस्तित्व में आ गए थे। अरबों की भारतीय अंक-पद्धति का सही ज्ञान तब हुआ जब कुछ भारतीय विद्वान संस्कृत ग्रंथों के साथ बगदाद पहुंचे।

खलीफा अल मंसूर (753-774 ई.) के शासन काल में सिंध से बगदाद कुछ दूत गए थे, जिनमें कुछ भारतीय पंडित भी थे। पता चलता है कि ये अपने साथ ब्रह्मगुप्त (628 ई.) द्वारा लिखित ब्राह्म-स्फुट-सिद्धांत और खंड-खाद्यक ग्रंथ ले गए थे। तब कुछ अरबी विद्वानों की सहायता से इन ग्रंथों का अरबी में अनुवाद हुआ था। अरबी विद्वानों के साथ भारतीय विद्वानों का सीधा संबंध स्थापित होने का यह पहला अवसर था। इसी समय अरबों को भारतीय अंक-पद्धति का असली परिचय मिला किंतु इसके पहले ही भारतीय उत्पत्ति के गोबार अंक अरब देश में प्रसिद्ध थे। इसलिए भारतीय अंक-पद्धति को पूर्ण रूप से अपनाने का अवसर आया तो नया शून्य-संकेत लेकर शेष अंकों के लिए पुराने गोबार अंक-संकेत ही अपनाए गए।

अरबी लिपि दाईं ओर से बाईं ओर को लिखी जाती है। इसलिए ये गोबार अंक अरबों के लिए कुछ दिक्कत के ही थे। अत: उन्होंने इन्हीं गोबार अंकों के आधार पर दाईं ओर से बाईं ओर को लिखने के लिए नए अंक बनाए जिनका प्रयोग अधिकतर पूर्वी अरब प्रदेशों में होता था। पश्चिमी अरब में गोबार अंकों का ही प्रयोग चलता रहा और बाद में पश्चिम अरब के यही गोबार अंक-संकेत मूरों के हाथों यूरोप

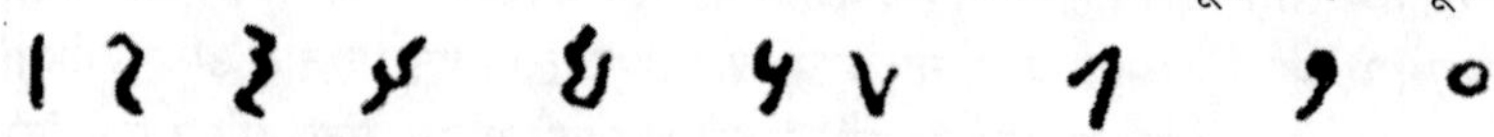

दसवीं सदी की एक अरबी पुस्तक में गुबार (भारतीय) अंक

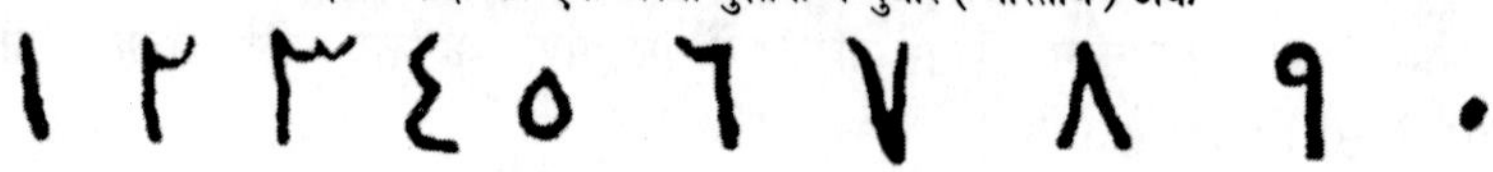

अरबी अंक-संकेत। यहां शून्य के लिए भक्षाली हस्तलिपि की तरह एक बिंदी है।

प्रसिद्ध अरब गणितज्ञ अल्-ख्वारिज्मी (825 ई.) ने गोबार अंकों का ही इस्तेमाल किया था। उसने इन अंकों के महत्त्व को समझकर इनके बारे में एक पुस्तक भी लिखी थी जिसका बाथ के एदेलार्द (लग. 1120 ई.) ने लैटिन में 'लिबेर अल्गोरिज्मी दे नूमेरो इंदोरम' (हिंदू अंकों पर अल्-ख्वारिज्म की पुस्तक) इस शीर्षक से अनुवाद किया था। अन्य अरबी लेखकों के भी भारतीय अंकों के बारे में अनेकानेक उल्लेख मिलते हैं। इब्न वहसिया (855 ई.) तीन प्रकार के भारतीय अंकों का उल्लेख करता है। अरब दार्शनिक जाहिज (मृत्यु 869 ई.) अंकों को 'हिंद के स्वरूप' कहता है और पूछता है कि, 'हिंद के स्वरूपों का आविष्कारक कौन है?' अबुल हसन अल्-मसौदी 912 ई. में मुल्तान आया था। वह लिखता है कि 'ब्रला के आदेश से ऋषियों ने नौ अंकों का निर्माण किया था।'

प्रसिद्ध अरब पर्यटक अल-बेरूनी लगभग तेरह साल (1017-30 ई.) भारत में रहकर यहां के ज्ञान-विज्ञान का अध्ययन करता रहा। उसने हिंदू अंकों के बारे में दो पुस्तकें भी लिखी थीं। अपने तारीख अल्-हिंद (भारत का इतिहास) ग्रंथ में वह लिखता है : 'जिस प्रकार भारत में भिन्न-भिन्न स्थानों में वर्णमाला के आकार भिन्न-भिन्न हैं, ठीक उसी प्रकार अंकों के आकारों में भी भिन्नता है। हम लोग जिन अंकों का प्रयोग करते हैं वे हिंदू अंकों के सर्वोत्तम आकारों से व्युत्पन्न हैं।' अन्य स्थान पर वह लिखता है, 'मैंने एक पुस्तक लिखी है जिसमें मैंने बतलाया है कि

हिंदू लोग इस विषय में हम लोगों से कितने आगे हैं।' अल-बेरूनी ने इन नए अंकों की 'अल्-अरकाम अल्-हिंद' (हिंद के अंक) कहा है।

अल्-कलसादी (मृत्यु 1486 ई.) का उल्लेख है : 'ये नौ चिह्न भी गोबार धूल के चिह्न कहलाते हैं, वे चिह्न हैं जो हमारे स्पेन के प्रांतों तथा मगरीब और अफ्रीका के देशों में बहुधा प्रयोग किए जाते हैं। इनकी उत्पत्ति परंपरा से भारत के एक व्यक्ति को आरोपित की गई है। लोगों का कथन है कि उस व्यक्ति ने कुछ बारीक धूल लेकर एक पटरे पर फैला दी और लोगों को गुणा, भाग तथा गणित की अन्य क्रियाएं सिखाईं।'

उपरोक्त उल्लेख से पता चलता है कि अरबों के माध्यम से स्पेन में पहुंचे हुए अंक-संकेत भारतीय उत्पत्ति के ही थे। अब इन्हीं अंकों की खोज में हम यूरोप में पहुंचेंगे।

यूरोप में भारतीय अंक

पश्चिम यूरोप में गाथ लोगों की शक्ति क्षीण पड़ जाने पर 8वीं शताब्दी के पूर्वार्ध में अरबों ने स्पेन पर अधिकार कर लिया था। स्पेन पर अधिकार करने वाले ये अरब ही मूर कहलाते थे। प्राचीन यूनानी और भारतीय ज्ञान से अब अरब भी ज्ञान-विज्ञान के क्षेत्र में आगे बढ़ते जा रहे थे। मूरों ने स्पेन में कारदोवा, ग्रेनेवा, तोलेदो आदि स्थानों में विद्या के प्रसिद्ध केंद्र स्थापित किए थे। इन्हीं विद्या केंद्रों में ईसाई लोग अरबी विज्ञान के संपर्क में आए। पहले पहल अरबी के माध्यम से ही यूरोप वालों को यूनानी संस्कृति का ज्ञान हुआ था। भारतीय अंक-पद्धति का परिचय भी उन्हें मूर विद्वानों से ही मिला। यह भी संभव है कि स्पेन के पहले व्यापारी मार्ग से भारतीय अंक पहले ही इटली में पहुंच गए हों।

जो भी हो, भारतीय उत्पत्ति के गोबार अंकों को विधिवत् उल्लेख करने वाला पहला यूरोपीय व्यक्ति है गेर्बर्ट नाम का एक फ्रांसीसी विद्वान। गेर्बर्ट बाद में (999 ई.)सिल्वेस्तर-द्वितीय के नाम से पोप भी निर्वाचित हुआ था। 967 ई. में वह स्पेन गया था और संभव है कि वहां बार्सेलोना के विद्या केंद्र में उसने गोबार अंकों का परिचय प्राप्त किया हो। वह इटली में भी कई उच्च पदों पर रह चुका था। यह भी संभव है कि व्यापारी मार्ग से इटली में पहुंचे गोबार अंकों का ही उसे परिचय मिला हो। वस्तुतः गेर्बर्ट ने अपने ग्रंथ में रोमन अंकों का ही इस्तेमाल किया है, उसे ये गोबार अंक अधिक अच्छे नहीं लगे थे, लेकिन एबेक्स की गणना में उसने गोबार संकेतों का प्रयोग किया था।

यूरोप की जिस प्राचीनतम हस्तलिपि में भारतीय अंक मिलते हैं, वह स्पेन में 976 ई. में लिखी गई थी। सेवेरस के आइसोदोरस की ओरिजिंस पुस्तक की

इस हस्तलिपि में प्रथम अध्याय रोमन अंकों से संबंधित है और इसी के परिशिष्ट में गोबार अंकों का परिचय है। इसी पुस्तक की स्पेनिश प्रतिलिपि (992 ई.) में भी उसी स्थान पर गोबार अंक दिए गए हैं। इनमें केवल 9 संकेत हैं, शून्य-संकेत नहीं हैं। आइसोदोरस इन अंकों का परिचय देते हुए कहता है : 'ऐसा ही अंकगणित के चिह्नों के विषय में है। यहां यह देखने योग्य है कि भारतीयों की बुद्धि अत्यंत प्रखर है। अन्य राष्ट्र अंकगणित, क्षेत्रगणित तथा ललित कलाओं में उनसे हीन हैं। उनके नौ अंक चिह्नों से तो यह स्पष्ट ही है, जिनका प्रयोग करके वे किसी भी बड़ी-से-बड़ी संख्या को व्यक्त कर सकते हैं। इन अंकों के आकार ये हैं :'

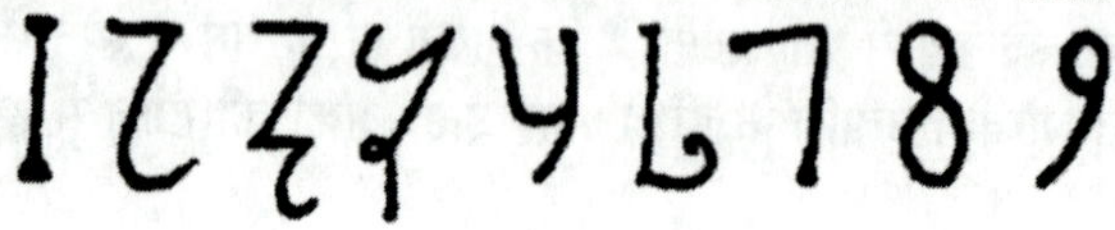

यूरोप में भारतीय अंक (दसवीं शताब्दी)

रब्बी बेन हज़रा (1092-1167 ई.) अपने ग्रंथ सिफर-ह-मिस्पर (अंकों की पुस्तक) में लिखता है कि 'भारत के विद्वानों ने अपने संपूर्ण अंकों को 9 के द्वारा विशेषित किया है।' इन उल्लेखों से पता चलता है कि 9वीं-10वीं शताब्दी में यूरोप वालों को जिन भारतीय अंकों का परिचय मिला वह स्थानमान युक्त दाशमिक अंक-पद्धति ही थी।

लेकिन भारतीय अंकों का यूरोप में सर्वाधिक प्रचार करने का महान श्रेय प्राप्त है महान गणितज्ञ पीसा के लियोनार्दो 'फिबोनकी' को। पीसा उस समय का एक प्रसिद्ध व्यापारिक केंद्र था। लियोनार्दो के पिता बुगिया (अफ्रीका के उत्तरी तट पर) में एक अढ़तिया थे। यहीं पर एक मूरिश पंडित से लियोनार्दो को आरंभिक शिक्षा मिली थी। तरुणावस्था में उसने मिस्र, यूनान, सीरिया, सिसिली, फ्रांस आदि देशों की यात्राएं करके विद्वानों से संपर्क स्थापित किया था। इन्हीं यात्राओं में उसने विभिन्न देशों के व्यापारियों की अंक-पद्धतियों का भी परिचय प्राप्त किया। उसका कहना है कि हिंदू अंक-पद्धति के सामने शेष सभी अंक-पद्धतियां निम्न कोटि की हैं। पीसा लौटने पर 1202 ई. में उसने 'लिबेर एबकी' नाम से एक पुस्तक लिखी, जिसे 1228 ई. में उसने पुन: लिखा। इस पुस्तक में उसने भारतीय ग्रंथों का इस्तेमाल करके इनका परिचय दिया है लेकिन लियोनार्दो के समय में यूरोप में उसकी इस पुस्तक का बहुत स्वागत नहीं ही हुआ। इसका प्रमुख कारण यह है कि भारतीय अंक-पद्धति जनसाधारण और व्यापारियों के लिए अभी काफी जटिल थी, लेकिन

अलगोरिथम क्या है?

यूरोप की भाषाओं में प्रचलित यह अलगोरिथम शब्द मध्य-एशिया के महान गणितज्ञ अल्-ख्वारिज्मी (नौवीं सदी ईसवी) के नाम पर बना है। अल्-ख्वारिज्मी ने भारतीय अंकगणित पर अरबी में एक पुस्तक लिखी थी। जब लैटिन भाषा में इस पुस्तक का अनुवाद हुआ तो भारतीय गणना-पद्धति यूरोप में अलगोरिस्म के नाम से प्रसिद्ध हुई। अल्-ख्वारिज्मी की बीजगणित की पुस्तक अल्-जब्र नाम कालांतर में अलजिब्रा हो गया।

आज अलगोरिथम शब्द का व्यापक अर्थ है सवालों को हल करने का नियम। गणित के किसी सवाल को यदि ताला माना जाए तो उसका अलगोरिथम उसकी कुंजी होगी। गणित के कठिन-से-कठिन सवालों को कई सारे सरल परिकर्मों की क्रमिकता में विभक्त किया जा सकता है। सरल परिकर्मों के इस सिलसिले को ही अलगोरिथम कहते हैं। इस प्रकार अलगोरिथम गणित के सवालों को हल करने की एक तकनीकी है।

अलगोरिथम को खोजना और उसका सूत्रीकरण करना बहुत कठिन काम है। परंतु एक बार अलगोरिथम खोज लेने पर फिर बड़ी आसानी से यंत्रवत् गणनाएं की जा सकती हैं। अलगोरिथम का विशिष्ट प्रकार से आयोजन करके कंप्यूटर से गणनाएं की जा सकती हैं। कंप्यूटर गणित में अलगोरिथमों का बुनियादी महत्त्व है। कहा जा सकता है कि अलगोरिथम ही कंप्यूटर गणित है।

हर नए अलगोरिथम का अर्थ है सवालों का नया हल। गणितज्ञ अधिकाधिक संक्षिप्त और सरल अलगोरिथम की निरंतर तलाश में रहते हैं। गणित का लंबा इतिहास दरअसल अलगोरिथमों की तलाश का इतिहास है।

अभी कुछ समय पहले भारत की गणितीय प्रतिभा ने फिर एक बार दुनियाभर में तहलका मचाया है। अमेरिका की बेल लेबोरेटरीज से संबद्ध डा. नरेंद्र करमरकर ने एक ऐसा गणितीय हल या अलगोरिथम खोज निकाला है जिसके बड़े-बड़े उद्योगों और वितरण-व्यवस्थाओं के क्षेत्रों में बड़े दूरगामी परिणाम हो सकते हैं। दूसरी तरफ, एक सोवियत वैज्ञानिक ने तंत्र-साधना से संबंधित श्रीयंत्र

की संरचना के लिए एक अलगोरिथम खोज निकाला है। इस प्रकार, एक अलगोरिथम प्राचीन भारत की गणितीय प्रतिभा को अभूतपूर्व प्रमाणित करता है, तो दूसरा अलगोरिथम आधुनिक भारत की गणितीय प्रतिभा को। प्रस्तुत है इन दोनों ही उपलब्धियों की सुगम और दिलचस्प जानकारी–

दूसरे महायुद्ध के समय से एक नया विज्ञान अस्तित्व में आया है। गणित की भाषा में इसे लिनीयर प्रोग्रामिंग कहते हैं। व्यापक अर्थ में इसे आपरेशनल रिसर्च भी कहते हैं। सरल शब्दों में इसे हम योजना विज्ञान भी कह सकते हैं।

एक उदाहरण लीजिए। कुछ फैक्टरियों को विभिन्न स्रोतों से कच्चा माल पहुंचाना है। किसी फैक्टरी को माल रेल से पहुंचाया जा सकता है, किसी को ट्रकों से, तो किसी को हवाई जहाज से और हर वाहन का अलग-अलग खर्च है। एक ऐसी योजना तैयार करनी है जिससे यह पता चले कि किस स्रोत से किस फैक्टरी को कितना कच्चा माल पहुंचे ताकि जरूरत पूरी हो पर माल ढोने का खर्च कम-से-कम आए।

आधुनिक जीवन में ऐसी हजारों समस्याएं निरंतर पैदा होती रहती हैं। कच्चे खनिज तेल को तेल-शोधक कारखानों तक पहुंचाने में होती है। संचार उपग्रह के जरिए लाखों टेलीफोन संबंध स्थापित करने में भी समय के वितरण को लेकर यही समस्या पैदा होती है। ऐसी पेचीदा समस्याएं युद्धों में भी पैदा होती हैं। लिनीयर प्रोग्रामिंग नामक गणित के जरिए ऐसी समस्याओं के हल खोजे जाते हैं। डा. नरेंद्र करमरकर ने ऐसे सवालों को हल करने का एक नया कारगर तरीका खोजा है, एक नया अलगोरिथम खोजा है।

नरेंद्र करमरकर का प्रारंभिक अध्ययन पुणे में हुआ। 1978 में उन्होंने आई.आई.टी. का कोर्स पूरा किया और प्रथम आए। इसके बाद वह कैलिफोर्निया चले गए और वहां टेक्नोलाजी संस्थान से एम.एस-सी. की उपाधि प्राप्त की। फिर वहीं की बर्कले विश्वविद्यालय से उन्होंने पी-एच.डी. हासिल की। 46 वर्षीय डा. करमरकर इस समय अमेरिका की प्रसिद्ध बेल लेबोरेटरीज से संबद्ध हैं।

डा. करमरकर की खोज के महत्त्व को समझने के लिए लिनीयर प्रोग्रामिंग का एक ठोस उदाहरण लेंगे। चिकित्सा विज्ञान से जानकारी मिलती है कि स्वस्थ शरीर के लिए विभिन्न मात्रा में 15 किस्म के पोषक तत्वों की आवश्यकता होती है। ब्रेड, दूध, मछली, फल आदि कोई 50 चीजों से विभिन्न मात्रा में ये पोषक तत्व प्राप्त होते हैं। सवाल है–शरीर को स्वस्थ रखने वाला सबसे कम खर्च का भोजन कौन-सा होगा? अन्य शब्दों में, हमें शरीर के लिए सबसे अधिक उपयोगी और सबसे कम खर्च वाली भोजन-सामग्री खोजनी है।

इस सवाल को गणितीय संकेतों में व्यक्त करने पर हमें 50 अज्ञात राशियों वाले 15 समीकरणों का एक समूह प्राप्त होता है। युगपत समीकरणों की ऐसी जिन योजनाओं में अज्ञात राशियों की संख्या समीकरणों की संख्या से अधिक होती है उनके अनंत हल संभव हैं, लेकिन इनमें से हमें केवल एक ही उपयुक्त हल को चुनना है।

यह एक अत्यंत दुष्कर कार्य है। फिर भी गणितज्ञों ने इसके लिए कुछ तरीके खोज निकाले हैं। कुछ विशिष्ट हलों का चयन करके गणितज्ञ कंप्यूटरों के जरिए इनकी एक-एक करके जांच करते हैं। और अंत में एक सर्वाधिक उपयुक्त हल पर पहुंचते हैं।

योजना-कार्य से संबंधित अर्थशास्त्रियों के सामने लिनीयर प्रोग्रामिंग के ऐसे सवाल लगातार उठते रहते हैं। दूसरे महायुद्ध के दौरान अमेरिकी वायुसेना के सामने ऐसे सवाल उठे तो उन्होंने इनके लिए अलगोरिथम मशीनों द्वारा गणना किए जा सकने वाले नियम खोजने का काम गणितज्ञों को सौंप दिया। 1947 में गणितज्ञ जार्ज बी. डांटजिग ने लिनीयर प्रोग्रामिंग के सवालों को हल करने का एक तरीका खोज निकाला जो सिंप्लेक्स मेथड के नाम से जाना जाता है। यह एक ज्यामितीय तरीका है और आज तक इसी का व्यापक इस्तेमाल होता रहा है।

लेकिन बहुराष्ट्रीय व्यापार की या लेन-देन की या आदान-प्रदान की कुछ ऐसी भी समस्याएं हैं जिनको हल करने के लिए शक्तिशाली कंप्यूटरों को भी काफी समय लगता है, लाखों डालर खर्च आता है और इसीलिए ऐसे कई सवालों को हल कर पाना अभी तक संभव नहीं हुआ है।

संसार के अनेक गणितज्ञ 'सिंप्लेक्स' विधि से अधिक सरल विधि की तलाश में जुटे हुए हैं। कुछ सोवियत गणितज्ञों ने एक बेहतर तरीका खोजा भी है, पर इसका सैद्धांतिक महत्त्व ही अधिक है।

अब डा. नरेंद्र करमरकर ने लिनीयर प्रोग्रामिंग के सवाल हल करने के लिए एक नया और सरल तरीका खोजा है, एक नया अलगोरिथम खोजा है। यह तरीका ज्यामितीय तकनीक पर आधारित है। यहां इस करमरकर विधि की गहराई में जाना संभव नहीं है, पर जिन्होंने भी इसकी जांच की है वे इसे सिंप्लेक्स विधि से बहुत बेहतर बताते हैं। अमेरिकन एयरलाइंस, व एक्कसोन कॉर्पोरेशन और अमेरिकन टेलीफोन एंड टेलीग्राफ कंपनी ने इस करमरकर विधि में बड़ी दिलचस्पी दिखाई है। अमेरिका की अनेक बड़ी कंपनियां करमरकर के अलगोरिथम की जांच कर रही हैं।

बेल लेबोरेटीरीज के गणित विभाग के डायरेक्टर डा. रोनाल्ड एल. ग्राहम ने करमरकर के अलगोरिथम का समर्थन किया है। उनका कथन है—'विज्ञान में

कभी-कभी ऐसे भी मौके आते हैं जब यह एकाएक बड़ी तरक्की करता है। करमरकर की खोज ऐसा ही एक मौका हो सकता है।'

डा. करमरकर ने एक अलगोरिथम की, एक गणितीय नियम की खोज की है और एक अलगोरिथम का पेटेंट या कापीराइट नहीं हो सकता, लेकिन अलगोरिथम को एक विशिष्ट कंप्यूटर कोड में रूपांतरित करके फिर उसका पेटेंट लिया जा सकता है। बेल लेबोरेटीरीज और दूसरी कई अमेरिकी कंपनियां अब इस काम में जुट गई हैं।

आज हमने अपनी एक गणितीय प्रतिभा को अमेरिका में पहुंचा दिया है। कल हमारे योजना-मंत्रालय को अपने ही इस गणितज्ञ के आविष्कार को अमेरिका से खरीदना होगा!

भारत की गणितीय प्रतिभा का नया चमत्कार

दूसरे महायुद्ध के समय से एक नया विज्ञान अस्तित्व में आया है। गणित की भाषा में इसे **लिनीयर प्रोग्रामिंग** कहते हैं। व्यापक अर्थ में इसे **आपरेशनल रिसर्च** भी कहते हैं। सरल शब्दों में इसे हम **योजना-विज्ञान** भी कह सकते हैं।

एक उदाहरण लीजिए। कुछ फैक्टरियों को विभिन्न स्रोतों से कच्चा माल पहुंचाना है। किसी फैक्टरी को माल रेल से पहुंचाया जा सकता है, किसी को ट्रकों से, तो किसी को हवाई जहाजों से और हर वाहन का अपना अलग-अलग खर्च है। एक ऐसी योजना तैयार करनी है [illegible] फैक्टरी को कितना कच्चा माल पहुंचे ताकि फैक्टरियों की जरूरत पूरी हो, पर माल ढोने का खर्च कम-से-कम आए।

समस्याओं के हल

आधुनिक जीवन में भी ऐसी हजारों समस्याएं निरंतर पैदा होती रहती हैं। कच्चे खनिज तेल को कई तेल-शोधक कारखानों तक पहुंचाने में ऐसी समस्या पैदा होती है। संचार उपग्रह के जरिए दूर-दूर तक लाखों टेलीफोन संबंध स्थापित करने में भी समय के वितरण को लेकर यही समस्या पैदा होती है। ऐसी पेचीदी समस्याएं युद्धों के संचालन में भी पैदा होती हैं। **लिनीयर प्रोग्रामिंग** नामक गणित के जरिए ऐसी समस्याओं के हल खोजे जाते हैं। **डा. नरेंद्र करमरकर** ने ऐसे ही सवालों को हल करने का एक नया कारगर तरीका खोजा है, एक नया **अलगोरिथम** खोजा है।

नरेंद्र करमरकर का प्रारंभिक अध्ययन पुणे में हुआ। 1978 में उन्होंने आई.आई.टी. का कोर्स पूरा किया और उसमें प्रथम आए। इसके बाद वह कैलिफोर्निया चले गए और वहां के टेक्नोलाजी संस्थान से एम.एस-सी. की उपाधि प्राप्त की, फिर वहीं के बर्कले विश्वविद्यालय से उन्होंने पीएच.डी. हासिल की। 28 वर्षीय डा. करमरकर इस समय अमेरिका की प्रसिद्ध बेल लेबोरेटरीज से संबद्ध हैं।

डा. करमरकर की खोज के महत्त्व को समझने के लिए हम लिनीयर प्रोग्रामिंग का एक ठोस उदाहरण लेंगे। चिकित्सा विज्ञान से जानकारी मिलती है कि स्वस्थ

डा. नरेंद्र करमरकर; नए अलगोरिथम की खोज

शरीर के लिए विभिन्न मात्रा में 15 किस्म के पोषक तत्वों की आवश्यकता होती है। ब्रेड, दूध, मछली, फल जैसी कोई 50 चीजों से विभिन्न मात्रा में ये पोषक तत्व हमें प्राप्त होते हैं। सवाल है–शरीर को स्वस्थ रखने वाला सबसे कम खर्च का भोजन कौन सा होगा? अन्य शब्दों में, हमें शरीर के लिए सबसे अधिक उपयोगी और सबसे कम खर्च वाली भोजन-सामग्री खोजनी है।

इस सवाल को गणितीय संकेतों में व्यक्त करने पर हमें 50 अज्ञात राशियों वाले 15 समीकरणों का एक समूह प्राप्त होता है। युगपत (साइमल-टेनियस) समीकरणों की ऐसी जिन योजनाओं में अज्ञात राशियों की संख्या समीकरणों की संख्या से अधिक होती है, उनके अनंत हल संभव हैं, लेकिन इनमें से हमें केवल एक ही उपयुक्त हल को चुनना है।

एक दुष्कर कार्य

यह एक अत्यंत दुष्कर कार्य है, फिर भी गणितज्ञों ने इसके लिए कुछ तरीके खोज निकाले हैं। कुछ विशिष्ट हलों का चयन करके गणितज्ञ कंप्यूटरों के जरिए इनकी एक-एक करके जांच करते हैं और अंत में एक सर्वाधिक उपयुक्त हल पर पहुंचते हैं।

योजना-कार्य से संबंधित अर्थशास्त्रियों के सामने लिनीयर प्रोग्रामिंग के ऐसे सवाल लगातार उठते रहते हैं। दूसरे महायुद्ध के दौरान अमेरिकी वायुसेना के सामने ऐसे सवाल उठे, तो उन्होंने इनके लिए अलगोरिथम (मशीनों द्वारा गणना किए जा

सकने वाले नियम) खोजने का काम गणितज्ञों को सौंप दिया। 1947 में गणितज्ञ जार्ज बी. डांटजिग ने लिनीयर प्रोग्रामिंग के सवालों को हल करने का एक तरीका खोज निकाला जो **सिंप्लेक्स मेथड** के नाम से जाना जाता है। यह एक ज्यामितीय तरीका है और आज तक इसी का व्यापक इस्तेमाल होता रहा है।

लेकिन बहुराष्ट्रीय व्यापार की या लेन-देन की या आदान-प्रदान की कुछ ऐसी भी जटिल समस्याएं हैं जिनको हल करने के लिए शक्तिशाली कंप्यूटरों को भी काफी समय लगता है, लाखों डालर खर्च आता है और इसीलिए लिनीयर प्रोग्रामिंग के ऐसे कई सवालों को हल कर पाना अभी तक संभव नहीं हुआ है।

संसार के अनेक गणितज्ञ 'सिंप्लेक्स' विधि से अधिक सरल विधि की तलाश में जुटे हुए हैं। कुछ सोवियत गणितज्ञों ने एक बेहतर तरीका खोजा भी है, पर इसका महत्त्व सैद्धांतिक ही अधिक है।

करमरकर विधि

अब डा. नरेंद्र करमरकर ने लिनीयर प्रोग्रामिंग के सवाल हल करने के लिए एक नया और सरल तरीका खोजा है, एक नया अलगोरिथम खोजा है। यह तरीका भी ज्यामितीय तकनीक पर आधारित है। यहां इस 'करमरकर विधि' की गहराई में जाना संभव नहीं है, पर जिन्होंने भी इसकी जांच की है वे इसे सिंप्लेक्स विधि से बहुत बेहतर बताते हैं। अमेरिकन एयरलाइंस द एक्कहोन कार्पोरेशन और अमेरिकन टेलीफोन एंड टेलीग्राफ कंपनी ने इस करमरकर विधि में बड़ी दिलचस्पी दिखाई है। अमेरिका की अनेक बड़ी कंपनियां डा. करमरकर के अलगोरिथम की जांच कर रही हैं।

बेल लेबोरेटोरीज के गणित विभाग के डायरेक्टर डा. रोनाल्ड एल. ग्राहम ने डा. करमरकर के इस अलगोरिथम का पुरजोर समर्थन किया है। उनका कथन है– 'विज्ञान में कभी-कभी ऐसे भी मौके आते हैं जब यह एकाएक बड़ी तरक्की करता है। डा. करमरकर की खोज ऐसा ही एक मौका हो सकता है।'

डा. करमरकर ने एक अलगोरिथम की, एक गणितीय नियम की खोज की है और एक अलगोरिथम का पेटेंट या कापीराइट नहीं हो सकता, लेकिन अलगोरिथम को एक विशिष्ट **कंप्यूटर कोड** में रूपांतरित करके फिर उसका पेटेंट लिया जा सकता है। बेल लेबोरेटोरीज और दूसरी कई अमेरिकी कंपनियां अब इस काम में जुट गई हैं।

आज हमने अपनी एक गणितीय प्रतिभा को अमेरिका में पहुंचा दिया है। कल हमारे उद्योगों को या योजना आयोग को अपने ही इस गणितज्ञ के आविष्कार को अमेरिका से खरीदने की जरूरत पड़ सकती है!

करमरकर और एक नया अलगोरिथम

कोई पच्चीस साल पहले की बात है। डा. जयंत नारलीकर और इंग्लैंड के सुप्रसिद्ध वैज्ञानिक होयले ने मिलकर विश्व की उत्पत्ति के बारे में एक नया सिद्धांत प्रस्तुत किया था। ठीक-ठीक शब्दों में कहें तो विश्वोत्पत्ति की एक नई परिकल्पना दी थी, एक नया गणितीय प्रतिरूप (मॉडल) तैयार किया था।

बड़ा हो-हल्ला हुआ था तब देशभर में। आवाजें उठी थीं कि 'भारत की एक महान प्रतिभा परदेस में पड़ी हुई है। नारलीकर को स्वदेश में योग्य पद मिलना चाहिए, उसका उचित सम्मान होना चाहिए।' तब के शिक्षा मंत्री छागल ने लोकसभा में आश्वासन भी दिया था।

तब एक सरकारी पत्रिका के लिए मैंने नारलीकर पर एक लेख लिखा था। विश्वोत्पत्ति के होयले-नारलीकर मॉडल के साथ-साथ दूसरे कई मॉडलों को जानकारी देकर मैंने स्पष्ट लिखा था कि आइंस्टाइन विश्व-रचना के ऐसे दो-चार गणितीय मॉडल रोज ही तैयार करते थे और उन्हें रद्दी की टोकरी में फेंक देते थे। वही मॉडल सही होता है जो परीक्षण या अवलोकन की कसौटी पर खरा उतरता है। नारलीकर-होयल मॉडल टिका नहीं।

आज जयंत नारलीकर बंबई के टाटा संस्थान में खगोल-भौतिकी के प्राध्यापक हैं। खगोल-भौतिकी पर उन्होंने कई ग्रंथ लिखे हैं। बहुत सारे लेख लिखे हैं, मराठी में वैज्ञानिक कहानियां लिखी हैं, पर पिछले पच्चीस वर्षों से डा. नारलीकर ने ऐसा कुछ नहीं किया जिससे फिर वैज्ञानिक जगत में कुछ सनसनी फैल जाए, जबकि उनके गुरु फ्रेड होयले अभी हाल तक तहलका मचाते रहे हैं।

नारलीकर का जिक्र इसलिए कि वह मूलतः एक गणितज्ञ हैं और एक समय उनकी प्रतिभा ने देश में तहलका मचाया था। आज 46 साल के डा. करमरकर भी परदेस में हैं। अमेरिका में। उनकी गवेषणाएं अमेरिका में तहलका मचा रही हैं, संसार के बड़े-बड़े उद्योग-व्यवसायों में सनसनी फैला रही हैं, लेकिन लगता है कि भारत पर इसका कोई खास असर नहीं हो रहा है, कम-से-कम वैसा तो नहीं ही हो रहा है जैसा कि किसी समय नारलीकर को लेकर हुआ था। इसके कुछ बुनियादी

कारण हैं। विश्वोत्पत्ति संबंधी चिंतन उतना ही पुराना है जितना कि मनुष्य। हर व्यक्ति विश्व की उत्पत्ति और रचना के बारे में कुछ-न-कुछ सोचता रहता है। इसलिए इससे जुड़े सिद्धांतों को या खगोल-भौतिकी के अनुसंधानों की खूब चर्चा होती है।

डा. नरेंद्र करमरकर की गवेषणाएं उपयोगी गणित के क्षेत्र की हैं, एक शुष्क विषय से संबंध रखती हैं, पर संसार की बड़ी-बड़ी कंपनियां डा. करमरकर की गवेषणाओं के अध्ययन में जुट गई हैं। उनकी गवेषणाओं का क्षेत्र विश्वोत्पत्ति के विषय की तरह काफी पुराना नहीं है। दूसरे महायुद्ध के दौरान सैन्य-संचालन और हवाई-हमलों को लेकर निर्णय लेने के बारे में कुछ पेचीदा समस्याएं उठीं तो इनके हल का काम गणितज्ञों के एक दल को सौंप दिया गया। गणितज्ञों के इस प्रयास में एक नया विज्ञान अस्तित्व में आ गया, मुश्किल से सौ साल पहले।

दुनिया को गिनती लिखना हमने सिखाया

प्राचीन भारतीय साहित्य के चेक-जर्मन मर्मज्ञ **डा. मॉरिट्ज विंटरनिट्ज** से एक बार किसी ने पूछा—'वह कौन सी चीज है जो आपकी दृष्टि में संसार को भारत की सबसे बड़ी देन है?' **विंटरनिट्ज** ने तुरंत उत्तर दिया—'पशु-पक्षियों को आधार बनाकर लिखा गया भारतीय कथा-साहित्य ही संसार को भारत की सबसे बड़ी देन है।'

निश्चय ही, जातक कथाएं, पंचतंत्र, वेतालपंचविंशति आदि विश्व कथा-साहित्य की अमर कृतियां हैं। उपनिषद् या गीता का नाम सुनने के सदियों पहले यूरोप के लोग पंचतंत्र की कहानियों पर फिदा हो चुके थे। ईसा की छठी सदी में ही पंचतंत्र का पहलवी और सीरियाई में अनुवाद हो चुका था, जबकि अभी भारत में भी गीता की क्वचित् ही कहीं चर्चा होती होगी। सोलहवीं सदी के अंत तक पंचतंत्र का यूनानी, लैटिन, इतालवी, स्पेनिश, जर्मन, अंग्रेजी आदि भाषाओं में अनुवाद हो चुका था। विंटरनिट्ज ने ठीक ही कहा है कि भारतीय कथा-साहित्य संसार को भारत की सबसे बड़ी देन है।

विज्ञान को भारत की देन

किंतु मैं समझता हूं, डा. विंटरनिट्ज के इस कथन में एक सुधार की निश्चय ही गुंजाइश है। उनकी बात को यों कहा जा सकता है कि साहित्य के क्षेत्र में संसार को भारत की सबसे बड़ी देन है—उसका कथा-साहित्य और विज्ञान के क्षेत्र में संसार को भारत की सबसे बड़ी देन है—भारतीय अंक-पद्धति और अंक-संकेत।

हमारी वर्तमान अंक-पद्धति में शून्य को मिलाकर कुल दस संकेत हैं। इन्हीं दस संकेतों से हम बड़ी-से-बड़ी संख्या को व्यक्त कर सकते हैं। हमारी इस अंक-पद्धति की खास बात यह है कि इसमें प्रत्येक संकेत के दो मान हैं—एक निजी मान और दूसरा स्थानमान। जैसे, 12341 संख्या में अंतिम 1 का मान इकाई है और पहले 1 का मान 'दस हजार' है। इसीलिए इसे हम **दाशमिक स्थानमान अंक-पद्धति** कहते हैं। आज सारे संसार में इसी अंक-पद्धति का प्रचलन है। शून्य की धारणा इस अंक-पद्धति की एक प्रमुख विशेषता है।

इस बात को अब सभी स्वीकार करते हैं कि इस दाशमिक स्थानमान अंक–पद्धति की खोज भारत में हुई लेकिन अंक–संकेत ? हिंदी या मराठी के साथ जिन अंक–संकेतों का प्रयोग होता है, उनके बारे में हम जानते हैं कि इनका विकास प्राचीन ब्राह्मी अंक–संकेतों से हुआ है लेकिन अंग्रेजी और यूरोप की दूसरी भाषाओं के साथ जिन अंक–संकेतों का इस्तेमाल होता है, वे कहां से आए ? बहुत से लोग आज भी इन्हें 'अंग्रेजी अंक' कहते हैं। यूरोप के लोग इन्हें अक्सर 'अरबी अंक' कहते हैं। दोनों नाम गलत हैं। 'अंग्रेजी अंक' जैसी कोई चीज नहीं है। अरबी के अपने भिन्न अंक हैं। दरअसल, ये भारतीय अंक हैं। इनका विकास भी प्राचीन भारतीय अंकों से हुआ है। भारतीय अंक–पद्धति के साथ ब्राह्मी के ये अंक–संकेत पहले अरब देशों में पहुंचे थे, फिर यूरोप में इनका प्रचार–प्रसार हुआ। आज ये अंक–संकेत सारे संसार में फैल चुके हैं। इसीलिए आज हमने इन्हें **भारतीय अंतरराष्ट्रीय अंकों** का नाम दिया है।

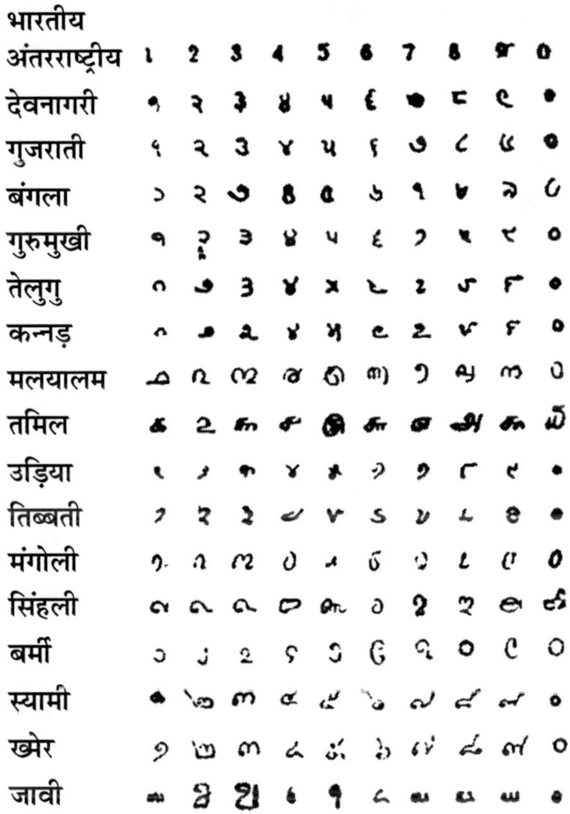

संसार की विभिन्न लिपियों में प्रयुक्त होने वाले ब्राह्मी से विकसित आधुनिक अंक-संकेत

भारतीय अंक-संकेतों के इस जागतिक फैलाव की कथा पंचतंत्र की किसी भी कथा से कम दिलचस्प नहीं है, पर लगता है कि हम स्वयं ही प्राचीन भारत की महान उपलब्धियों का सही मूल्यांकन नहीं कर पाते। प्राय: देखने को मिलता है कि हम श्रेष्ठतम उपलब्धियों को महत्त्व देने की बजाय नितांत भ्रामक बातों को अद्वितीय मानने लग जाते हैं।

वैदिक काल के अंक

वैदिक काल में लिपि का ज्ञान भले ही न रहा हो, सरल-से अंक-संकेतों का ज्ञान अवश्य था। अंक-संकेतों का ज्ञान आदिवासियों को भी होता है। वैदिक जनों को उतना हिसाब अवश्य आता था जितने की उन्हें जरूरत थी–गायों, घोड़ों और औजारों आदि की गिनती के लिए। स्पष्ट जानकारी मिलती है कि वैदिक काल में दाशमिक स्थानमान अंक-पद्धति अस्तित्व में नहीं आई थी। वेदों में शून्य की धारणा का कहीं कोई अस्तित्व नहीं है। दरअसल, आज से तीन-हजार साल पहले संसार की किसी भी प्राचीन सभ्यता में हमें आधुनिक अंक-पद्धति के दर्शन नहीं होते। प्राचीन मिस्र और सुमेर-बेबीलोन की अंक-पद्धतियां भिन्न किस्म की थीं, उनमें बहुत सारे अंक-संकेत थे।

ब्राह्मी के प्राचीनतम अभिलेख हैं अशोक के शिलालेख और स्तंभलेख। अशोक के लेखों में कुछ अंक-संकेत देखने को मिलते हैं। जैसे, संख्या 256 को 200, 50 और 6 के स्वतंत्र संकेतों से व्यक्त किया गया है। स्पष्ट है कि यह दाशमिक स्थानमान अंक-पद्धति नहीं है। अशोक के और कुछ कालांतर के मध्य-

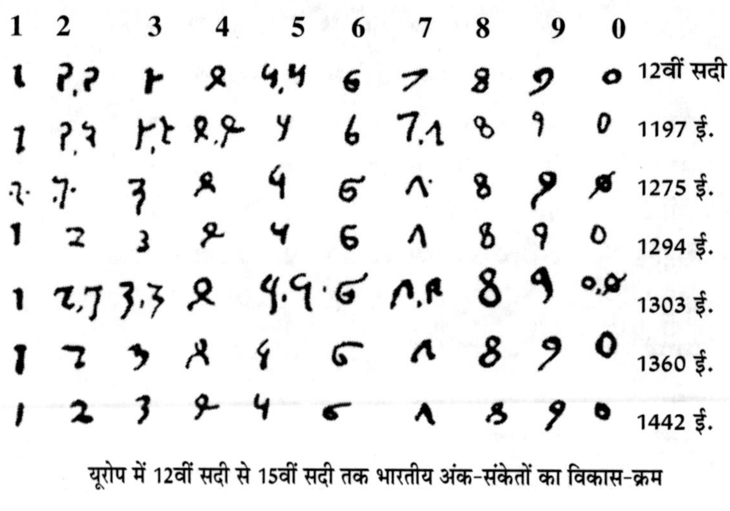

यूरोप में 12वीं सदी से 15वीं सदी तक भारतीय अंक-संकेतों का विकास-क्रम

एशिया के खरोष्ठी लेखों में भी हमें नई अंक-पद्धति के दर्शन नहीं होते। सारांश यह कि, ईसा की आरंभिक सदियों तक हमारे देश में नई दाशमिक स्थानमान अंक-पद्धति अस्तित्व में नहीं आई थी।

हमारे कुछ पुरातन-प्रेमी महानुभाव वेदों में आधुनिक उच्च गणित के फार्मूले खोजते हैं, समझते हैं कि वेदों में गणना के अद्‌भुत तरीके छिपे हुए हैं, पर वे इस तथ्य पर तनिक भी ध्यान नहीं देते कि वैदिक काल में अभी हमारे देश में शून्य की धारणा अस्तित्व में नहीं आई थी, न ही केवल दस संकेतों में सारी संख्याएं लिखने का तरीका अस्तित्व में आया था। इतना ही नहीं, कुषाण लेखों में नई अंक-पद्धति नहीं है। नाणेघाट, नासिक आदि स्थलों की ईसा की दूसरी-तीसरी सदियों की गुफाओं में सातवाहनों के जो लेख मिलते हैं उनमें बड़ी-बड़ी संख्याओं के उल्लेख तो हैं, पर ये संख्याएं भी नई स्थानमान अंक-पद्धति में नहीं लिखी गईं।

और, इससे भी अधिक दिलचस्प बात यह है कि तथाकथित स्वर्णयुगीन गुप्तकाल में भी हमें किसी लेख में नई अंक-पद्धति के दर्शन नहीं होते। किसी भी गुप्त या वाकाटक लेख में नई पद्धति के अंकों का इस्तेमाल नहीं हुआ है। पुरानी पद्धति में 1 से 9 और 10, 20, 100, 200, 1000 आदि के लिए स्वतंत्र संकेत थे और इन्हीं के मेलजोल से संख्याएं लिखी जाती थीं। नई अंक-पद्धति का अर्थ है—शून्य का संकेत और 1 से 9 तक के संकेत। इन्हीं दस संकेतों से सारी संख्याएं लिखी जा सकती हैं।

नई अंक पद्धति का जन्म

स्वयं गुप्तों के लेखों में, संभवतः पुरातन के मोह के कारण, भले ही नई अंक-पद्धति का इस्तेमाल न हुआ हो, पर स्पष्ट जानकारी मिलती है कि गुप्तकाल तक हमारे देश में शून्ययुक्त नई स्थानमान अंक-पद्धति जन्म ले चुकी थी। **आर्यभट** (499 ई.) और उन्हीं के लगभग समकालीन **वराहमिहिर** की कृतियों से यह बात स्पष्ट होती है। गणित-ज्योतिष की ये कृतियां पद्य में हैं। इसलिए इनमें अक्षरांकों या शब्दांकों का ही प्रयोग हुआ है, पर स्पष्ट सूचनाएं मिलती हैं कि ईसा की पांचवीं सदी तक हमारे देश में नई अंक-पद्धति जन्म ले चुकी थी।

सर्वप्रथम एक गुर्जर राजा के **दानपत्र** में हमें नई पद्धति के संख्यांक देखने को मिलते हैं। संखेड़ा से प्राप्त यह दानपत्र 594 ई. का है। इसमें कलचुरी-संवत् 346 को अंकों और शब्दों, दोनों में लिखा गया है। 346 को लिखने में गुप्तकालीन ब्राह्मी के 3, 4 और 6 के ही संकेतों का इस्तेमाल हुआ है, न कि 300, 40 और 6 के संकेतों का। इसके बाद अनेक लेखों में नई अंक-पद्धति का प्रयोग देखने को मिलता है, लेकिन इसका मतलब यह नहीं है कि पुरानी अंक-पद्धति का प्रचलन एकदम

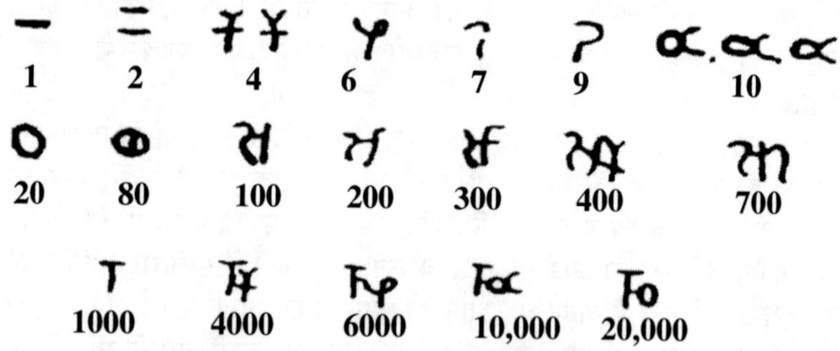

अशोक के सौ साल बाद महाराष्ट्र की नाणेघाट पहाड़ी की चोटी पर बनी गुफा के खंडित लेख में आए ब्राह्मी संख्यांक

बंद हो गया। वस्तुतः पुरानी और नई अंक-पद्धतियों का प्रयोग हमारे देश में ईसा की दसवीं सदी तक जारी रहा। अक्षरांकों का प्रचलन भी जारी रहा।

पुरानी अंक-पद्धति में दस से अधिक अंक-संकेत थे—10, 100, 1000 आदि के लिए भी अलग-अलग अंक-संकेत थे। नई अंक-पद्धति में शून्य सहित केवल दस संकेत ही जरूरी हैं। आरंभ में शून्य के लिए एक बिंदीनुमा संकेत था। नई अंक-पद्धति में 1 से 9 तक के अंकों के लिए पुराने ही ब्राह्मी संकेतों को कायम रखा गया, शेष अंक-संकेत शनैः-शनैः विलुप्त हो गए। अतः जहां-जहां नई अंक-पद्धति का प्रचार-प्रसार हुआ, वहां इसके साथ ब्राह्मी के नौ अंक-संकेतों का भी प्रचलन हुआ। उदाहरण के लिए तिब्बत, श्रीलंका, मंगोलिया और दक्षिण-पूर्व एशिया के अनेक देशों में ब्राह्मी लिपि का प्रचलन हुआ, तो नई भारतीय अंक-पद्धति के साथ 1 से 9 तक के ब्राह्मी अंक-संकेतों का भी प्रचलन हुआ। ईसा की सातवीं सदी के कंबोडिया के कुछ संस्कृत लेखों में नई अंक-पद्धति के संख्यांक देखने को मिलते हैं।

भारतीय अंक-पद्धति का विदेशों में प्रसार

ईसा की आरंभिक सदियों में रोम और सिकंदरिया के साथ भारत के काफी व्यापक व्यापारिक संबंध स्थापित हो चुके थे। लगता है कि व्यापारियों के जरिए नई भारतीय अंक-पद्धति की ख्याति पांचवीं सदी में ही सिकंदरिया तक पहुंच चुकी थी। इस्लाम के उदय के समय, ईसा की सातवीं सदी में, सीरियाई साहित्य काफी समृद्धि पर पहुंच गया था। हम देखते हैं कि 622 ई. में **सेवेरस सेबोख्त** नामक एक सीरियाई पंडित भारतीय अंक-पद्धति की स्तुति करता है। यह नौ अंक-संकेतों वाली नई अंक-पद्धति ही थी। अतः स्पष्ट है कि ईसा की सातवीं सदी के आरंभ में नई

भारतीय अंक-पद्धति और अंक-संकेत, न केवल दक्षिण-पूर्व एशिया के देशों में फैल चुके थे, बल्कि पश्चिम एशिया के देशों में भी पहुंच चुके थे।

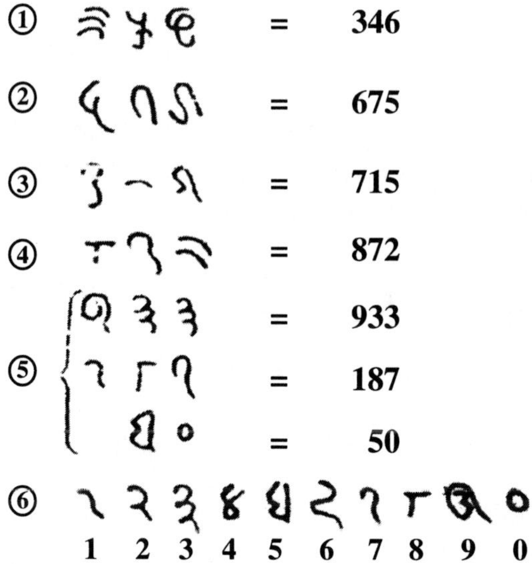

आरंभिक अभिलेखों में प्रयुक्त नई अंक-पद्धति की संख्याएं–
1. संखेडा से प्राप्त किसी गुर्जर राजा के दानपात्र से (594 ई.)
2. राष्ट्रकूट शासक दंतिदुर्ग के दानपात्र से (753 ई.)
3. राष्ट्रकूट शासक शंकरगण के दानपात्र से (793 ई.)
4. प्रतीहार शासक नागभट के लेख से (815 ई.)
5. प्रतीहार शासक भोजमिहिर के समय के एक लेख से (876 ई.) तथा
6. प्रतीहार शासक भोजमिहिर की ग्वालियर-प्रशस्ति से (लगभग 870 ई.)

आठवीं सदी के प्रथम दशक तक इस्लाम न केवल समूचे पश्चिम एशिया में फैल चुका था, बल्कि स्पेन पर भी अरब 'मूरों' का शासन स्थापित हो चुका था। स्पेन में तलेतला, कर्तबा आदि विद्या केंद्र स्थापित हो चुके थे।

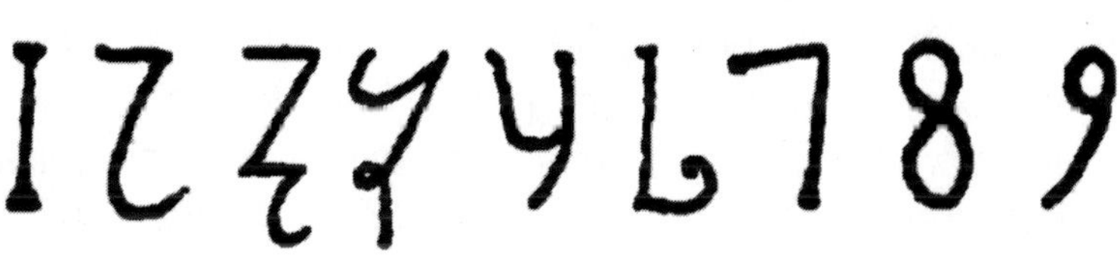

स्पेन में 976 ई. में लिखी गई एक हस्तलिपि में पाए जाने वाले भारतीय उत्पत्ति के गुबार अंक-संकेत

यह सर्वविदित है कि अरबी विद्वानों ने विशेषत: ईरान और मध्य-एशिया के विद्वानों ने, भारतीय विज्ञान को खुले दिल से अपनाया। बगदाद के विद्याकेंद्र में विज्ञान के अनेक भारतीय ग्रंथों का अरबी में अनुवाद हुआ। अरबी गणितज्ञों ने भारतीय अंक-पद्धति को भी अपनाया। कुछ समय के लिए भारतीय ब्राह्मी अंक-संकेतों को भी अपनाया। इन भारतीय अंकों को वे गुबार-अंक कहते थे। अनेक अरबी गणितज्ञों ने भारतीय अंक-पद्धति की भूरि-भूरि स्तुति की है और अपनी कृतियों में इस अंक-पद्धति का विवेचन भी किया है। बाद में अरबों ने भारतीय अंक-पद्धति को कायम रखा, अंक-संकेत अरबी के ही रखे।

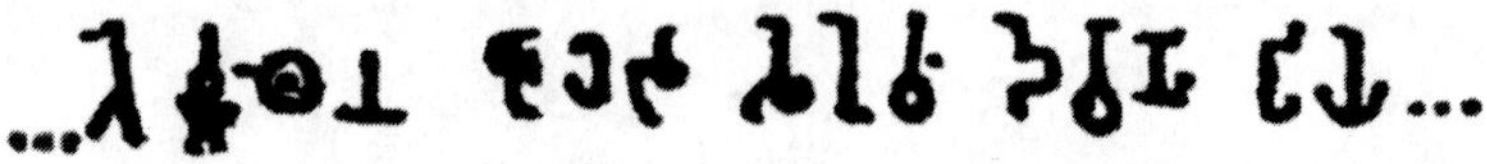

ते व धे न २०० ५०६ से हे वं दे वा वं पि ये

ब्रह्मगिरि (कर्नाटक) के एक लेख का अंश

लेकिन आरंभ में ब्राह्मी के जो अंक-संकेत अरब देशों में पहुंचे थे, वे इस दौरान स्पेन तक पहुंच गए, भूमध्य सागर के व्यापारिक केंद्रों में पहुंच गए। गणित की अरबी पुस्तकों का जब लैटिन अनुवाद होने लगा, तो भारतीय अंक-पद्धति के साथ-साथ भारतीय अंक-संकेत भी यूरोप में प्रचलित होने लगे। यूरोप की जिस प्राचीन हस्तलिपि में ब्राह्मी के अंक-संकेत देखने को मिलते हैं, वह स्पेन में 976 में लिखी गई थी।

यूरोप के गणितज्ञों द्वारा भारतीय अंक-पद्धति का प्रसार

यूरोप में रोमन अंकों का प्रचलन था, गणित के ग्रंथों में यूनानी अक्षरांकों का भी इस्तेमाल होता था। अत: वहां की आम जनता में भारतीय अंकों का जल्दी ही प्रचलन हो जाना सहज संभव नहीं था। भारतीय अंक-पद्धति की सुविधा को व्यापारी समझते थे, गणितज्ञ समझते थे। इसलिए यूरोप के गणितज्ञों ने ही आरंभ में भारतीय अंक-पद्धति के प्रचार में सबसे बड़ा योग दिया झेरबार, एदेलार्द आदि गणितज्ञों ने भारतीय अंक-पद्धति के प्रचार के लिए बड़ा काम किया, परंतु जिस गणितज्ञ ने भारतीय अंक-पद्धति के प्रचार में सर्वाधिक योग दिया वह है इतालवी गणितज्ञ **लियोनार्दो फिबोनकी** (लगभग 1170-1245 ई.)। 'फिबोनकी' एक व्यापारी के पुत्र थे। उन्होंने भारतीय अंक-पद्धति के बारे में एक स्वतंत्र पुस्तक की रचना की और इसका यूरोप में प्रचार-प्रसार करने में पूरा जोर लगा दिया।

ईसा की 12वीं सदी से पंद्रहवीं सदी के मध्यकाल तक अनेक यूरोपीय हस्तलिपियों में हमें भारतीय अंक-संकेत देखने को मिलते हैं। ये मूलतः ब्राह्मी के अंक-संकेत हैं। स्पेन में पहुंचे हुए ब्राह्मी (गुबार) अंक-संकेतों के विकसित रूप हैं।

ईसा की आठवीं-नौवीं सदी में भारतीय अंक-पद्धति के साथ ब्राह्मी के अंक-संकेत यूरोप में प्रवेश पा चुके थे। ईसा की पंद्रहवीं सदी में मुद्रण की शुरुआत होने के समय तक इनका यूरोप में काफी प्रचार हो गया था, फिर भी अभी यूरोप में सर्वत्र इन नए अंकों को नहीं अपनाया गया था। दलीलें दी जाती थीं कि शून्य को 'छह' या 'नौ' में आसानी से बदला जा सकता है।

परंतु यूरोप के गणितज्ञों को भारतीय अंक-पद्धति और भारतीय अंकों के इस्तेमाल में ही सुविधा थी। अतः 1700 ई. तक समूचे यूरोप में व्यापक तौर पर भारतीय अंकों को अपना लिया गया। यही है आज अंग्रेजी और अन्य यूरोपीय भाषाओं के साथ प्रयुक्त होने वाले अंक-संकेत, **भारतीय अंतरराष्ट्रीय अंक-संकेत।** जिस प्रकार हिंदी-मराठी, तमिल-तेलुगु, तिब्बती-सिंहली, स्यामी-जावी और बंगला-गुजराती के आज यूरोप और अन्य अनेक देशों में प्रयुक्त होने वाले अंक-संकेत भी मूलतः ब्राह्मी से विकसित हुए अंक-संकेत हैं, उसी प्रकार आज यूरोप और अन्य अनेक देशों में प्रयुक्त होने वाले अंक-संकेत भी मूलतः ब्राह्मी से विकसित हुए अंक-संकेत हैं।

605 608 735

दक्षिण-पूर्व एशिया के देशों से प्राप्त अभिलेखों में नई अंक-पद्धति में दी गई, शकाब्द-सूचक तीन संख्याएं।

आज के कंप्यूटरों में, नए संचार-साधनों में, केवल दो अंकों का इस्तेमाल होता है—शून्य और एक। अतः इस नई द्वि-आधारी अंक-पद्धति में भारतीय संकेत बने रहेंगे, भारत में आविष्कृत 'शून्य' बना रहेगा।

क्या श्रीयंत्र रहस्यमय ज्यामितीय संरचना है?

तंत्रशास्त्र में यंत्र-साधना का बड़ा महत्त्व है। देवता यंत्र में आबद्ध रहता है और सिद्धयोगी अपनी यंत्र-साधना से उसे वश में कर लेता है। यंत्र के निर्माण में बिंदु, त्रिकोण, वृत्त, चतुष्कोण और पद्मदल का प्रयोग होता है।

स्थापत्य में उपयोग

सर्वाधिक महत्त्व का है श्रीयंत्र या श्रीचक्र। शाक्तदर्शन के अनुसार यह विश्वरचना का प्रतीक है। तंत्र के अनेक ग्रंथों में इस श्रीयंत्र का विवरण मिलता है। इसके केंद्र में एक बिंदु है फिर दो प्रकार के त्रिकोण हैं—शिव या श्रीकंठ के प्रतीक चार ऊर्ध्वशीर्ष त्रिकोण और शक्ति अथवा शिवयुवती के प्रतीत पांच अध:शीर्ष त्रिकोण। इन नौ त्रिकोणों के बाहर एक वलय के परे अष्टदल तथा षोडशदल कमल हैं फिर तीन वलयों के परे तीन रेखाओं वाला चतुष्कोण अथवा भूपुर है। इस भूपुर में चार द्वार हैं।

साधना में इस यंत्र का जो भी लाभ या उपयोग हुआ हो, इतना स्पष्ट है कि स्थापत्य में इस ज्यामितीय रचना का खूब इस्तेमाल हुआ है। पता चलता है कि सांची और बोरोबुदूर (जावा) के बौद्ध-स्तूप इसी श्रीयंत्र पर आधारित हैं। अनेक हिंदू मंदिरों का आधार भी यही श्रीयंत्र है। नेपाल, तिब्बत और अन्य बौद्ध देशों में इस श्रीयंत्र का खूब प्रचार रहा है।

अब यही श्रीयंत्र सोवियत संघ में वैज्ञानिकों के अन्वेषण का विषय बन गया है। पहले वर्ष भारत में सोवियत दूतावास के सूचना विभाग ने एक संक्षिप्त वक्तव्य में बताया था कि मास्को के अलेक्सेई कुलाइचेव नामक एक वैज्ञानिक ने आधुनिक उच्च गणित और कंप्यूटरों का इस्तेमाल करके श्रीयंत्र की रचना के लिए एक अलगोरिथम प्राप्त कर लिया है।

मूलत: गणित का अध्येता होने के नाते मेरे लिए यह एक विशिष्ट सूचना थी। मैं अधिक जानकारी का इंतजार करता रहा। फिर नवंबर 1984 के सोवियत लैंड के अंक नं. 21 में अलेक्सेई कुलाइचेव और तीन सोवियत विशेषज्ञों का एक इंटरव्यू प्रकाशित हुआ। इंटरव्यू में श्रीयंत्र की ज्यामितीय संरचना (अलगोरिथम) के बारे में कोई जानकारी नहीं है पर श्रीयंत्र में अंतर्निहित गणित के बारे में जो बातें कही गई हैं, वे चकित कर देने वाली हैं।

अलेक्सेई कुलाइचेव मास्को विश्वविद्यालय के शोध–वैज्ञानिक हैं। करीब 15 साल पहले श्रीयंत्र की उन्हें जानकारी मिली थी। जब वह इस यंत्र की प्रतिलिपि तैयार करने में जुट गए, तब उन्हें लगा कि यह आसान काम नहीं है, बड़ा ही कठिन काम है। कुलाइचेव श्रीयंत्र की गहराई में उतरते चले गए।

अब अंत में कुलाइचेव ने श्रीयंत्र की ज्यामितीय संरचना के लिए एक अलगोरिथम की खोज कर ली है। आधुनिक उच्च बीजगणित, ज्यामिति और गणितीय विश्लेषण के जरिए ही यह संभव हो पाया है। इतना ही नहीं, इसके लिए उन्हें कंप्यूटर से 10 करोड़ से भी अधिक परिकर्म (आपरेशंस) करने पड़े। संक्षेप में कुलाइचेव का कहना है कि श्रीयंत्र की संरचना आधुनिक गणित और विज्ञान के लिए एक चुनौती है।

कुलाइचेव का मत है कि श्रीयंत्र तीन हजार साल से भी अधिक प्राचीन है। वह कहते हैं कि विश्वप्रपंच से संबंधित तंत्र की धारणाएं कुछ मामलों में विश्वोत्पत्ति के 'बिग बैंग' तथा 'तप्त विश्व' के आधुनिक सिद्धांतों से मिलती–जुलती हैं। संक्षेप में

श्रीयंत्र

उनके मतानुसार प्राचीन भारतीयों का गणित-ज्ञान जैसा हम समझते हैं उससे कहीं अधिक था। फिलहाल कुलाइचेव अपनी गवेषणा के बारे में इससे अधिक बताने में समर्थ नहीं हैं।

रहस्यमय उत्पत्ति

इंटरव्यू में भाग लेने वाले तीन सोवियत विशेषज्ञों ने भी श्रीयंत्र के बारे में कुछ अद्‌भुत बातें कही हैं। सोवियत विज्ञान अकादमी के सदस्य कोवालचेन्को कहते हैं कि श्रीयंत्र के अनेक असाधारण गणितीय गुणधर्म हैं। बकौल उनके–"प्राचीन और मध्ययुगीन भारत में ऐसी गणितीय तकनीक उपलब्ध नहीं थी। अत: अनेक पहलुओं से श्रीयंत्र की उत्पत्ति रहस्यमय जान पड़ती है।"

भारतीय श्रीयंत्र का यह सोवियत 'अध्ययन' सचमुच ही बड़ा चिंतनीय है। भारतीय योग को उन्होंने अंतरिक्ष में पहुंचा दिया है, जबकि पतंजलि के योगसूत्र के अनुसार योगी स्वयं ही आकाशयात्रा कर सकता है। और, आज हमारे लिए योगी का एक अर्थ बंदूक बनाने वाला भी होता है।

अब सोवियत अध्येता भारतीय तंत्र की गहराई में उतरने का प्रयत्न कर रहे हैं। अब भारतीय तंत्र को उछाला जा रहा है। दरअसल, योग-साधना की तरह तंत्र-साधना को भी हम सोवियत विशेषज्ञों की अपेक्षा अधिक अच्छी तरह समझते हैं। आजकल तांत्रिकों और राजनीतिज्ञों के गठबंधन के समाचार आए दिन हमें पढ़ने को मिलते हैं।

अलेक्सेई कुलाइचेव

रही श्रीयंत्र की संरचना में निहित उच्च गणित की बात, तो साधारण वृत्त भी कम रहस्यमय ज्यामितीय रचना नहीं है। परिधि और व्यास का अनुपात (पाई) एक अनिर्धार्य संख्या है और आजकल इस अनुपात का एक हजार से भी अधिक दशमलव स्थानों तक मान ज्ञात करने के लिए कंप्यूटर का इस्तेमाल किया जाता है। कोई नहीं कहता कि वृत्त का आदिम रचनाकार अनिधार्य संख्याओं के गुणधर्मों से भलीभांति परिचित था या कंप्यूटर-जैसी गणनाएं करने में समर्थ था।

फिर भी, भारतीय तंत्र और श्रीयंत्र से संबंधित सोवियत गवेषणाओं के विशद विवरण की हमें प्रतीक्षा रहेगी।

वैदिक गणित बनाम राजनीतिक गुणन-फल

रूढ़िवादी और सांप्रदायिक शक्तियों को सबसे अधिक बल उस विकृत इतिहास से मिलता है जो अंध-धर्मश्रद्धा के सहारे रचा जाता है। इधर देश की इन शक्तियों ने ऐसा राजनीतिक-धार्मिक इतिहास काफी-कुछ हासिल कर लिया है, मगर फासिस्ट मनोवृत्ति की ये शक्तियां अच्छी तरह जानती हैं कि इतना ही पर्याप्त नहीं है, ये जानती भी हैं कि देश के समूचे सांस्कृतिक इतिहास को, विज्ञान के इतिहास को भी, नए सिरे से रचकर ही सत्तासीन होकर टिके रहने के अपने पूर्ण लक्ष्य को प्राप्त किया जा सकता है।

परंतु विज्ञान के गणित जैसे तथ्याधारित विषयों का विकृत इतिहास प्रस्तुत करना सहज सरल कार्य नहीं है। विभूतिभूषण दत्त और अवधेश नारायण सिंह का **हिंदू गणितशास्त्र का इतिहास** इस धूर्त प्रयास में कोई मदद नहीं दे सकता, नाम से 'हिंदू' शब्द भले ही हो, ग्रंथ में सभी संप्रदायों के, जैनाचार्यों के भी, गणितीय योगदान का निष्पक्ष मूल्यांकन है। पं. सुधाकर द्विवेदी के ग्रंथ (**गणकतरंगिणी** और **गणित का इतिहास**) भी इस प्रयास में कोई मदद नहीं दे सकते थे। हिंदू संप्रदायवादियों को द्विवेदी जी के ऐसे मत कतई स्वीकार नहीं हो सकते कि आर्यभट (499 ई.) ने अपनी वर्णांक-पद्धति का सृजन ग्रीक अक्षरांक-पद्धति के अनुकरण पर किया है, और, शीर्षक में हिंदू शब्द होने पर भी प्रफुल्लचंद्र राय का **हिंदू रसायन का इतिहास** भी इन संकीर्ण हिंदूवादी शक्तियों के लिए उपयोगी नहीं था, क्योंकि तब भारतीय रसायन के विकास में सभी संप्रदायों के, प्रमुखतः बौद्धों के, मौलिक योगदान को स्वीकार करना पड़ता।

तब हिंदुत्ववादियों का ध्यान उपेक्षित पड़ी हुई एक पुस्तक की ओर गया, वह पुस्तक है, **वैदिक गणित**। लेखक हैं: स्वर्गीय स्वामी भारतीय कृष्ण तीर्थ (1884-1960 ई.), गोवर्धन मठ (पुरी) के शंकराचार्य। एक धर्माचार्य द्वारा रचित इस वैदिक गणित का सहारा लेकर रूढ़िवादी व सांप्रदायिक शक्तियां, न केवल भारतीय विज्ञान का विकृत इतिहास लिखने में जुट गईं, बल्कि आज की दृष्टि से सर्वथा निरर्थक व निरुपयोगी इस तथाकथित वैदिक गणित को जोर-जबरी से, सत्ता की ताकत से, विद्यार्थियों पर थोपने के प्रयास भी शुरू कर दिए गए।

बहुतों के लिए अंधश्रद्धा की सीमा तक आदृत बने हुए 'वैदिक' विशेषण को गणित के साथ जोड़ दिया गया है और इसे 'वैदिक गणित' के शंकराचार्यों की श्रद्धास्पद परंपरा के एक धर्माचार्य ने प्रस्तुत किया है, इसलिए इस समूचे विषय की समीक्षा करना सहज सरल कार्य नहीं है। मगर गणित-जैसे बुनियादी विषय की शिक्षा का महत्त्व धर्मों और धर्माचार्यों के प्रति हमारी भक्ति से कहीं ज्यादा है।

इसीलिए यह समीक्षा।

प्राचीन भारत के आर्यभट (499 ई.), ब्रह्मगुप्त (628 ई.) और भास्कराचार्य (1150 ई.) जैसे महान गणितज्ञों ने अपने जीवन के बारे में बहुत कम जानकारी दी है फिर भी उनके कृतित्व को समझने में कोई कठिनाई नहीं है। मगर स्वामी भारती कृष्ण तीर्थ ने 'वैदिक गणित' के रूप में जो नया प्रपंच खड़ा किया है, उसे जानने के लिए लेखक की कुछ चारित्रिक विशेषताओं से और उनकी मानसिकता से परिचित होना परमावश्यक है।

स्वामी शंकराचार्य तमिलभाषी थे और 1884 ई. में एक सुशिक्षित एवं संपन्न परिवार में उनका जन्म हुआ था। उन्होंने कालेज की शिक्षा प्राप्त की थी और वे संस्कृत, अंग्रेजी व दर्शन के भी अच्छे विद्वान थे। स्वामीजी ने कुछ साल तक अध्यापन-कार्य भी किया। 1919 में उन्होंने संन्यास ग्रहण किया, तब पूर्वाश्रम का वेंकटरामन नाम स्वामी भारती कृष्ण तीर्थ में बदल गया, दो साल बाद वे शारदा पीठ के शंकराचार्य नियुक्त हुए और फिर 1925 में गोवर्धन पीठ (पुरी) के शंकराचार्य।

स्वामीजी ने स्वाधीनता के आंदोलन में भी जमकर भाग लिया। उन्होंने 1921 में करांची में आयोजित आल इंडिया खिलाफत कांफ्रेंस में भाग लिया था। खिलाफत कांफ्रेंस में भाग लेने वाले सैफुद्दीन किचलू, अली-बंधु (मुहम्मद और शौकत) आदि मुस्लिम नेताओं के साथ करांची में स्वामी शंकराचार्य पर भी देशद्रोह का मुकदमा चलाया गया था। मुकदमे के दौरान अली-बंधुओं ने स्वामीजी के सम्मान की भरपूर रक्षा की। अंततः मुस्लिम नेताओं को तीन-तीन साल की सजा हुई, स्वामीजी को दोषमुक्त मानकर रिहा कर दिया गया।

मगर **वैदिक गणित** पुस्तक में स्वामीजी की एक शिष्या ने उनकी 11 पृष्ठों में जो संक्षिप्त जीवनी प्रस्तुत की है, उसमें ऐतिहासिक महत्त्व की उपर्युक्त घटना का कतई कोई जिक्र नहीं है, न ही इस बात का उल्लेख है कि 1923 में मुंगेर (बिहार) में दिए गए एक राजनीतिक भाषण के लिए स्वामीजी को एक साल की सजा सुनाकर बक्सर और हजारीबाग की जेलों में रखा गया था। कारावास के उन्हीं दिनों में बाबा रामोदार साधु (बाद के महापंडित राहुल सांकृत्यायन) ने स्वामीजी के सहयोग से उच्चतर गणित के कुछ विषयों का अध्ययन किया था, मगर इसकी

कुछ अधिक चर्चा हम आगे करेंगे। स्वामीजी के बारे में एक और विशिष्ट बात यह है कि विदेश-यात्रा करने वाले वे पहले शंकराचार्य थे। वे 1958 में अमेरिका की यात्रा पर गए और इंग्लैंड होते हुए स्वदेश लौटे। 1960 में स्वामीजी का स्वर्गवास हुआ।

स्वामीजी ने गणित के अध्ययन में इतनी अधिक दिलचस्पी क्यों ली और किस कारण से उन्होंने 'वैदिक गणित' का यह प्रपंच खड़ा किया, इस पर काशी हिंदू विश्वविद्यालय के गणिताचार्य डा. बृजमोहन (1908-91) ने अपनी पुस्तक **गणित का इतिहास** (1965) के प्राक्कथन में काफी अच्छा प्रकाश डाला है। स्वामीजी की पुस्तक जांच के लिए डा. बृजमोहन के पास भेजी गई थी, इसलिए उन्होंने इस समूचे मामले की काफी गहराई से जांच-पड़ताल की। उसी संदर्भ में वाराणसी के प्रख्यात विद्वान महामहोपाध्याय पं. गिरधर शर्मा चतुर्वेदी से उन्हें जानकारी मिली–

''जब शंकराचार्य (स्वामी भारती कृष्ण तीर्थ) स्कूल में पढ़ते थे, उनके एक अध्यापक वैदिक ऋचाओं की खिल्ली उड़ाया करते थे और कहा करते थे कि कुछ लोगों के मतानुसार वेदों मे समस्त ज्ञान भरा पड़ा है, भला ऐसी अनर्गल बातों में भी कोई तथ्य हो सकता है ? शंकराचार्य को ये बातें बहुत बुरी लगती थीं। उन्होंने उन्हीं दिनों यह निश्चय किया कि वह वैदिक सूत्रों की गुत्थी खोलकर रहेंगे।'' (**गणित का इतिहास,** पृ. 10)।

बताया जाता है कि स्वामीजी ने श्रृंगेरी के समीप के वन में आठ साल तक तपस्या करके अंततः वैदिक सूत्रों की गुत्थी सुलझाई थी। उसी दौरान उन्होंने प्राचीन भारतीय गणित और आधुनिक गणित का अध्ययन किया। उसी दौरान उन्हें उन कतिपय वैदिक सूत्रों का इलहाम हुआ, जिनके आधार पर उन्होंने बाद में 'वैदिक गणित' का प्रतिपादन किया। कई साल तक यह प्रचारित किया जाता रहा कि गणित के ये वैदिक सूत्र **अथर्ववेद** के किसी परिशिष्ट से स्वामीजी ने प्राप्त किए हैं परंतु ये सूत्र किसी भी वैदिक ग्रंथ में उपलब्ध नहीं हैं, न ही इनकी भाषा वैदिक है। कोई भी संस्कृतज्ञ इन्हें वैदिक सूत्र मानने के लिए तैयार नहीं है, इसलिए अब कहा जा रहा है कि स्वामीजी ने इन्हें अपनी अंत:प्रज्ञा से प्राप्त किया है। खैर!

स्वामीजी द्वारा खोजे गए सूत्र गणित की किसी शोध-पत्रिका में प्रकाशन के लिए नहीं थे, न ही इनके जरिए गणित के किसी नए विषय का सूत्रपात हो सकता था। इनसे गणित का कोई पुराना अनुत्तरित सवाल भी हल नहीं हो सकता था। ये सूत्र अंकगणित-बीजगणित के जोड़-घटा-गुणा-भाग-वर्गमूल आदि से संबंधित सामान्य सवालों को हल करने के लिए हैं। एक प्रकार की युक्तियां (ट्रिक्स) हैं, इसलिए स्वामीजी इनका धार्मिक प्रदर्शन करने में जुट गए।

कई साल तक स्वामीजी देश के विभिन्न स्थानों में गणित के अपने वैदिक सूत्रों को प्रचारित-प्रदर्शित करते रहे, इनके जरिए गणित के सामान्य सवालों को हल करके दिखाते रहे, मगर ऐसे प्रदर्शनों की कोई उपयोगिता नहीं थी, इसलिए न तो गणितज्ञों ने इसमें कोई दिलचस्पी ली, न ही संस्कृतज्ञ पंडितों ने। दोनों ही समुदाय अच्छी तरह जानते थे कि स्वामीजी के प्रयास निराधार हैं, निरर्थक हैं, जोड़-घटा-गुणा-वर्गमूल आदि से संबंधित सवालों को त्वरित हल कर देने वाले ऐसे प्रदर्शनों से बाद में शकुंतला देवी ने स्वामीजी की अपेक्षा कहीं ज्यादा नाम कमाया, देश में और विदेश में भी।

मगर स्वामीजी, शकुंतला की तरह, उच्चतर गणित से अनभिज्ञ नहीं थे। उन्होंने गणित का अच्छा ज्ञान हासिल कर लिया था—पाश्चात्य गणित का भी और प्राचीन भारतीय गणित का भी। 1923 में हजारीबाग जेल में स्वामीजी जब गणित के अध्ययन में राहुलजी की मदद कर रहे थे, तब वे वैदिक सूत्रों का सहारा नहीं ले रहे थे। राहुलजी लिखते हैं : "वे (शंकराचार्य) बड़े प्रेम से पढ़ाते, उनका पढ़ाने का ढंग बड़ा आकर्षक था। बीजगणित के सूत्रों को कंठस्थ करवाने की जगह उन्हें वह मुझसे सिद्ध करवाते। बीजगणित में अंकगणित अंतर्निहित हैं, इसे उन्होंने शुरू के ही पाठों में बतला दिया। पढ़ाते वक्त पश्चिम के कितने ही प्रकांड गणितज्ञों, दार्शनिकों की कथाएं सुनाते।" (**मेरी जीवन-यात्रा,** भाग-14, पृ. 387)

वस्तुतः उसके पहले ही स्वामीजी श्रृंगेरी के समीप के वन में तपस्या करके गणित के अपने वैदिक सूत्रों की खोज कर चुके थे। मगर 1923 में वे राहुलजी को गणित के विषय (बीजगणित, सरल त्रिकोणमिति, गोलीय त्रिकोणमिति, निर्देशांक ज्यामिति आदि), वैदिक सूत्रों की सहायता से नहीं, लंदन से छपी गणित की अंग्रेजी पुस्तकों की सहायता से पढ़ाते थे और पश्चिम के प्रकांड पंडितों एवं गणितज्ञों के योगदान की प्रशंसा भी करते थे। जिन अंग्रेजी पुस्तकों से शंकराचार्य ने राहुलजी को गणित पढ़ाया था, वे आज भी उपलब्ध हैं।

दरअसल, स्वामीजी के 'वैदिक गणित' को प्रचारित करने के प्रयास स्वाधीनता-प्राप्ति के बाद हुए, मगर लगता है कि स्वयं स्वामीजी वैदिक गणित की अपनी खोज की सीमाओं को भलीभांति समझते थे और शायद इसीलिए उन्होंने 'वैदिक गणित' के बारे में कोई शोध-निबंध या ग्रंथ स्वदेश में छपवाने का अपने जीवन-काल में कोई प्रयास नहीं किया।

कई दशकों तक प्रचार व प्रदर्शन करते रहने पर भी 'वैदिक गणित' का स्वदेश में विशेष स्वागत नहीं हुआ, तो स्वामीजी का ध्यान विदेश की ओर गया। सन् 1957 में उनका अमेरिका जाने का कार्यक्रम बना। प्रयोजन था—भारत के बाहर वेदांती और आध्यात्मिक विचारों का प्रचार करना, मगर पाश्चात्य देशों के लिए वेदांत और योग

कोई नवीन चीज नहीं रह गई थी, स्वामीजी भी यह बात समझते थे। उन्हें लगा कि अपने 'वैदिक गणित' से वे पाश्चात्यों को शायद काफी प्रभावित कर सकेंगे। तब उन्होंने 1957 में, 73 वर्ष की दीर्घायु में, अंग्रेजी **वैदिक मैथेमेटिक्स** पुस्तक तैयार की–कुल डेढ़ माह में, और 1958 में वे इस पुस्तक की पांडुलिपि अपने साथ अमेरिका ले गए–इसे वहां प्रकाशित और प्रचारित देखने के प्रयोजन से। पुस्तक को पढ़ने पर सहज स्पष्ट हो जाता है कि यह प्रमुखत: पाश्चात्य पाठकों के लिए लिखी गई है।

स्वामीजी पुस्तक की पांडुलिपि अमेरिका में छोड़ आए थे। मगर पुस्तक वहां प्रकाशित न हो सकी, कारण जो भी रहे हों। प्रमुख कारण यही रहा होगा कि गणित की दृष्टि से पुस्तक में नवीन या उपयोगी कुछ नहीं था। निश्चय ही स्वामीजी को अपनी पुस्तक के ऐसे स्वागत से बड़ी निराशा हुई होगी। जो भी हो, वे अपने **वैदिक मैथेमेटिक्स** को प्रकाशित रूप में नहीं ही देख पाए : 1960 में स्वामीजी का निधन हुआ।

इतिहास साक्षी है कि प्राय: सभी धर्म-संप्रदायों के प्रचार-प्रसार में संस्थापकों से भी कहीं अधिक योगदान उनके शिष्यों व अनुयायियों का रहा है। वैदिक गणित के मामले में भी ऐसा ही हुआ। जो बात स्वामीजी के लिए संभव नहीं हुई, वह उनके शिष्यों ने करके दिखाई। उन्होंने स्वामीजी के देहांत के कुछ साल बाद पुस्तक की पांडुलिपि अमेरिका से वापस मंगवाई और अंतत: 1965 में उसे हिंदू विश्वविद्यालय की नेपाल राज्य संस्कृत ग्रंथमाला के अंतर्गत प्रकाशित कर देने में वे सफल हुए।

ग्रंथमाला के प्रधान संपादक डा. वासुदेव शरण अग्रवाल थे, इसलिए स्वर्गीय स्वामीजी के ग्रंथ में उनका 'प्राक्कथन' जरूरी था। पाणिनि के प्रगाढ़ अध्येता डा. वासुदेव शरण वाराणसी-वास के अपने अंतिम दिनों में कुछ अधिक ही अध्यात्मवादी बन गए थे। फिर भी, पुस्तक के प्राक्कथन में उन्होंने अपने प्रौढ़ पांडित्य का प्रामाणिक परिचय दिया है। शुरू में ही वे स्पष्ट कर देते हैं कि, 'अन्य वैज्ञानिक कृतियों की तरह इस पुस्तक का प्रणयन तथ्यात्मकता या व्यावहारिक दृष्टि से नहीं हुआ है।' आगे वे लेखक (स्वामी भारती कृष्ण तीर्थ) की 'भूमिका' का एक अंश उद्धृत करते हैं, जिसमें दावा किया गया है कि 'मानव समाज के लिए आवश्यक समस्त ज्ञान वेदों में अवश्य **विद्यमान होना चाहिए**।' 'अवश्य विद्यमान होना चाहिए' को वे खासतौर से रेखांकित करते हैं–स्पष्ट कर देने के लिए कि यह उनका नहीं, लेखक का अपना निजी मत है।

आगे वासुदेव शरणजी की टिप्पणी है : "चूंकि लेखक वैदिक परंपरा को तथ्यात्मकता से नहीं, बल्कि एक आदर्श या काल्पनिक नजरिए से देखता है,

इसलिए परंपरा से उपलब्ध वैदिक पाठों में वैदिक गणित के सूत्रों की तलाश करना व्यर्थ है।'' वासुदेव शरणजी यह भी स्पष्ट लिख देते हैं कि जिन 16 सूत्रों को 'वैदिक गणित' का मूलाधार बताया जाता है, वे किसी भी वेद या अथर्ववेद के किसी भी परिशिष्ट में उपलब्ध नहीं हैं। आगे वे यह भी साफ-साफ बता देते हैं कि इन 16 सूत्रों और इनके उपसूत्रों की भाषा-शैली से स्पष्ट पता चलता है कि इनकी खोज या रचना स्वयं स्वामीजी ने की है।

वासुदेव शरणजी गणित के अध्येता नहीं थे, उन्हें **वैदिक मैथेमेटिक्स** की पांडुलिपि स्वामीजी के जिन शिष्यों व भक्तों से प्राप्त हुई थी, वे भी गणित के अध्येता नहीं थे, इसलिए पुस्तक की पांडुलिपि उन्होंने सेंट्रल हिंदू कालेज के प्राचार्य डा. बृजमोहन के पास भेज दी—पुस्तक की विषयवस्तु की गणितीय दृष्टि से जांच-पड़ताल करने के लिए।

डा. बृजमोहन (1908-91) केवल गणितज्ञ ही नहीं, एक अच्छे भाषा-विज्ञानी भी थे। उन्होंने काफी दौड़-धूप की, संस्कृत के कई पंडितों से मिले, कई पुस्तकालय छान डाले, परंतु स्वामीजी द्वारा प्रस्तुत सूत्र किसी वैदिक ग्रंथ में नहीं मिले। यह तो स्पष्ट ही था कि स्वामीजी ने जिसे 'वैदिक गणित' कहा है उसमें कोई नवीनता नहीं थी। अपने ये सारे विचार बृजमोहन जी ने अपनी पुस्तक **गणित का इतिहास** (1965) में स्पष्ट कर दिए। चूंकि उन्हीं दिनों स्वामीजी की पुस्तक भी वाराणसी से ही प्रकाशित हो रही थी, इसलिए उनके शिष्यों ने बृजमोहनजी से संभवत: यह अनुरोध भी किया होगा कि वे अपने ग्रंथ में वैदिक गणित की भी चर्चा कर दें। मगर डा. बृजमोहन ने ऐसा कुछ नहीं किया। स्पष्ट लिखा : ''हमने अपने इतिहास में केवल उन्हीं तथ्यों का समावेश किया है जिनकी सत्यता हमारे विचार में प्राय: असंदिग्ध रूप में प्रमाणित हो चुकी है।''

मगर स्वामी शंकराचार्य की पुस्तक को तो छपना ही था, सो वह गणितज्ञ डा. बृजमोहन की अनुकूल राय न मिलने पर भी प्रकाशित हो गई! मगर आगे के कुछ साल तक स्वामी के 'वैदिक गणित' को किसी ने कोई महत्त्व नहीं दिया। पुस्तक का दूसरा संस्करण, एक अन्य प्रकाशक ने, पांच साल बाद प्रकाशित किया। उसके आगे के दस सालों में पुस्तक का सीमित संख्या तीन ही बार मुद्रण हुआ, लेकिन अब पिछले कुछ वर्षों से स्वामीजी की यह पुस्तक बड़ी संख्या में हर साल पुनर्मुद्रित होती जा रही है। अब इसका हिंदी अनुवाद भी उपलब्ध है।

यही है 'वैदिक गणित' के उद्‌भव और प्रसार की संक्षिप्त कथा। मैंने इसकी जानकारी कुछ अधिक विस्तार से देना इसलिए जरूरी समझा, क्योंकि इसको जाने बिना 'वैदिक गणित' की वास्तविकता को पहचानना संभव नहीं है। 'वैदिक गणित' अब एक 'कल्ट' या संप्रदाय-सा बन गया है और देश की रूढ़िवादी व सांप्रदायिक

शक्तियां इसे खुलकर प्रश्रय दे रही हैं, इसलिए भी इस पूरे मामले को ठीक से जानना जरूरी है।

वस्तुतः 'वैदिक गणित' की आस्था और विश्वास का ही मामला है। स्वामी शंकराचार्य की दृढ़ मान्यता थी कि समस्त मानव-समाज के लिए आवश्यक भूत, वर्तमान और भविष्य का सारा ज्ञान-विज्ञान वेदों में विद्यमान है, इसलिए, उनके मतानुसार, सारा गणित–भारतीय व विदेशी और अतीत तथा आगे का भी–वेदों में सूत्र रूप में मौजूद है। अपनी इसी आस्था के आधार पर उन्होंने प्रारंभिक गणित की जोड़, घटा, गुणा, वर्गमूल जैसी कुछ क्रियाओं के लिए सूत्र रूप में कुछ नियम बनाए और उन्हें वैदिक सूत्रों का नाम दिया, बावजूद इसके कि वे न तो किसी वेद में मौजूद हैं, न ही उनकी भाषा वैदिक है।

स्वामीजी की मान्यता थी कि आर्यभट, ब्रह्मगुप्त, भास्कराचार्य आदि भारतीय गणितज्ञों ने जो गणित विकसित किया है, वह सारा वस्तुतः वैदिक गणित है। इतना ही नहीं, पाश्चात्य जगत में जो बहुत-सा नया गणित खोजा गया है, वह भी वैदिक गणित ही है।

एकदम निरर्थक हैं ये मान्यताएं, मगर एक प्रभावशाली धर्माचार्य द्वारा प्रस्तुत की गई हैं, इसलिए इन्हें श्रद्धापूर्वक स्वीकार कर लेने वालों की संख्या भी आज देश में काफी बड़ी है। विषय गणित और सूत्र संस्कृत में होने के कारण भी 'वैदिक गणित' का यह मामला बहुतों के लिए काफी रहस्यमय बन गया है। जो गणित के अध्येता हैं परंतु संस्कृत तथा प्राचीन भारतीय गणित-परंपरा से परिचित नहीं हैं, वे स्वामीजी के वैदिक गणित को महत्त्व तो नहीं देंगे, मगर उनकी चतुराई को भी वे समझ नहीं पाएंगे। जो संस्कृत के अध्येता हैं, मगर आधुनिक गणित से परिचित नहीं हैं वे भी स्वामीजी की चतुराई को जान नहीं पाएंगे। परंतु जिसने आधुनिक गणित का अध्ययन किया है, जिसने गणित के इतिहास को ठीक से समझा है, जिसने प्राचीन भारतीय गणित परंपरा का भी अध्ययन किया है और जो जानता है कि आधुनिक गणित वस्तुतः क्या है, उसे स्वामीजी के चातुर्यपूर्ण 'वैदिक गणित' को समझने में ज्यादा देर नहीं लगती।

एक ही उदाहरण लीजिए : 'वैदिक गणित' के 16 प्रमुख सूत्रों में से एक है–**ऊर्ध्वतिर्यग्भ्याम्**, जिसका शाब्दिक अर्थ है–ऊपर-नीचे और तिरछा। स्वामीजी द्वारा प्रस्तुत गुणन की एक विधि में ऊर्ध्व और तिर्यक् क्रमों का उपयोग किया गया है, इसीलिए उन्होंने यह **ऊर्ध्वतिर्यग्भ्याम्** सूत्र गढ़ा।

मगर यह, न तो वैदिक सूत्र है, न ही स्वामीजी की अपनी मौलिक खोज है। प्राचीन भारतीय गणितज्ञों को गुणन की सात-आठ विधियां मालूम थीं–कपाट-संधि विधि, तिर्यक्-गुणन विधि, स्थान-खंड गुणन, गोमूत्रिका विधि इत्यादि। इनमें

'तिर्यक्-गुणन विधि' ठीक वही है जिसे स्वामीजी ने अपने वैदिक गणित में सोदाहरण प्रस्तुत किया है। श्रीधर महावीर, श्रीपति आदि गणितज्ञ इस तिर्यक्-गुणन विधि से परिचित थे। भास्कराचार्य (1150 ई.) ने अपनी **लीलावती** में गुणन की जिन छह विधियों का उल्लेख किया है उनमें से एक यह भी है। गणेश देवज्ञ (लगभग 1530 ई.) ने **लीलावती** पर अपनी **बुद्धि विलास** नामक टीका में गुणन की इस विधि का विवरण देकर इसे 'अत्यंत कौतुकपूर्ण' कहा है। गुणन की यह भारतीय विधि अन्य अनेक विधियों के साथ, पहले अरब देशों में पहुंची और फिर यूरोप में तिर्यक्-गुणन को वहां भी चातुर्यपूर्ण समझा गया था।

स्वामी शंकराचार्य द्वारा प्रतिपादित अन्य सभी वैदिक सूत्र और उन पर आधारित तमाम गणितीय युक्तियां इसी कोटि की हैं। मूल स्रोतों को व्यक्त न करके काफी चतुराई से प्रस्तुत की गई हैं। गणित के सामान्य अध्यापक भी स्वामीजी के वैदिक गणित का गुह्य सहजता से समझ नहीं सकते, वेदों व धर्माचार्यों में अंधश्रद्धा रखने वालों की बात तो बहुत दूर रही। ऐसे भी कई पंडित हैं जो जानते हैं कि वैदिक गणित का यह समूचा मामला एक ढकोसला है, मगर एक धर्माचार्य ने इसे प्रस्तुत किया है, इसलिए चुप रहना ही पंसद करते हैं।

देश के सत्तालोलुप सांप्रदायिक व प्रगति-विरोधी संगठनों को ऐसे ही एक ग्रंथ की तलाश थी। यह ग्रंथ देश-विदेश की सारी गणितज्ञ उपलब्धियों को, इस्लाम पूर्व काल में ही नहीं, ठेठ वैदिक काल में पीछे पहुंचा देता है। इस ग्रंथ के आधार पर गणित का नया इतिहास रचने और उसे विद्यार्थियों पर थोपने के प्रयास भी शुरू हो गए हैं। ये प्रयास देश के सबसे बड़े प्रांत उत्तर प्रदेश से शुरू हुए, भारतीय जनता पार्टी के शासन के दौरान। देखिए, 'वैदिक गणित' से संबंधित एक कार्यशाला के दौरान तत्कालीन भाजपा शिक्षा मंत्री के 'उद्‌बोघन' का एक नमूना : ''मुझे गर्व है कि गणित के क्षेत्र में वैदिक कालीन भारतीय योगदान आज विश्व-मानचित्र पर अत्याधुनिक है...वास्तव में वैदिक गणित मूल रूप से विधिसम्मत है और प्रचलित गणित की अपेक्षा श्रेष्ठ और सर्वमान्य है।''

'वैदिक गणित' को शासनाश्रय मिला। उत्तर प्रदेश के हाईस्कूल के विद्यार्थियों के लिए गणित की जो संशोधित पुस्तकें तैयार हुईं उनमें स्वामीजी के वैदिक गणित के सूत्रों व उपसूत्रों की सूची है, विषय-प्रवेश के रूप में 'गणित का संक्षिप्त इतिहास' है, और परिशिष्ट के अंतर्गत प्रारंभिक गणित की कुछ क्रियाओं के लिए वैदिक गणित के सूत्रों के उपयोग को समझाया गया है। यहां हम गणित के नए इतिहास का ही थोड़ा जायजा प्रस्तुत कर पाएंगे।

गणित के इस नए इतिहास में विद्यार्थियों को प्रयत्नपूर्वक यही बताने का प्रयास किया गया है कि अन्य देशों में विकसित सारा गणित ही नहीं बल्कि भारत

में भी आर्यभट (499 ई.), ब्रह्मगुप्त (628 ई.), भास्कराचार्य (1150 ई.) आदि ने जिस गणित का विकास किया वह भी मूलतः वैदिक गणित ही है। लिखा है : "वेदों में जो सिद्धांत और विधियां सूत्र रूप में हैं, वे इस काल (400 ई. से 1200 ई. तक) में अपनी पूर्ण संभावनाओं के साथ जन-साधारण के सामने आईं और...वेदों में जो सिद्धांत सूत्र रूप में थे, उनकी पूर्ण अभिव्यक्ति भास्कराचार्य की रचना में हुई है।" अर्थात् आर्यभट, ब्रह्मगुप्त, भास्कराचार्य आदि के गणित में मौलिक कुछ भी नहीं है।

जब ब्राह्मणधर्मी गणितज्ञों को मौलिकता का श्रेय नहीं दिया गया, तो जैनाचार्यों को कैसे दिया जा सकता था ? इसलिए इस नए इतिहास का फतवा है : "वास्तव में जितने विस्तार से और स्पष्ट रूप से गणितीय सिद्धांतों का विवेचन जैन साहित्य में किया गया है, वह जैन दर्शन का वेद के रहस्यवाद के स्थान पर ज्ञान को सामान्य लोगों की भाषा और स्तर तक पहुंचाने की प्रवृत्ति का स्पष्ट द्योतक है।" अर्थात् जैनों के ज्ञान के स्रोत भी वेद ही हैं।

विद्यार्थियों पर थोपा गया गणित का यह नया संशोधित इतिहास तथ्यों को तोड़-मरोड़कर पेश किया गया है, झूठी बातों से भरा पड़ा है। उदाहरणार्थ, इसमें बताया गया है कि, 'त्रिकोणिमिति' शब्द शुद्ध भारतीय है, जो कालांतर में 'ट्रिग्नोमीट्री' हो गया। इसी प्रकार 'ज्योमिट्री' को ज्यामिति का अपभ्रंश बताया गया है।

हद हो गई ! विद्यार्थियों को देर-सबेर यह तो मालूम हो ही जाएगा कि गणित के प्राचीन भारतीय ग्रंथों में 'त्रिकोणमिति' शब्द कहीं नहीं है। ब्रह्मगुप्त ने अपने **ब्राह्मस्फुट सिद्धांत** में गणित के इस विषय को 'ज्योत्पत्ति गणित' कहा है। कहीं-कहीं इस विषय को सरल रूप में 'ज्या-गणित' भी कहा गया है। भारत में नया 'त्रिकोणमिति' शब्द ग्रीक 'ट्रिग्नोमीट्री' शब्द से, अर्थसाम्य और ध्वनिसाम्य के आधार, पर आधुनिक काल में अस्तित्व में आया है।

'ज्यामिति' शब्द भी ग्रीक 'ज्योमिट्री' के आधार पर आधुनिक काल में प्रचलित हुआ है। गणित के प्राचीन भारतीय ग्रंथों में यह 'ज्यामिति' शब्द कहीं नहीं है। इस विषय के लिए संस्कृत के पुराने शब्द थे-'क्षेत्रमिति' और 'क्षेत्र-व्यवहार'। 'रेखागणित' शब्द भी बाद में प्रचलित हुआ।

इस संशोधित इतिहास की कई बातें प्रामाणिकता से कोसों दूर हैं। लिखा है : शून्ययुक्त दाशमिक स्थानमान पद्धति का प्रयोग वैदिक काल में होता रहा है।

यह सही है कि दाशमिक स्थानमान अंक-पद्धति की खोज भारत में हुई, मगर इसका श्रेय वैदिक समाज को नहीं है। सम्राट अशोक के, कुषाणों के और गुप्त सम्राटों के किसी भी अभिलेख में दाशमिक स्थानमान पद्धति के संख्यांकों का प्रयोग

देखने को नहीं मिलता। इनमें उस पुरानी अंक-पद्धति का प्रयोग हुआ है, जिसमें दस से काफी अधिक संख्या-संकेत थे। वस्तुत: नई दाशमिक स्थानमान पद्धति की खोज ईसा की पहली सदी के आसपास हुई थी, मगर इसे अपनाने में काफी लंबा समय लगा था। सर्वप्रथम जिस ताम्रपत्र में नई संख्या-पद्धति का प्रयोग देखने को मिलता है वह कलचुरी संवत् 346 (594 ई.) का है।

अत: गणित के ऐसे अनर्गल-प्रलापी इतिहास को विद्यार्थियों पर थोपने के क्या दूरगामी परिणाम होंगे, इसका अंदाजा लगाना ज्यादा कठिन नहीं है। आज गणित एक बहुत व्यापक विषय बन गया है। समुच्चय-सिद्धांत पर आधारित नया अंकगणित एकदम भिन्न और अत्यंत महत्त्वपूर्ण बन गया है। पिछले करीब सौ वर्षों में विभिन्न किस्म के 200 से भी अधिक बीजगणित अस्तित्व में आए हैं। टॉपोलाजी एक बहुत व्यापक गणितीय विषय हो गया है। अब ज्यामितियां भी कई प्रकार की हैं। विश्व की भौतिक व्यवस्था को समझने के लिए अ-यूक्लिडीय ज्यामितियों का अध्ययन अब अपरिहार्य है। विद्यार्थियों को वैदिक गणित के दलदल में फंसाने का मतलब है उनके लिए आधुनिक उन्नत गणित के सारे रास्ते बंद कर देना। 'वैदिक गणित' का कोई भी सूत्र, न तो गणित के किसी पुराने अनुत्तरित प्रश्न या प्रमेय को सुलझाने में समर्थ है, न ही गणित के किसी नए सिद्धांत को जन्म देने में।

आज गणित का समूचा विशाल भवन तार्किक चिंतन की दृढ़ आधारशिलाओं तथा भित्तियों पर खड़ा है। जटिल-से-जटिल सवालों को तेजी से हल करने के लिए अब हमारे पास कंप्यूटर भी हैं। ऐसी स्थिति में पुराने प्राथमिक स्तर के गणित के सामान्य सवालों को हल करने के लिए ईजाद की गई तथाकथित वैदिक गणित की कतिपय युक्तियों को विद्यार्थियों पर लादने और उनके लिए गणित का विकृत इतिहास प्रस्तुत करने का मतलब होगा उन्हें मूढ़मति बनाना, उनकी तार्किक क्षमता पर कुठाराघात करना!

मामला गणित जैसे बुनियवादी महत्त्व के विषय की शिक्षा का है। फैसला बच्चों के अभिभावकों को भी करना होगा, केवल सत्तालोलुप राजनेताओं और रूढ़िवादी एवं प्रगति-विरोधी धर्माचार्यों को नहीं।

परिशिष्ट-1

गणित के विकास की कालानुक्रमिक तालिका

इस तालिका में कांस्य युग से लेकर बीसवीं सदी के अंतिम चरण तक के संसारभर के प्रमुख गणितज्ञों और गणितीय उपलब्धियों का उल्लेख है। ईसा पूर्व के वर्षों को ऋण चिह्न (–) से दर्शाया गया है। हर स्थिति में ठीक-ठीक काल-निर्धारण संभव नहीं था। तालिका में गणितीय उपलब्धियों के साथ-साथ ऐतिहासिक एवं सांस्कृतिक महत्त्व की कुछ अन्य घटनाओं का भी उल्लेख है। मेरा प्रयास रहा है कि यहां एशिया की गणितीय उपलब्धियों को उचित प्रतिनिधित्व मिले।

–4000	(लगभग) धातु (तांबे) की खोज।
–3500	लेखन का प्रचलन।
–3102	कलियुग संवत् (सैद्धांतिक) का प्रारंभ।
–2700	हड़प्पा-पूर्व संस्कृति : कृषि में हल का प्रयोग, पत्थर व तांबे के औजार, लेखन का प्रारंभ।
–2500	गिजा (मिस्र) का महान पिरामिड; पंचांग, लिपि और अंक-संकेतों का अस्तित्व।
–2400	उर (मेसोपोटामिया) से प्राप्त हिसाब से संबंधित कीलाक्षर-फलक; षाष्ठिक और दशाधारी अंक-पद्धति।
–2350	हड़प्पा संस्कृति के वैभव-युग का प्रारंभ। तांबे और कांसे के औजारों का उपयोग। लिपि और अंक-संकेतों का प्रचलन; लिपि और भाषा आज भी अज्ञात। पकाई गई निश्चित आकार की ईंटों का उपयोग। मापपट्टी, तराजू और निश्चित तौल के बाटों का इस्तेमाल। नौ-परिवहन, लोथल की गोदी, मेसोपोटामिया से व्यापार। क्षेत्रमिति के ज्ञान का नगर-निर्माण और भवन-निर्माण में उपयोग।
–2200	निप्पुर (मेसोपोटामिया) से प्राप्त गणित संबंधी कीलाक्षर-फलक।

–1850	**मास्को पेपीरस,** जिसमें प्राचीन मिस्र के गणित से संबंधित 25 प्रश्न हैं।
–1750	हड़प्पा संस्कृति का अवसान। भारत में आर्यभाषियों का आगमन आरंभ।
	बेबीलोन का शासक हम्मुराबी (1792-50 ई. पू.), जो अपनी 'विधि-संहिता' के लिए प्रसिद्ध है।
–1650	*रिंहड* या *आःमोस पेपीरस*। इसमें आःमोस नामक लिपिक द्वारा प्राचीन मिस्र की हिराटिक लिपि में लिखे गए व्यावहारिक गणित के 85 सवाल हैं। ए. हेनरी रिंहड ने यह पेपीरस-पुस्तक मिस्र से 1858 ई. में प्राप्त की थी।
–1500	(लगभग) वैदिक साहित्य का प्रारंभ। *ऋग्वेद* में सबसे बड़ी इकाई अयुत (10,000) का उल्लेख। अंक-पद्धति दशाधारी। *यजुर्वेद* में परार्ध (10^{12}) तक की दशगुणोत्तर संख्या-संज्ञाओं का उल्लेख।
–1100	(लगभग) भारत में लौहयुग का प्रारंभ।
–800	(लगभग) महात्मा लगध का *वेदांग-ज्योतिष* (ऋक् और यजुष्) : पांच साल का युग, नक्षत्र-सूची, त्रैराशिक का नियम।
–700	(लगभग) ब्राह्मी लिपि का सृजन।
–600	(लगभग) चीन से उपलब्ध गणित के प्राचीनतम ग्रंथ : **झोउ बी सुआन् जिङ्** (गोल व वृत्तीय पथों का गणित) और **जियू झाङ् सुआन् शू** (गणितशास्त्र पर नौ प्रकरण)। इन कृतियों में 'पाइथेगोरस का प्रमेय भी है। दंड-संकेतों का प्रयोग। मायावर्ग।
	थेलस् : निरूपणात्मक ज्यामिति का प्रारंभ।
	(लगभग) **शुल्वसूत्र** (बौधायन, आपस्तंब आदि), जिनमें वेदियों की रचना के लिए ज्यामिति के नियम दिए गए हैं। शुल्वसूत्रों में तथाकथित 'पाइथेगोरस का प्रमेय' भी है। द्विकरणी ($\sqrt{2}$) का मान 1.4142156...है।
–540	पाइथेगोरस : ज्यामिति, अंकगणित, संख्या-सिद्धांत।
	गौतम बुद्ध (563-483 ई.पू.)।
–450	जेनो की गति से संबंधित पहेलियां।
	पाणिनि की *अष्टाध्यायी*।
	तक्षशिला के गुरुकुल।

–380 अफलातून (प्लेटो) की एकादमी : गणित के लिए तार्किक आधार।

–370 यूदोक्सु : अनुपात सिद्धांत, निश्शेष विधि।

–340 अरस्तू : निगमनात्मक तर्कशास्त्र।

–332 सिकंदरिया की स्थापना। मिस्र पर तालेमी-सोतेर् का शासनारंभ।

–327 सिकंदर का भारत पर हमला; बेबीलोन में 323 ई. पू. में उसकी मृत्यु।

–305 चंद्रगुप्त मौर्य का शासन। सेल्यूकस निकेटर का भारतीय अभियान। यूनानी दूत मेगास्थनीज का पाटलिपुत्र में निवास। पंचमार्क सिक्कों का प्रचलन।

–300 यूक्लिड : ज्यामिति के **मूलतत्व।**

–280 अरिस्टार्कस : सूर्यकेंद्रवादी सिद्धांत।

–250 अशोक का शासन : ब्राह्मी लिपि के स्तंभलेख-शिलालेख, खरोष्ठी लेख। अभिलेखों में ब्राह्मी अंकों में संख्या 256 (पुरानी पद्धति में)।

–230 इराटोस्थनीज : सिकंदरिया में ग्रंथपाल, अभाज्य संख्याओं की 'छलनी', पृथ्वी का आकार।

–225 एपोलोनियस् : शांकव-गणित।

आर्किमीदीज़ : वृत्त व गोल का मापन, $\pi = 3.14$ आर्किमीदीज़ का सर्पिल, यांत्रिकी, द्रवस्थिति विज्ञान, आर्किमीदीज़ का स्क्रू।

–175 आचार्य पिंगल के **छंदःसूत्र** में मेरुप्रस्तार (पास्कल का त्रिभुज) और 'शून्य' का प्रयोग।

–140 हिप्पार्कस : खगोल विज्ञान, त्रिकोणमिति, अयन-चलन की खोज, तारा-सूची।

–58 विक्रम-संवत् का प्रारंभ।

+78 शक-संवत् का प्रारंभ। पंजाब में कुषाण वंश के शासन का आरंभ। ईसा की प्रथम सदी : शून्ययुक्त दाशमिक स्थानमान अंक-पद्धति की खोज; आविष्कारक अज्ञात।

150 तालेमी : सिकंदरिया के मिस्री-यूनानी ज्योतिषी, *सिंटैक्सिस्* (अलमजिस्ती) ग्रंथ, त्रिकोणमिति, तारा-सूची।

200 (लगभग) ज्योतिष के प्राचीन पांच सिद्धांत : *सौर, पैतामह, वासिष्ठ, रोमक* और *पौलिश*, जिनकी

जानकारी बाद में वराहमिहिर ने अपनी **पंचसिद्धांतिका** में दी।

250 (लगभग) डायोफैंट्स : संख्या-सिद्धांत, बीजगणित।

263 लिउ हुई : चीनी ज्यामितिकार, $\pi = 3.1416$।

300 पाप्पुस् : ज्यामिति, टीकाएं।

भारत में गुप्त वंश के शासन का आरंभ।

410 हाइपेशिया : सिकंदरिया की गणितज्ञा, हत्या : 415 ई. में। सिकंदरिया के विद्याकेंद्र का अवसान। फाहियान की भारत-यात्रा (405-411 ई.)।

470 झु छोङ् झी : चीनी गणितज्ञ $\pi = \frac{355}{113}$, नया पंचांग, कृति : *झुई शु।*

499 आर्यभट (जन्म 476 ई.) द्वारा 23 साल की आयु में **आर्यभटीय** की रचना। वर्णांक पद्धति, $\pi = 3.1416$, ज्या-सारणी, प्रथम घात का अनिर्धार्य समीकरण, क्षेत्रफल, भूभ्रमण का सिद्धांत, ग्रहणों की सही व्याख्या।

510 (लगभग) वराहमिहिर : **पंचसिद्धांतिका** (505 ई.) **बृहत्संहिता, बृहज्जातक** आदि।

बोएथियस : रोमन नागरिक, ज्यामिति और अंकगणित की पाठ्य-पुस्तकें।

594 एक गुर्जर राजा के ताम्रपत्र में पहली बार दाशमिक स्थानमान अंक-पद्धति का अभिलेख-प्रमाण (कलचुरी संवत् 346)।

600 (लगभग) भास्कर (प्रथम) की कृतियां : **महाभास्करीय, लघुभास्करीय, आर्यभटीय-टीका।**

622 हिजरी सन् का प्रारंभ। उत्तर भारत में हर्षवर्धन का शासन।

628 ब्रह्मगुप्त (जन्म : 598 ई.) द्वारा 30 साल की आयु में **ब्राह्मस्फुट-सिद्धांत** की रचना। अनिर्धार्य वर्ग-समीकरण के हल के लिए प्रमिकाएं, चक्रीय चतुर्भुज का क्षेत्रफल, वेधकर्ता; करण *ग्रंथ :* **खंड-खाद्यक।**

629 युवान् च्वाङ् की भारत-यात्रा का प्रारंभ, नालंदा विद्यापीठ में अध्ययन, 645 ई. में चीन वापसी।

662 सेवेरस सेबोख्त (सीरियाई बिशप) द्वारा भारतीय अंक-पद्धति की स्तुति।

700 (लगभग) आधुनिक *सूर्य-सिद्धांत*।

762 राजधानी बगदाद की स्थापना—अल्-मंसूर द्वारा।

772-73 बगदाद में ब्रह्मगुप्त के ग्रंथों का अरबी में अनुवाद।

819 अल्-मामू 36 साल के अल्-ख्वारिज्मी को मध्य एशिया से अपने साथ बगदाद ले गए। अल्-ख्वारिज्मी के ग्रंथ : **हिसाब अल्-हिंद, अल्-जब्र व अल्-मुकाबिल**: समीकरणों का विवेचन, ज्योतिष-सारणी।

850 महावीराचार्य : जैन गणितज्ञ, ग्रंथ : **गणितसार-संग्रह**—अंकगणित, बीजगणित (कुट्टाकार) और क्षेत्रव्यवहार का पाठ्य-ग्रंथ।

900 (लगभग) *भक्षाली हस्तलिपि* : एक अधिक प्राचीन मूल कृति की प्रतिलिपि, कुल 70 खंडित भोजपत्र, शारदा लिपि, अशुद्ध संस्कृत, विषय : अंकगणित, बीजगणित, शून्ययुक्त दाशमिक स्थानमान पद्धति के अंक-संकेतों का प्रयोग।

991 (लगभग) श्रीधराचार्य की कृतियां—**पाटीगणित** और **त्रिशतिका**, गुणन की कपाट-संधि विधि, वर्ग-समीकरण के हल की नई विधि। श्रीपति (लगभग 1000 ई.) की कृति **गणित-तिलक।**

1040 अल्बेरूनी (973-1048 ई.) के **भारत** में भारतीय गणित और ज्योतिष की जानकारी।

चीनी गणितज्ञ जिया खियान द्वारा तथाकथित 'पास्कल के त्रिभुज' का प्रयोग।

1100 उमर खय्याम : घन समीकरणों का ज्यामितीय हल, पंचांग-सुधार, रुबाइयां।

1130 (लगभग) बाथ-निवासी एदेलार्ड और चेस्टर-निवासी रॉबर्ट द्वारा अल्-ख्वारिज्मी की कृतियों का लैटिन में अनुवाद।

1150 भास्कराचार्य (जन्म 1114 ई.) द्वारा 36 साल की आयु में **सिद्धांत-शिरोमणि** *(लीलावती, बीजगणित, ग्रहगणित व गोलाध्याय)* की रचना। द्वितीय घात के अनिर्धार्य समीकरण के हल की चक्रवाल विधि। शून्य और अनंत की व्याख्या। तात्कालिक गति की धारणा में आधुनिक अवकल गणित का बीजारोपण।

	उनहत्तर साल की आयु में **करण कुतूहल** की रचना। (लगभग) क्रेमोना-निवासी गेरार्डो द्वारा अरबी ग्रंथों का लैटिन में अनुवाद।
1202	लियोनार्दो 'फिबोनकी' द्वारा भारतीय अंकगणित से संबंधित **लिबेर एबेकी** ग्रंथ की रचना। फिबोनकी-अनुक्रम।
1250-1300	चीनी गणितज्ञ किन् जुईशाओ : अनिर्धार्य समीकरणों के संख्यात्मक हल, चीनी शेषफल प्रमेय। लिये : समीकरणों के गुणांकों के लिए एक प्रकार के मैट्रिक्स की रचना, ज्यामितीय सवालों के हल के लिए बीजगणित का उपयोग। याङ् हुइ : दशमलव भिन्न, 'पास्कल के त्रिभुज' का उपयोग। झु शिजी : गणित की पाठ्य-पुस्तक, समीकरणों के संख्यात्मक हल, 'पास्कल के त्रिभुज' का उपयोग।
1350	(लगभग) नारायण पंडित की कृतियां : **गणित-कौमुदी** और **बीजगणितावतंस**।
1435	उलूग बेग : समरकंद में वेधशाला, ज्योतिष-सारणी।
1500	(लगभग) केरलीय गणित-ग्रंथ : **करण-पद्धति, गणितयुक्ति-भाषा, सद्रत्नमाला** और **तंत्रसंग्रह** (लेखक : नीलकंठ सोमसुत्वा), जिनमें पहली बार त्रिकोणमितीय ज्या, कोटिज्या, स्पर्शज्या तथा π-श्रेणियों का विवेचन किया गया है, इनके लिए नियम दिए गए हैं।
1525	(लगभग) गणेश दैवज्ञ : ज्योतिष-ग्रंथ **ग्रहलाघव** और **लीलावती** पर **बुद्धिविलास** नामक टीका। सूर्यदेव : **गणितामृत-कूपिका** (*लीलावती* पर टीका), भास्कर के **बीजगणित** पर भी टीका।
1530	कोपर्निकस का सूर्यकेंद्रवादी सिद्धांत (प्रकाशन : 1543 ई.)।
1545	फेरारी : चतुर्थ घात का समीकरण। तार्ताग्लिया : घन समीकरण। कार्दानो : घन समीकरण।
1585	फ्रांसीसी गणितज्ञ **फ्रांस्वा विए** (वीएटा) : बीजगणित, समीकरण-सिद्धांत, त्रिकोणमिति, π का नौ दशमलव स्थानों तक शुद्ध मान और $\frac{2}{\pi}$ का अनंत गुणनफल।

जर्मन गणितज्ञ क्रिस्तोफेर क्लावियूस : अंकगणित व बीजगणित की पाठ्य-पुस्तकें, यूक्लिड के **मूलतत्व** की टीका, पंचांग-सुधार।

1587 कवि फैजी द्वारा **लीलावती** का फारसी में अनुवाद।

1593 सिमोन स्टेविन : दशमलव भिन्न, द्रवस्थिति विज्ञान, सैनिक इंजीनियरी।

1600 ज्योर्दानो ब्रूनो (सूर्यकेंद्रवाद के प्रचारक) को रोम में जिंदा जला दिया गया।

गैलीलियो : पेंडुलम, खगोल विज्ञान, यांत्रिकी, दूरबीन (1609 ई.)।

लंदन में ईस्ट इंडिया कंपनी को अधिकार-पत्र।

1610 केपलर : ग्रहों की गतियों के नियम।

1614 नेपियर : लॉगरिथम्स, गणना-दंड।

हेनरी ब्रिग्स : लॉगरिथम-सारणियां (1615 ई.)।

रंगनाथ : *सूर्य-सिद्धांत* पर टीका (1603 ई.)।

1630 मेरसेन : संख्या-सिद्धांत, मेरसेन संख्याएं, गणितीय पत्र-व्यवहार।

औफ़्ट्रेड : स्लाइड रूल की खोज, लॉगरिथम्स।

माइदोर्ग : ज्यामिति।

1635 फर्मा : संख्या सिद्धांत, प्रायिकता सिद्धांत, उच्चिष्ठ व अल्पिष्ठ, वैश्लेषिक ज्यामिति, फर्मा का 'अंतिम प्रमेय'।

1637 दकार्त : वैश्लेषिक ज्यामिति, नए चिह्न।

1640 देसार्ग्यू : प्रक्षेपीय ज्यामिति।

1650 पास्कल : ज्यामिति, प्रायिकता, संख्या-त्रिभुज, गणक-यंत्र।

जोन वालिस : बीजगणित, श्रेणियां, समाकलन।

जोन पेल : बीजगणित, तथाकथित 'पेल समीकरण'।

(लगभग) ज्योतिषी रंगनाथ के पुत्र मुनीश्वर (जन्म : 1603 ई.) : **लीलावती** पर **निसृष्टार्थदूती** नामक टीका, अंकगणित की स्वरचित पुस्तक **पाटीसार**।

कमलाकर (जन्म 1608 ई.) : **सिद्धांततत्वविवेक** (1658 ई.), इस्लामी गणित-ज्योतिष से परिचित।

1662 रॉयल सोसायटी (लंदन) की स्थापना।

1666 फ्रांसीसी विज्ञान अकादमी की स्थापना।

1670 आइजेक बारौ : स्पर्शज्याएं, कलन-गणित, यूनानी ग्रंथों का संपादन।

जेम्स ग्रेगोरी : द्विपद प्रमेय, श्रेणियां।

हाइगेन्स : पेंडुलम घड़ियां, भौतिकी, प्रायिकता, खगोल-विज्ञान।

क्रिस्टफर रेन : स्थापत्य, खगोल-विज्ञान, भौतिकी।

1680 सेकी कोवा, जापानी गणितज्ञ : कलन गणित, सारणिक (डिटर्मिनेंट) का उपयोग।

आइजेक न्यूटन : कलन गणित, गुरुत्वाकर्षण का सिद्धांत, श्रेणियां, परावर्ती दूरबीन, **प्रिंसिपिया, प्रकाशिकी**।

रॉबर्ट हूक : भौतिकीविद्, यंत्रविद्, माइक्रोस्कोप।

1682 लाइबनिट्ज : कलन गणित, सारणिक, प्रतीकात्मक तर्कशास्त्र, नए चिह्न, गणक-यंत्र।

1690 एडमंड हेली : खगोल-विज्ञान, तारा-सूची, **प्रिंसिपिया** का प्रकाशन (1786 ई.), हेली का धूमकेतु।

कलकत्ता की स्थापना।

याकोब बर्नूली : प्रायिकता, वक्र।

1700 योहान बर्नूली : कलन गणित।

1706 विलियम जोन्स : वृत्त की परिधि और व्यास के अनुपात के लिए पहली बार **π** का उपयोग।

1720 ब्रूक टेलर : श्रेणी।

दे मॉव्र : प्रायिकता, बीमा-गणित, सम्मिश्र संख्याएं।

1723-27 सवाई जयसिंह द्वितीय (1686-1743 ई.) द्वारा जयपुर, दिल्ली, मथुरा, वाराणसी और उज्जैन में वेधशालाओं (जंतर-मंतरों) का निर्माण।

जयसिंह के दरबार के गणितज्ञ-ज्योतिषी पंडित जगन्नाथ (जन्म 1652 ई.) ने तालेमी के **अल्मजिस्ती** का **सम्राट-सिद्धांत** के नाम से और यूक्लिड के **मूलतत्व** का **रेखागणित** के नाम से अरबी से संस्कृत में अनुवाद किया।

1733 साच्चेरी : अयूक्लिडीय ज्यामिति की स्थापना।

1740 मेक्लौरिन : बीजगणित, श्रेणियां, शांकव गणित।

फ्रेडरिख महान : प्रशिया का सम्राट।

1745 वाल्तेयर : न्यूटन के सिद्धांतों का प्रचार।

एमिली दु शातले : **प्रिंसिपिया** का फ्रांसीसी में अनुवाद।

1750 आयलर : $e^{i\pi} + 1 = 0$, बहुफलक, नए चिह्न, कोनिग्सबर्ग के पुलों का हल, टॉपोलॉजी की शुरुआत, संख्या-सिद्धांत, फलन सिद्धांत।

डेनियल बर्नूली : गणित-भौतिकी।

1760 देलांबर : अवकल समीकरण, खगोल-विज्ञान, भौतिकी, विश्वकोश।

1770 लैम्बर्ट : अ-यूक्लिडीय ज्यामिति, हाइपरबोलिक फलन, π की अपरिमेयता।

मारिया जाएताना आन्याजी : ज्यामिति।

1780 लाग्रांज : विचरण कलन, अवकल गणित, यांत्रिकी, संख्या-सिद्धांत।

1784 कलकत्ता में एशियाटिक सोसायटी की स्थापना।

1789 फ्रांसीसी क्रांति।

1799 फ्रांस ने माप-तौल की मीट्रिक प्रणाली को अपनाया।

चौथा मैसूर युद्ध, टीपू की मृत्यु।

1800 गौस : संख्या-सिद्धांत, अवकल ज्यामिति, अयूक्लिडीय ज्यामिति, बीजगणित का आधार प्रमेय, खगोल-विज्ञान।

त्रिकोणमितीय सर्वेक्षण विभाग (मद्रास) की स्थापना।

1805 लापलास : खगोल यांत्रिकी, प्रायिकता, अवकलन समीकरण।

लेजंद्र : ज्यामिति का ग्रंथ, संख्या-सिद्धांत, दीर्घवृत्तीय फलन।

1806 आरगां : सम्मिश्र संख्याओं का ज्यामितीय निरूपण।

1822 फूरिए : ऊष्मा का सिद्धांत, फूरिए श्रेणी।

सोफी जेरमी : प्रत्यास्थ तल।

पांसले : प्रक्षेपीय ज्यामिति।

बोलजानो : श्रेणियां, *अनंत की पहेलियां* (1851 ई.)

1826 *क्रेल्ले का जर्नल*

आबेल : चतुर्थ घात के समीकरण, दीर्घवृत्तीय फलन, द्विपद प्रमेय, अभिसरण परीक्षण।

1827 कोशी : विश्लेषण, सम्मिश्र चर के फलन, अनंत श्रेणी, सारणिक।

1829 लोबाचेवस्की : अयूक्लिडीय ज्यामिति।

1830 चार्ल्स बैबेज : संगणक।

	याकोबी : दीर्घवृत्तीय फलन, सारणिक।
	प्वासों : प्रायिकता, गणितीय भौतिकी।
	मेरी सोमेरविल : खगोल-यांत्रिकी।
1832	बोल्याई : अयूक्लिडीय ज्यामिति।
	गाल्वा : ग्रुप सिद्धांत, समीकरण सिद्धांत।
1834	स्टाइनेर : उच्च ज्यामिति।
1837	ब्राह्मी लिपि का उद्घाटन।
1843	विलियम रोवेन हैमिल्टन : चतुष्टयी (क्वाटर्निओन)।
1844	ग्रासमान : विस्तार-कलन, जर्मन काव्य में **ऋग्वेद** का अनुवाद (1876-77), **ऋग्वेद-शब्दकोश**, ग्रासमान महाप्राण नियम (1863)।
1849	डिरिख्ले : संख्या-सिद्धांत, श्रेणी।
	कुम्मेर : 'आइडियल' सिद्धांत।
1854	जॉर्ज बूल : *चिंतन के नियम।*
	दे मोर्गेन : तार्किक गणित, गणित का इतिहास।
	रीमान : विश्लेषण, अयूक्लिडीय ज्यामिति, रीमान ज्यामिति।
1857	केली : आव्यूह (मैट्रिक्स) बीजगणित, उच्च ज्यामिति।
	भारतीय स्वातंत्र्य संग्राम; कलकत्ता, बंबई व मद्रास में विश्वविद्यालयों की स्थापना।
1872	फेलिक्स क्लाइन का *एरलांगेन प्रोग्राम*।
	डेडेकिंड : अपरिमेय संख्याएं।
1873	हर्मिट : e अबीजीय संख्या है।
1874	कांतोर : समुच्चय सिद्धांत, अपरिमेय संख्याएं, अबीजीय संख्याएं, परिमितातीत संख्याएं।
1876	महेंद्रलाल सरकार द्वारा कलकत्ता में 'इंडियन एसोसिएशन फॉर द कल्टिवेशन ऑफ साइंस' की स्थापना।
1877	सिल्वेस्टर : बीजगणित, निश्चर सिद्धांत।
1881	गिब्स : सदिश (वेक्टर) विश्लेषण।
1882	लिंडेमान : **π** अबीजीय संख्या है, अतः वृत्त को वर्ग में बदलना असंभव है।
1889	पिएनो : अंकगणित के लिए अभिगृहीत।
	सोफिया कोवालेवस्काया : अवकल समीकरण, आबेलीय फलन, शनि के वलय।
1890	वायरस्ट्रास : विश्लेषण का अंकगणितीकरण।

1891 पं. सुधाकर द्विवेदी (1860-1922 ई.) : **गणक-तरंगिणी**, गणित-ज्योतिष के भारतीय ग्रंथों का संपादन।

1895 प्वांकारे : टॉपोलॉजी, खगोल यांत्रिकी, फुख्सीय फलन, प्रायिकता।

1899 हादामार और दे ला वाली पूसीं द्वारा अभाज्य-संख्या प्रमेय की उपपत्ति।

1900 डेविड हिल्बर्ट : पेरिस में आयोजित अंतरराष्ट्रीय गणित कांग्रेस में हल के लिए 23 सवालों की प्रस्तुति, **ज्यामिति के आधारतत्व** (1899), **जाह्रेसूबेरिख्ट** (1892), निश्चर समाकल, **गणित के आधारतत्व**।

मिन्कोवस्की : चार विमाओं वाली भौतिकी।

1903 लेबेग अवकलन।

1906 फ्रेचे : अमूर्त समष्टियां।

1910 व्हाइटहेड और रसेल : *प्रिंसिपिया मैथेमेटिका*।

1914 हाउसडोर्फ : सेट टॉपोलॉजी, अमूर्त समष्टियां।

1916 आइंस्टाइन : आपेक्षिकता का व्यापक सिद्धांत।

1917 हार्डी और रामानुजन् (जन्म 1887) : वैश्लेषिक संख्या-सिद्धांत।

रूसी क्रांति।

1923 बानाख समष्टियां।

1924-28 क्वांटम यांत्रिकी का विकास। रामन-प्रभाव (1928 ई.)

1931 गोडेल : अपूर्णता प्रमेय।

1933 जर्मनी में हिटलर की सत्ता। प्रिंसटन में 'उच्च अध्ययन संस्थान' की स्थापना। जर्मनी से वैज्ञानिकों का पलायन आरंभ।

एम्मी नोएथेर : उच्च बीजगणित।

कोल्मोगोरोव : प्रायिकता सिद्धांत के आधारतत्व।

1938 सुब्रह्मण्यम् चंद्रशेखर : *तारों की संरचना*, 'चंद्रशेखर सीमा', नोबेल पुरस्कार (1983 ई.)।

1944 जोहन फोन न्यूमान : खेल सिद्धांत (गेम्स थ्योरी), कंप्यूटर सिद्धांत।

1949 शान्नोन और वीवर : संचार का गणितीय सिद्धांत।

1957 (4 अक्टूबर) : पहले कृत्रिम उपग्रह स्पूतनिक-1 की अंतरिक्ष-यात्रा।

1963	कोहेन : सांतत्यक अनुमान का समाधान।
1969	नील आर्मस्ट्रांग और एल्ड्रिन अपोलो-11 यान से 21 जुलाई को चंद्रतल पर उतरे।
1976	केन्नेथ एप्पेल और वूल्फगांग हाकेल ने कंप्यूटर का उपयोग करके सिद्ध किया कि मानचित्रों के लिए 4 रंग पर्याप्त हैं।
1989	चुद्नोवस्की-बंधुओं ने सुपरकंप्यूटर का उपयोग करके **π** का मान 1,01,11,96,691 दशमलव स्थानों तक प्राप्त किया।

परिशिष्ट-2

हिंदी-अंग्रेजी पारिभाषिक शब्द

हिंदी	अंग्रेजी
अंक	digit
अंगुल	finger breadth, $\frac{1}{24}$th of a cubit
अंश	degree
अक्ष, धुरी	Earth's axis.
अक्षरांक, वर्णांक	alphabetic number
अधिचक्र	epicycle
आधिगास, मलमास	intercalary month
अधोबिंदु	nadir
अनिर्णीत समीकरण	indeterminate equation
अनुपात, समानुपात	ratio, proportion
अनुलोम गति	direct motion from west to east or anticlockwise
अपरिमेय संख्या	irrational number
अबीजीय संख्या	transcendental number
अयन	northward or southward motion of a planet
अयन-चलन	precession of equinoxes
अयनांत	solstice
अर्ध-जीवा	half-cord
अहर्गण	The number of mean civil days elapsed since the beginning of *Kaliyuga* or any other epoch.
अहोरात्र	a day and night, a nychthemeron
अहोरात्रवृत्त	diurnal circle

आयतन	volume
आर्धरात्रिक पद्धति	midnight system
आसन्न	approximate
औदयिक पद्धति	sunrise system
इकाई	unit
उत्क्रम ज्या, उज्ज्या	versed sine
उत्तरायण	northward progress of the Sun
उपपत्ति	proof
ऊर्ध्व, ऊर्ध्वाधर	vertical
कक्ष्या, कक्षा	orbit
कक्ष्यामंडल	mean orbit, deferent of concentric
कदंब	pole of the ecliptic
करण (ग्रंथ)	an astronomical manual
करणी	surd
कर्ण	hypotenus
कला	minute of arc
कल्प	1000 *yugas* (according to Aryabhata 1008 *yugas*)
कु	Earth
कुज	Mars
कुट्टक, कुट्टाकार	pulveriser
कोज्या, कोटिज्या	cosine
कोण	Saturn, angle
क्रांतिपात	equinoxes
क्षितिज	horizon
क्षेत्रफल	area
खंडग्रहण	partial eclipse
ख	sky
खगोल	sphere of the sky
खमध्य	zenith, middle of the sky
गच्छ	number of terms
गणित	mathematics
गुणोत्तर श्रेढी	geometrical progression

गुर्वक्षर	long syllable
गुलिका	unknown quantity
गोल	globe, sphere, celestial sphere
गोलयंत्र	armillary sphere
गोलीय खगोलिकी	spherical astronomy
ग्रस्त	eclipsed
ग्रह	planet
ग्रहण	eclipse
ग्रास	measure of eclipse
घटिका, घटी	a unit of time = 24 minutes
घन	cube
घनफल	volume
घनमूल	cube root
चंद्र-ग्रहण	lunar eclipse
चंद्रोच्च	Moon's apogee
चतुर्भुज	quadrilateral
चांद्रमास	lunar month
चाप	arc, circular measure of angle
छेद, हर	denominator
जीवा, ज्या, ज्यार्ध	R sine
जूक, तुला	Libra
ज्यामिति, रेखागणित, क्षेत्रमिति	geometry
ज्योतिष, ज्योतिर्विज्ञान	astronomy
ज्योतिषी, खगोलविद्	astronomer
तारा, नक्षत्र	star
ताराग्रह	Star planets : Mercury, Venus, Mars, Jupiter, Saturn
तिथि	Lunar day
तुला	Libra
त्रिकोणमिति, ज्या-गणित	Trignometry
त्रिभुज	triangle
त्रिज्या, अर्धव्यास	radius
त्रैराशिक	Rulc of Three

दक्षिणायन	southward progress of the Sun
दीर्घवृत्त	ellipse
देशांतर	longitude of a place
ध्रुव	pole
ध्रुवक	polar longitude
नक्षत्रचक्र	zodiac
नतकाल	hour angle
नतांश	zenith distance
नाक्षत्र दिवस	sidereal day
नियुत	one lac, 10^5
निर्देशांक	coordinates
नीच	perihelion, perigee (of the Moon)
पंचांग	calendar
पक्ष	lunar fortnight
परमक्रांति	obliquity of the ecliptic
परिकल्पना	hypothesis
परिधि	circumference
पात	nodes
प्रतिलोम	retrograde
प्रमेय	theorem
प्रयुत	one million, 10^6
प्रहव वायु	provector wind
फलन	function
फलित-ज्योतिष	astrology
फलित-ज्योतिषी	astrologer
बीजगणित	algebra
भगण	sidereal revolutions
भचक्र, राशिचक्र	zodiac
भगोल	sphere of asterisms
भिन्न	fraction
भोग	longitude
मंदकर्ण	radius vector
मंदकेंद्र	anomaly

मंदफल	equation of the centre
मंदोच्च	apogee
मध्यक, माध्य	mean
मध्यगति	mean motion
मार्गी (गति)	direct motion
मास	month
मीन	Pisces
मूल, वर्गमूल	square root
मेरु पर्वत	mountain at the north pole
मेष	Aries
याम्योत्तर	meridian
युग, महायुग, चतुर्युग	a period of 43,20,000 years
युति	conjunction
योग, युति	conjunction of two planets
योजन	32,000 cubits
राशि	Sign
राहु	ascending node of Moon's orbit
लंका	a hypothetical city on the equator where the meridian of Ujjain intersects it
लंब	perpendicular
लंबन	parallax
लग्न	rising point of ecliptic
वक्री	a planet in retrograde motion
वर्ग	square
वर्गमूल	square root
वर्ग समीकरण	quadratic equation
वसंत संपात	Vernal equinox
विक्षेप	celestial latitude
विलोम	retrograde
विषुवत् वृत्त, विषुववृत्त	equator
विषुवांश	right ascension
वृत्त, मंडल	circle

वेग	velocity
वेधशाला	observatory
वेलांतर	equation of time
व्यास	diameter
व्यासार्ध, त्रिज्या	semi-diameter, radius
शंकु	gnomon
शब्दांक	word number
शर	latitude
शीघ्रोच्च	perigee
संख्यांक	numerals
समांतर श्रेढी	arithmetical progression
समीकरण	equation
समवृत्त, सममंडल	prime vertical
समानुपात	proportion
सवर्णन	reduction to commom denominator
सावन दिन	terrestrial day and night
सूचीस्तंभ	pyramid
सूर्य-ग्रहण	solar eclipse
स्पष्ट ग्रह	geocentric latitude of a planet
श्रेढी	progression
श्रेणी	series
सौर	solar
स्पर्श	first contact of an eclipse
स्फुट ग्रह, स्पष्ट ग्रह	true planet
हर, छेद	denominator
हरात्मक श्रेढी	harmonical progression
हस्त	cubit
होरा	hour

❑❑❑